论语漫读

杨金泉 著

国家图书馆出版社

图书在版编目（CIP）数据

论语漫读 / 杨金泉著 . — 北京 : 国家图书馆出版社，

2020.11

ISBN 978-7-5013-6890-7

Ⅰ . ①论… Ⅱ . ①杨… Ⅲ . ①儒家 ②《论语》—研究

Ⅳ . ① B222.05

中国版本图书馆 CIP 数据核字（2019）第 238193 号

书　　名	论语漫读
著　　者	杨金泉　著
责任编辑	王亚宏
封面设计	程言设计工作室

出版发行　国家图书馆出版社（北京市西城区文津街 7 号　100034）

　　　　　　（原书目文献出版社　北京图书馆出版社）

　　　　　　010-66114536　63802249　nlcpress@nlc.cn（邮购）

网　　址	http://www.nlcpress.com
排　　版	九章文化
印　　装	北京金康利印刷有限公司
版次印次	2020 年 11 月第 1 版　2020 年 11 月第 1 次印刷

开　　本	710×1000　1/16
印　　张	24.25
字　　数	312 千字

书　　号	ISBN 978-7-5013-6890-7
定　　价	68.00 元

前　言

《汉书·艺文志》载："《论语》者，孔子应答弟子、时人及弟子相与言而接闻于夫子之语也。当时弟子各有所记，夫子既卒，门人相与辑而论纂，故谓之《论语》。"尽管《论语》成书于具体哪一年尚不能确定，在汉初流传的三种《论语》中，内容也有所差异，但《论语》所记载内容的真实性及原始性是可信的，这不仅是汉以来历代学者的基本共识，也为近现代以来考古资料所不断印证。毫无疑问，《论语》是最直接的第一手资料，是后人追慕先师、直面原始儒家学说的宝典。《论语》平实而博大，《论语》里的孔子鲜活又真切，是儒家经典中的经典，读通《论语》因此也成为探究中国儒家文化的不二法门。司马迁说："余读孔氏书，想见其为人。"程颐说："颐自十七八读《论语》，当时已晓文义。读之愈久，但觉意味深长。"法国著名启蒙思想家伏尔泰在自己的书房中悬挂孔子像，在他著名的《哲学辞典》一书中，多处提到孔子并多处引用《论语》词句，诸如"己所不欲，勿施于人""以直报怨，以德报德"等。在该书《论中国》第一节中，伏尔泰特别写道："我觉得应该好好思考一下孔夫子对于他的国家的上古时代所作的见证；因为孔夫子决不愿意说谎；他根本不做先知；他从来不说他有什么灵感；他也决不宣扬一种新宗教；他更不借助于什么威望"，"我钻研过他的著作；我还作了摘要；我在书中只发现他最纯朴的道德思想，丝毫不染江湖色彩。"被称为"日本企业之父"的涩泽荣一说："我一直认为，人生在世，为人之道，要避免陷入误区，就要先熟读《论语》。"钱穆说："我认为：今天的中国读书人，应负两大责任。一是自己读《论语》，一是劝人读《论语》。"

余自大学毕业后即入孔子庙门工作，从此与夫子结缘以至于今，逾三十年矣，常叹不能早生两千五百年步游趋学，或侍坐，或执御，或风乎舞雩，得孔颜之乐而忘其忧。孟子曰："游于圣人之门者难为言。"幸有《论语》堪慰，聊解就圣体贤之遐思。余之所谓《论语》漫读，不过是对《论语》或一章一句读，或跳读或拣读，或逐字逐句逐章逐篇顺着读，或通篇连贯强攻强读，总之开卷有益，如赏如玩，常读常新，看似随心所欲漫无边际地读，实则以《论语》为中心，包罗百端，融而化一，于读者心中洋洋乎！苏东坡说："旧书不厌百回读，熟读深思子自知。"朱熹说："循序而渐进，熟读而精思。"此诚读书之要道，于读《论语》更当如此。

正是基于这样的认识，我从努力读通到不断通读，始于咬文嚼字，力求随心所欲。正如程颐所言："句句而求之，昼诵而味之，中夜而思之。"熟读玩味，积年累月，《论语漫读》方才写就。以经解经，经史互参，是后人读经解经的基本方法，余亦信此不疑。但此"漫读"也许不同于以往任何一家的注疏解读，可说只是自己读《论语》的心得札记，而这个心得札记在我而言是努力去探寻揣摩孔子及弟子们的真实心性，以期求得自我心中了然如悟。当然，期间确也曾参阅了前人大量的研究成果，但断不敢妄称自己熔铸百家而折中一是，最根本也是最直接的原因是，本书完全是读书笔记性质的，大多是有感而发、意随心移之作，并不奢望非得满足某种目的或一定要达到某种标准，只求自己真实的读书感悟之表露。所以本书无论是否通达圣意抑或有所不同于前贤往识者，只是后学的一孔之见，一己之得。余私淑诸人久矣，故虽曰率性之漫读，亦不失诚敬之心，不敢有狂悖亵渎处，读者诸君明鉴之。

子曰："知我者《春秋》，罪我者《春秋》。"我于《论语》心悠悠。

2019 年 7 月

目 录

学而篇第一

题解：作为全书的开篇，以"学而"命名，开宗明义，提纲挈领，自不待言。古之经典，言简意赅，于开篇处，尤为看重。比如《尚书》之《尧典》，《易》之《乾》《坤》，《老子》之首章，《墨子》之《亲士》，《庄子》之《逍遥篇》，《史记》之《五帝本纪》。尤其可以参照的是《荀子》，不但开篇为《劝学篇》，与《论语》开篇《学而》对应，结尾篇《尧问》亦与《论语》结尾篇《尧曰》相呼应，可以想见《荀子》一书受《论语》影响之深。篇目之命名，于《论语》一书，看似只择取每篇首章的头两个字，其篇章之排序亦有随性之感，仔细推究，实有深意！圣门之教，于要紧处，微言大义，非反复揣摩，难入其门。欲通读《论语》，先当彻悟《学而》，方可渐次递进。朱熹说："此为书之首篇，故所记多务本之意，乃入道之门、积德之基、学者之先务也。"[①]

---

① （宋）朱熹集注，陈戍国标点：《四书集注》，长沙：岳麓书社，2004 年，第 54 页。

《礼记·学记》云:"君子如欲化民成俗,其必由学乎!""古之王者建国君民,教学为先。"《尚书·兑命》云:"念终始典于学。"

1.1 子曰:"学而时习之,不亦说乎?有朋自远方来,不亦乐乎?人不知而不愠,不亦君子乎?"

《论语》开篇第一章历来被认为是蠡测孔门要义的门径。此处之所谓"学"当迥别于今人常言的读书学习,断非本本之学可以相比。孔门之学实是人生之道,"朝闻道,夕死可矣",学大道而能在日常生活、社会活动中去体验、去感悟,难道不是很快乐的吗?"道不远人,远人非道","人能弘道,非道弘人",百姓日用而不知,所以要"学而时习",喜悦之情随之而生!比如孔子儿时与小朋友们玩游戏,就"设俎豆,陈礼容",演习礼仪,其趣盎然!"说"为"悦"之通假,古语中常见。孔子说"知之者不如好之者,好之者不如乐之者",以学为乐,无学不成。关于"时",《礼记·学记》云:"当其可之谓时","时过然后学,则勤苦而难成。"所以学习要珍惜时间也要把握时机,才能学有所得。

《礼记·学记》云:"独学而无友,则孤陋而寡闻。"与同学好友一起切磋,互相砥砺,于学问之精进自有裨益。何况,古代交通不便,通讯更是艰难,小农经济,安土重迁,难得远行,如有朋友来自远方,不只是稀客,更是了解社会信息的重要渠道。正是因为远道而来,带来的不仅是异地他乡的消息,更可以将沿途所见所闻作为谈资,帮助对方扩充见识。"君自故乡来,应知故乡事",朋友远方来,当知远方及沿途事,处处留心皆学问,这无疑也是一种"学"。有学者从训诂考据的角度,分析此句之"朋",非指一般朋友,当指同学或志同道合者。有人认为,近代以来"朋友"两字联用，是双音词，但古人只用"友"字，作单音词，是故推断"朋"与"友"当各有所指，不能混而为一。但《论语》中，既有"朋友"联用的，也有"友"单独使用的，而以"朋"字单用，仅此处一例。《易经·坤卦》曰："西南得朋，东北丧朋。"丧朋、得朋，都是一个"朋"字，但古书中，此类例子很少。

《论语·宪问篇》提到"古之学者为己，今之学者为人"，为自己而学，不是为了浪得虚名，当然不在乎他人是否知晓，更不必因为他人不了解自己而怨怒，这样才是个真君子。

本章三句话，三层意思，核心都是"学"，作为开篇第一章，就是开宗明义，提倡"学"，从"学"中感悟人生，品味快乐，以自我内修而努力成为君子，总之，"学"乃是第一要紧的事。为学之人，不在乎别人如何评价自己，而在于自我追求和认知。所以篇名"学而第一"看似随便命名而来，却实有深意，可以说，这"学而第一"是整部《论语》的要旨，而本章对"学"的阐发，点明了"学"的方法——多习多闻，以此为乐；学的价值——能使人成为君子。孔子一生就是不断求学的一生，他也以自己的好学精神去教导、感化他的学生，他甚至试图以自己的"学"去改变整个社会和时代。孔子是典型的书生意气，是"指点江山，激扬文字"的先驱，是"学"的化身，虽然后世尊他为"万世师表"，但我们最应该学的不是孔子悟出的道，而是孔子好学求道的精神！

张居正讲解此章说："夫学，由说以进于乐，而至于能为君子，则希贤希圣，学之能事毕矣！"[1] 此解可谓深得其妙。

伊川先生曾言曰："今之学者有三：辞章之学也，训诂之学也，儒者之学也。欲通道，则舍儒者之学不可。"[2] 程树德按语曰："今人以求知识

---

[1]　（明）张居正：《张居正讲解〈论语〉》，北京：中国华侨出版社，2008年，第1页。
[2]　程树德撰，程俊英、蒋见元点校：《论语集释》，北京：中华书局，2013年，第4页。

为学，古人则以修身为学。"[1]

陈来先生认为："孔子思想中有一个观念很值得注意，那就是'好学'。'好学'绝不是孔子思想中一个普通的概念，我们可以肯定地说，'好学'是孔子思想的一个具有核心意义、基础性的观念。"[2]

杨立华先生认为："学而时习之，不亦说乎"的悦（说），是愉悦；"有朋自远方来，不亦乐乎"的"乐"，是快乐。而快乐是短暂的，是基于具体的事物或对象的，是依赖于外部刺激的。愉悦则不同于快乐，愉悦是整体的、终极的幸福感。杨立华进而认为："儒家的追求是什么？以追求身心的愉悦为根本，同时不排斥快乐的生活。这是儒家的追求，这是儒家的幸福观。"[3]"儒家所强调的是，一个人能否拥有幸福，能否拥有幸福感，不取决于外在的条件，而取决于你是否有'幸福的品格'。"[4]杨氏认为，幸福的品格，最重要的是"修身"。

1.2　有子曰："其为人也孝弟，而好犯上者，鲜矣；不好犯上，而好作乱者，未之有也。君子务本，本立而道生，孝弟也者，其为仁之本与！"

有子是孔门弟子。但凡读过《论语》的人，都知道里面涉及人物多，尤其是孔门弟子，要想记住这些弟子的姓名还真不容易，因为他们在文中

[1]　程树德撰，程俊英、蒋见元点校：《论语集释》，北京：中华书局，2013年，第5页。
[2]　陈来：《孔子·孟子·荀子：先秦儒学讲稿》，北京：生活·读书·新知三联书店，2017年，第5页。
[3]　杨立华：《儒家文化是一种乐感文化》，2019年6月4日，http://www.360doc.com/content/19/0604/14/68780_840343150.shtml，2019年7月4日。
[4]　同上。

一会儿以字出现一会儿又以名出现，而且，古人姓名比之今人姓名似乎更奇怪难记。比如这个有子，姓有，名若，字子有，称有子。而其他弟子则不能随便称"子"。《论语》是孔子及其弟子的言论集，孔子弟子传说有三千之多，后世研究者考证，孔子弟子中有姓名可考者九十七人，[①] 所谓孔门贤人即通"六艺"者七十二人。在这些弟子中，记载资料较多的有二十九人，其余仅知姓名而已。不过有子是孔门名弟子之一是肯定的了，一般认为《论语》一书就是有子、曾子、子张、子夏等人的弟子编辑而成的，理由之一是《论语》里这几位的内容较多，而且，除孔子之外，只有有子、曾子等几位被尊称为"子"，颜回、子贡、子路等都没有这样的尊称待遇呢。

　　《论语》首篇第二章即记载有子的话，这是值得推究的。第一章"子曰"，无可争议，第二章"有子曰"就让人沉思。众所周知，孔门弟子公认的第一人是颜回，如果此处记载颜回的话语，那倒顺理成章。有子还算不上孔门德行、政事、言语、文学四科中的十大弟子之一员，为什么在《论语》中却有如此显赫的地位呢？

　　据《史记·仲尼弟子列传》："孔子既没，弟子思慕，有若状似孔子，弟子相与共立为师，师之如夫子时也。"乍一看，有若在孔门弟子中的地位之所以这么高，是沾了自己长相类似孔子的光。但这未免让后人觉得孔门弟子们实在幼稚得可爱又可笑。这些弟子们平时学的是夫子的思想学说以及为人处事态度和方式，断然不会以某弟子长相之相似孔子而刮目相看，孔子生前之教导，也断不会让弟子们去追求几近荒唐的形式主义。以常理推断，如果仅仅因为有若状似孔子，就在孔子去世后被共推为师，而在孔门中占据突出的地位，这恐怕是不可能的。何况《史记·仲尼弟子列传》又记载说：有子因不能应对弟子所问，遂为弟子斥其避座。用现在的话说，就是有子徒有其表，形像而神不像，

---

① 李启谦：《孔门弟子研究》，济南：齐鲁书社，1988 年，第 1 页。

结果被同学们赶下了教席。可见，《史记》所载这段内容，是自相矛盾的，弟子们难道不知道有子到底有几分能耐充当孔子以聊寄哀思吗？难道非得等有子出足了洋相再把他赶下教席吗？这也有违孔门一贯的教诲呀！所以有若在孔门中的地位之高，绝不是因为形象酷似孔子之故。事实上，通观《论语》中有子的言行，也确够得上孔门高足的美誉，何况在孔门中于承继孔子学说有其独特贡献，就以《论语》之能编辑成书以至流传至今而言，有子之功可谓大矣！钱穆在《孔子传》写道："窃谓当时诸弟子欲共师有子，必以有子之学问言行有似于孔子，决不以其状貌之相似。"[1] 钱穆还写道："其后墨家踵起，乃有钜子之制。一师卒，由其遗命另立一师共奉之，如此则使学术传统近似于宗教传统，较之孔门远为不逮矣。故知曾子之坚拒同门之请，有子之终避师座而弗居，皆为不可及。"[2] 原始儒家的历史也正是如此，孔子并没有类似其他宗教门派的创始人那样，生前就指定某位弟子为接班人，儒家门派也没有接班人制度，仅仅是一个学派，其门弟子也是自由竞争式的，没有强制性，也没有严密的组织性，没有内部处罚条例也没有私刑。要在众弟子中出人头地，靠的不是孔子的钦命，也不是拉帮结派，完全凭自己的真才实学。可以说，有若在孔子去世之初，以自己从老师处学得的真知卓识，赢得了众弟子的青睐，特别是晚辈弟子的推崇。当然有若毕竟无法与孔子相提并论，也没有能力完全替代孔子统领整个儒家学派，后来儒分为八，也是在所难免。《礼记·檀弓》有一个故事很能说明孔子去世后孔门弟子的一些情形：曾子认为孔子关于丧葬的主张是"丧欲速贫，死欲速朽"，而有子认为，这绝不会是老师的观点。但曾子强调自己曾亲耳听到老师说过，有子认为曾子听错了，老师怎

---

[1]　钱穆：《孔子传》，北京：生活·读书·新知三联书店，2012年，第98页。
[2]　同上。

么可能说这样的话呢？后来还是另一个弟子子游出来作证说，老师虽说过这样的话，但那是正话反说，是针对过于浪费钱财的人说的气话，而不是希望所有的人都如此，更不是他老人家的真实主张。从这个小故事可以看出，有子对孔子思想学说的认识是深刻的，而不是表面的，相反曾子还真有点"鲁"的书呆子气。

现在，我们来品读有子的这句话。"孝弟"即"孝悌"，"弟"是"悌"的通假。有子提出了"孝悌"这个概念，但他没有进行概念式的解释，而是用其他现象来阐述"孝悌"的外在表现。一个人有"悌"之心，就很少有"犯上"之念，因为孝悌内在要求就是处下位者应自觉服从、敬顺处上位者。一个不喜欢"犯上"的人，也就不可能作乱了。所以，犯上与作乱总是相关联的。一个家庭、一个组织、一个国家，都要讲秩序，而维持这个秩序的基本要求就个体的人而言，就是人人培养孝悌之心。人是社会动物，脱离社会就不成其为人，而人也不可能真正脱离社会。维系社会的正常秩序人人有责，如何去维系，就从孝悌开始。所以这"孝悌"就被提到一个本体的高度，是人性自我完善、成为君子的根本所在，也是儒家"仁"的实质内容。有子这句话涵盖了儒家最重要的两个概念："孝悌"和"仁"。儒家的全部精神最直白的表现是"孝悌"，形而上的是"仁"，这便是"忠恕之道"，后世概括为"内圣外王"。

《论语》前两章点出了整部《论语》的核心：人生的要义首先在"学"。学什么？学"道"！而人有了"孝悌"，就为"仁"打下了最重要的基础即根本。有了这根本，才能成就大道！《中庸》开篇："天命之谓性，率性之为道，修道之为教。"孔夫子千教万教，无非是教人修道，如何修道呢，就该懂得率性，怎么去率性？为人之率性，首在"孝悌"也！

也难怪，有子此语放在《论语》如此显要位置，无疑是此语在儒学教义中的重要地位使然。这"孝悌"观念，确也成为儒家对后世影响最深的观念之一。自汉代以来，历朝历代统治者都标榜"以孝治天下"，从汉惠帝开始就设"孝弟力田"科，把孝悌当作选拔官吏的标准。《汉书·宣帝纪》记载，汉宣帝在"举孝廉"的诏书中，就直接引用有子的原话："传曰：'孝弟也者，其为仁之本与！'其令郡国举孝弟、有行义闻于乡里者各一人。"百善孝为先，后世更发展到"求忠臣必于孝子之门"，即《孝经》所谓的"事亲孝，故忠可移于君；事兄弟，故顺可移于长"。可见孝悌观念对中国历史的影响之深之巨！陈焕章认为："由于孔子的孝悌之道，家庭制度在中国获得最高程度的发展，在世界其他任何地方，都没有像中国一样如此完整、高度发达的家族体系存在。"①

《礼记·祭义》说："立爱自亲始，教民睦也；立敬自长始，教民顺也。教以慈睦，而民贵有亲；教以敬长，而民贵用命。孝以事亲，顺以听命，措诸天下，无所不行。"《弟子规》总叙："弟子规，圣人训，首孝弟，次谨信，泛爱众，而亲仁，有余力，则学文。"《三字经》也是："首孝弟，次见闻。"子曰："五刑之属三千，而罪莫大于不孝。"②不忠不孝在《唐律》里被列为"十恶不赦"之罪。在旧社会，如果某人被认定是不忠不孝之徒，那无疑就等于被判处了极刑。以现在做个比喻，"孝悌"是衡量一个人政治品德的第一要素。

1.3 子曰："巧言令色，鲜矣仁！"

这句话在《论语》中出现过几次，有学者认为是《论语》编辑时的失误，但我认为孔门弟子不会犯这样低级的错误，而是有意识的编排，因为这句话实在太一针见血，简明扼要，在许多场合都能恰到好处地用

---

① 陈焕章著，韩华译：《孔门理财学》，北京：商务印书馆，2017 年，第 137 页。
② 《孝经》。

得上。"巧言令色"一词，也是后世广为引用且频率极高的一词。人类有许多毛病，其中最令人讨厌却又最能迷惑人的就是这"巧言令色"，孔夫子极端厌恶这类人，认为他们根本不配说"仁"，更算不上有什么"仁"德。

孔子一生言行谨慎，向来温文尔雅，从容不迫，但《论语》里还是透露出孔子爱憎分明的个性，这句"巧言令色，鲜矣仁！"可以看出孔子对巧言令色之徒的极端鄙视。自古以来，"巧言令色"的小人比比皆是，这种小人，到处鼓噪如簧之舌，拨弄是非，手段隐蔽，而其用心往往阴险，但又常常能得逞。孔夫子自己一生也常遭遇巧言令色的小人陷害。这句话，也可以说是孔夫子阅人无数后的经验总结，他明白无误地告诉人们：但凡巧言令色的，几乎没有一个是好货色。

"知人者智，自知者明"，如何学会"知人"，也是人生必学的内容！整部《论语》的最后一章，仍然写道："子曰：'不知命，无以为君子也；不知礼，无以立也；不知言，无以知人也。'"可见，"知人"要先学会"知言"，而"知言"，首要的是能分辨言者是否"巧言令色"。

1.4　曾子曰："吾日三省吾身——为人谋而不忠乎？与朋友交而不信乎？传不习乎？"

先说曾子其人。曾子，姓曾，名参，字子舆，尊称曾子。曾子以孝著称。历史传说，孔子知曾子之孝，特作《孝经》传授给他。《史记·仲尼弟子列传》："孔子以为（曾子）能通孝道，故授之业，作《孝经》。"《汉书·艺文志》："《孝经》者，孔子为曾子陈孝道也。"关于曾子之孝的故事流传甚广，据《孔子家语·六本》记载：有一次，曾子在瓜地里锄草，却不小心将瓜根铲断，曾子的父亲非常愤怒，随手举起一根大木棍就朝曾子的背部打下去，曾子陡然倒地，不省人事，过了好一会，才苏醒过来，一点没有怨言地爬了起来，走到父亲跟前说："刚才，孩儿得罪了父亲大人，害得父亲大人用力教训孩儿，父亲你没累着吧？"回到家中，曾子还故意弹琴唱歌，好让父亲听见，知道自己身体没事，以免父亲担心。从这个故事看，曾子之孝真是让人难以想象。但让人不能不怀疑这个故事的真实性，中国古人为了标榜某个人的德行，夸大其词，盲目拔高的例子很多，二十四孝故事，按常理推断，几乎没有几个是真实的。就算曾子有大孝，曾子的父亲也不至于如此荒唐，因儿子不小心的一个小过错而如此大打出手，且不说曾子父亲也是孔子的弟子，也受过孔夫子的教导，能至于如此没有修养吗？从《论语》记载曾子父亲曾点的资料看，他是个性情恬淡而温和的人，有一次他与几个同学一起陪孔子，畅谈起各自的志向，曾点谈及他的志向是："莫春者，春服既成，冠者五六人，童子六七人，浴乎沂，风乎舞雩，咏而归。"① 这种游游泳、吹吹风、唱唱歌的人生洒脱，都让孔夫子羡慕呢，以至孔子感慨地说："我的志向也和曾点一样啊！"这样一个父亲怎么可能做出那种荒唐粗暴的事呢？孔门弟子中，以孝著称的，曾子之外还有一人，是闵子骞。闵子骞在孔门弟子中以德行高而仅列颜回之后，为什么孔子专门将《孝经》传授给曾子，而没有传给闵子骞呢？不得而知！有关曾子还有一个广为流传的故事是曾子杀猪。讲的是，曾子的妻子要去赶集，儿子哭闹着要跟去，做母亲的就哄儿子说，孩子乖，不要哭闹，等母亲赶集回来给你杀猪吃。结果，妻子赶集回来后，果然看到曾子在杀猪，就对曾子说，"难道你不知我是哄孩子的吗？怎么能当真呢？"曾子说："做父母的怎么能在孩子面前说谎呢？宁愿杀一头猪，也不能失信于孩子。"这则故事特别能说明曾子重视信义。

---

① 《论语·先进篇》。

最初曾子与有子在孔门弟子中的情况是差不多的，曾子比孔子小四十六岁，比有子小三岁，两位都是孔门弟子中的后起之秀。后世儒家特别是宋儒将曾子提到非常高的地位，强调曾子得孔子心传，是孔子弟子中唯一能全面准确地代表儒家学说的继承者，是正宗嫡传。而且宋儒梳理出儒家的传承脉络：孔子传曾子，曾子传孔子孙子孔伋，孔伋再传至孟子，如此形成了孔孟为核心的儒家思想体系，即儒家道统。这样一来，以正宗嫡传身份出现的曾子，到南宋咸淳三年（1267），他在孔庙里的配享从祀的地位也空前提高，被列为"四配"中的第二位，仅次于颜回。历史上的宋儒是以新儒家的面目出现的，其实是儒、释、道三教合流在宋代最后完成的体现，所以宋儒在重新诠释儒学时，更多的是运用了或者是吸收了佛教、道教的理论和方法，而佛教和道教注重的是心性之说，这恰好也是儒家曾子一派的主要特点。客观分析孔子之后儒家的流变，其实是两大派，一派是从曾子到孟子的心性派或称"内圣"派，一派是从子贡、仲弓等为代表到荀子集其成的"外王"派，对中国产生最大影响的其实是"外王"派，是持经达变学以致用的儒生，这两派有矛盾也有融合，但也难免彼此相轻，比如荀子就公开笑骂子张氏为"贱儒"。孔子也主张"为君子儒！无为小人儒"，[①] 只是表述的方式不一样，反映的精神却是一致的。冯友兰则说："在儒家思想中，孟子代表了其中理想主义的一派，稍后的荀子则是儒家的现实主义一派。"[②] 如果儒家确有理想主义的一派，那么，曾子则开其先。

本章曾子所言，也是被后世广为引用的，它是内省的门径，也是人性自我完善的内在体现。传《大学》为曾子所作，"大学之道，在明明德，在亲民，在止于至善"，"自天子以至于庶人，一是皆以修身为本"，"故

---

① 《论语·雍也篇》。

② 冯友兰：《中国哲学简史》，北京：新世界出版社，2004年，第63页。

君子慎其独也"。这"君子慎独"的功夫来自于自省。"三省"不是实指三次,古语"三"常指多,"三省其身"就是每天都要多次地反省自己。如何反省?曾子这里举了三个方面的内容作为例证。推想,这当是曾子教导学生时的现身说法。自我内省,是儒家的基本功之一,《荀子·劝学篇》也说:"君子博学而日参省乎己,则知明而行无过矣。"

受人之托,忠人之事。为人谋事,当然忠诚第一。交友之道,重在守信,不仅此处曾子如此反省,后文还有同门子夏也说:"与朋友交,言而有信。""传不习乎?"的"习"正是"学而时习之"的"习",这也可以看出"学而篇"是有其内在的逻辑联系的。

1.5　子曰:"道千乘之国,敬事而信,节用而爱人,使民以时。"

孔子说:"领导治理有千辆兵车的国家,一定要有敬业精神,诚实信用,注意节约,爱护百姓,役使老百姓要选在农闲时节。"

这句话透露了一个基本的历史常识:在春秋战国时期,衡量一个国家的实力,是以"乘"为计算单位的,"千乘之国"也就是一般的中等国家,"万乘之国"则是强国。现代社会衡量国家实力,以前是看GDP,后来又看"综合国力",但"综合国力"如何界定及量化,现在还无定论。一个时代有一个时代的计算法和观察的角度,特别在动乱的战争年代,以战车多寡衡量国家大小强弱,也正反映了那个时代的特点。

本章内容如果放在《为政篇》也许更合适,为什么放在《学而篇》呢?其实这也正是《论语》编辑者的用心之处。我在一开篇就指出,孔门所谓的"学"断不是本本之学,而是实实在在的人生之大道。治理国家的本事是大本事,也是人生大道的具体体现,当然是"学"的重要方面，值得关注。

"使民以时"，这里的"时"与"学而时习之"用法是一致的，当作"恰当的时机"解。"学而时习之"的"时"也可解为"时常"，但如果"使民以时"的"时"也解为"时常"就与原义完全相反了。

1.6　子曰："弟子，入则孝，出则弟，谨而信，泛爱众，而亲仁。行有余力，则以学文。"

这里出现"孝""悌""仁"三个重要概念，与前面"有子曰"有呼应。前面"有子曰"将"孝悌"合在一起，说"孝悌"是"仁"之本。这里的孝悌则有"入""出"之别。人生在世，不是"出"就是"入"。所谓"入"其实就是居家，所谓"出"便是离开家。民间俗语：在家靠兄弟，出门靠朋友。在家则孝，出门则悌，说明内外有别。过去农耕社会，宗法制大家庭，家庭关系远比现代复杂，居家必须守孝，才能在家族中获得认可求得生存。而出门在外，就要懂得与人相处的原则和方法，这就是"悌"，也就是像对待自家兄弟一样对待朋友，"四海之内皆兄弟"，离家在外也就能生存发展了。这孝悌之心，不是与生俱来的，是要从小引导教育的，故此孔子强调从"弟子"开始。弟子不是指学生或徒弟，而是后生小子，是小娃娃，也可以作子女、弟弟、妹妹解。从小懂得孝悌是安身立命的基本道理，谨慎、诚信，有博爱之心，就自然接近"仁"的美德了。一个人躬行实践这些基本的人生准则之后，还有能量的话，就该学点历史的经验、古代的文献了。这里又提到"学"，与篇名"学而篇"紧紧相扣。

本章是《弟子规·总叙》的出处。中国古代蒙学有一些基本的教材，其中《三字经》《百家姓》《千字文》《弟子规》这四种是流传最久、普及最广的启蒙读物。前三种即所谓的"三、百、千"属于识字及社会历史常识一类，而《弟子规》则类似于今日的《思想品德》课本，完全是从思想品德教育的角度去编写的。

涩泽荣一说："从社会实际看，无论是政界还是商界，与其说是具有深奥知识的人在起支配作用，倒不如说是拥有健全常识的人在发挥作用。有鉴于此，健全常识的伟大是不言而喻的。"①

1.7 子夏曰："贤贤易色；事父母，能竭其力；事君，能致其身；与朋友交，言而有信。虽曰未学，吾必谓之学矣。"

此章的难点在"贤贤易色"，要点则在最后一句。

关于"贤贤易色"过去和现在的解读可谓五花八门。比如有解释为"以尊贵优秀之品德去改变好色之心"的，也有解释为"要重贤德而轻美色"的。也有认为，根据整段话的理解，后面提到的是"事父母、事君、与朋友交"，那么，人生五伦"君臣、父子、夫妻、兄弟、朋友"，既然已提到三个方面，那么"贤贤易色"当指夫妻关系才符合逻辑。所以解释为"对妻子，应重其品德，不重其容貌"。南怀瑾《论语别裁》则解读为：当看到贤人时就肃然起敬，态度也自然随之而转变了。这种解读大概是受了"见贤思齐，见不贤而内自省"的启发。

这里，子夏谈到了如何"事父母、事君、与朋友交"的几个大问题。"事父母，能竭其力"，为人子女的能力有大小，境况有不同，关键在"竭其力"，即要尽其所有的能力。假如子女本身只能靠乞讨养活父母的话，那么他们乞讨到什么样的饭食就给父母吃什么，这也是竭其力。但如果

---

① 〔日〕涩泽荣一著，李建忠译：《〈论语〉与算盘》，武汉：武汉出版社，2009 年，第 50 页。

超出能力之外，比如说，父母生病就医，药费不够，做子女的便盗窃抢劫，那就不对了。有一副名联："百善孝为先，原心不原迹，原迹贫家无孝子；万恶淫为首，论迹不论心，论心世上少完人。"竭其力，尽孝心，这是侍奉父母的原则要求。"事君，能致其身"，可以解读为"为君上服务，可以牺牲自己的性命"。古代特别强调忠君，古代之忠君与爱国是密切相连的，君即国，所以忠君即爱国，爱国就要不怕牺牲，能把自己的一生贡献给君上国家，既是高尚的要求，也是基本的要求。"与朋友交，言而有信"，朋友毕竟是朋友，与父母、君上是不可相提并论的，无须"竭其力"，更无须"致其身"，但对朋友也不是可以毫不在乎的，也是有基本要求的，就是"言而有信"。朋友是一种普遍的社会关系，用现代的话说，就是与朋友相处要讲游戏规则，这规则就是"言而有信"。为什么交朋友不提倡交酒肉之友呢？就是因为酒肉之友大多言而无信！交友不当，害人害己，不可不慎。

在子夏看来，一个人懂得如何对待贤德与美色，还知道怎样侍奉父母、服务君上、结交朋友，这样的人即使没有学什么书本知识，也应该说是学到了真本事真道理。这才是"学"的本意！可见，"学而篇"之学，实在是丰富多彩的学，不是简单的书本教条之学，学的是生活的道理，人生的大道！

子夏其人，在孔门弟子中以"文学"著称，是孔门四科十哲之一，后文有详解。

1.8　子曰："君子不重则不威，学则不固。主忠信。无友不如己者。过，则勿惮改。"

《论语》中，提到"君子"的地方很多，但如何界定"君子"这个概念，向来比较难。一般认为"君子"与"小人"是相对应的，但"小人"又常常被解释为普通老百姓，那么"君子"则是指有一定社会地位非普通老百姓之类的人物，或者说是统治阶层。但显然，《论语》中的"君子"有更丰富的内涵，更多的是指品德操守高出社会平均水平许多的人士。前面几章就有"人不知而不愠，不亦君子乎？""君子务本，本立而道生"，可见，"君子"之称谓，不是一般人能配得上的，在儒家看来，成为君子是高尚人生的追求。

孔子这句话的"重"是指"自重"，公生正，廉生威，自己不自重自爱，何威之有？求学问道，自我没有诚敬之心，当然就无法真的领会，"学则不固"了。

"主忠信"在《颜渊篇》也出现过："主忠信，徙义，崇德也。"这里的"主"与通常说的"主心骨"的"主"，意思是一样的。就是人要有一个核心价值观或者信仰，这是必须坚持毫不动摇的。忠信就是这样的核心价值观，要始终存诸心、见诸行。

"无友不如己者"，通常解释是：不要与不如自己的人交朋友。但有人认为，果真如此，孔子未免有点势利眼了，好像总想高攀似的。我认为，这里所谓的不如自己，不是指权势、财富、地位等不如自己，而是指道德人品、学识见闻不如自己。比如下棋，与棋艺比自己高的人下，越下自己水平也越来越高；与棋艺不如自己的臭棋篓子下，则自己的棋也越下越臭。近墨者黑，近朱者赤，欲知其人，先观其友，就是这个道理。但也有人认为，孔子一生谦逊，倡导"三人行必有我师"，怎么可能这般择友呢？所以他们主张这句话应该解读为"不要总认为朋友不如自己"。不管哪种解读，总之孔子对于朋友之道是很重视的。

有过则改，切莫文过饰非，这在孔子思想里是非常重要的。颜回的一大美德就是"不贰过"。有过错而能勇敢地改掉，看似容易，其实很难。

能真正自我批评的人很少，得有"三省吾身"的自觉和敢于自我否定的勇气。

1.9　曾子曰："慎终追远，民德归厚矣。"

《论语》中，"曾子曰"是比较多的，这里是第二次出现。前文已经指出，曾子在孔门弟子中以孝著称，孔子评价曾子是"鲁"。曾子算不上才子型的学生，而是反应比较迟钝的、忠厚老实的人。这句话体现了曾子的一贯思想：提倡孝道，推而广之，促进广大老百姓道德水平的提高。

老死曰终，先祖曰远。统治者若能倡导养老送终，追念先祖，老百姓自然也会变得忠厚老实了。

为什么曾子如此强调"慎终追远"对于民德的影响呢？这里涉及中华民族的国民性问题。钱穆认为，世界各国的国民性，可以分为向前型和向后型两大类。中国的国民性大体应属向后型，因此历史文化很发达。钱穆说："依照中国人观念，奔向未来者是欲，恋念过去者是情，不惜牺牲过去来满足未来者是欲，宁愿牺牲未来来迁就过去者是情。中国人观念，重情不重欲。男女之间往往欲胜情，夫妇之间便成情胜欲，中国文学里的男女，很少向未来的热恋，却多对过去之深情，中国观念称此为人道之厚，因此说温柔敦厚诗教也。又说慎终追远，民德归厚矣。又说一死一生乃见交情，只要你不忘过去。把死的同样当活的看。其实这种感情亦可是极热烈，极浪漫，只不是文学的，而转成为伦理的与道德的。"[1]

---

[1]　钱穆：《湖上闲思录》，北京：读书·生活·新知三联书店，2000年，第9页。

1.10　子禽问于子贡曰："夫子至于是邦也，必闻其政，求之与？抑与之与？"子贡曰："夫子温、良、恭、俭、让以得之。夫子之求之也，其诸异乎人之求之与？"

　　此处是孔子两个弟子的对话。《论语》中有多处是以这种弟子之间的对话方式来间接反映孔子的思想言行的。

　　子贡是孔门著名弟子，关于他的记载比较多，后面还将多次提及。子禽是何许人呢？《史记·仲尼弟子列传》无此人，而《孔子家语·七十二弟子解》有其名。《论语》中，子禽共出现三次，一次是《季氏篇》载："陈亢问于伯鱼曰。"这子禽就是陈亢，姓陈，名亢，字子禽。还有一次是在《子张篇》："陈子禽谓子贡曰。"有人认为他是孔子的弟子，也有人认为可能是再传弟子。关于陈子禽，还有一个故事值得一提。《礼记》中记载，他的哥哥去世了，哥哥的妻子和管家商量想找几个活人殉葬，陈子禽认为这不合乎礼的要求，他说：如果要陪伴服侍好死者的话，那么最合适的殉葬人就是你们俩了。这使得他嫂子和管家顿时哑口无言，不敢再提什么殉葬的事了。

　　关于孔门弟子及再传弟子的关系，古今有过许多研究，一般认为，孔子一生，收徒众多，但不在一个时期，而是分为好几个时期，早期学生称"先进"，晚期则称"后进"。众多弟子中，有登堂入室的核心弟子，也有挂名弟子，核心弟子就是能经常接受孔子亲自教导耳提面命的弟子，这个数量很少，也就 70 多位，其他所谓弟子大概都是慕名而来、登记在册的弟子，即所谓"著录"或"在籍"弟子，这类弟子可能由核心弟子所带，并非孔子亲授。古代教育不比近现代的"班级授课制"，很有点类似手工作坊，大师傅教大徒弟，大徒弟又教小徒弟。说起来都是师出同门，其实从大师本人到徒子徒孙，不知隔了多少距离呢!

此处对话的内容是晚辈弟子子禽问前辈弟子子贡，关于自己的老师孔夫子每到一个国家，都要了解该国的政事。那么，老师是如何了解政事的？是向别人打听，请求别人告知，还是别人主动提供政事信息的呢？

子贡是孔门弟子中以"言语"著称的天才型人物，其口才之好，孔门无出其右者。对于晚辈弟子的请教，他也体现出不凡的语言天赋。"温、良、恭、俭、让"，一开口就以高度的概括力，形象生动的描述，给孔子勾勒出一幅肖像。孔子以这样一种态度去获得所在国的政事信息，就算是向他人求教打听而得，也与一般人的请求不同呀!

儒家教义中，有几个常识性的概念成组出现，对后世有着深刻影响。这里的"温、良、恭、俭、让"是一组，还有一组是"信、宽、恭、敏、惠"，还有一组是"仁、义、礼、智、信"，最后一组经后世概括而成，逐渐演变成维系封建社会道统的"三纲五常"中的"五常"。

1.11　子曰："父在，观其志；父没，观其行；三年无改于父之道，可谓孝矣。"

前面已有两处提到"孝悌"，那么，什么是"孝"呢？这章可以作为对"孝"概念的一个解释。《论语》有多处解释"孝"，但各处解释都不相同，这意味着"孝"这个概念所包含的内容是很丰富的，而每一次不同的解释都源于表述"孝"的某一个方面的内容。

孔子说："父亲在世时，要观察他的志向；父亲去世后，要考量他的行为；如果父亲死后能长期坚持父亲一贯主张的道路方针，就可以称得上孝了。"

可见，"孝"不仅仅是"敬"与"养"的问题，孔子在这里提出了评判"孝"的一个原则性标准，就是能否继承父辈的遗志，能继承就是孝，不能继承则不孝！《中庸》说："夫孝者，善继人之志，善述人之事者也。"我们过去也一再强调要继承先烈遗志，做共产主义接班人，也是这个意思，只是说法不同而已。

如何选接班人，堪称自古以来最难的事，多少英雄豪杰在选接班人问题上都栽了跟头，成为失败者。秦始皇、唐太宗、明太祖、清康熙帝等都是旷古奇才不世英雄，却都在选接班人问题上吃尽苦头。同样地，做接班人也是最难的，历史上那些储君、太子被废被杀，多少腥风血雨的历史故事，乃至近现代以来前尘往事，历历在目。而遭殃的不只是选与被选者，广大无辜的百姓才是最遭罪的。为什么选接班人这么难？大概就是父辈遗志能否被继承实在太难预测了！人生难百岁，常怀千年忧。在世犹可为，身后事难料呀！

1.12　有子曰："礼之用，和为贵。先王之道，斯为美；小大由之。有所不行，知和而和，不以礼节之，亦不可行也。"

前面第二章已谈到有子在孔门中的地位。本章堪称全部《论语》最著名的章句之一，"和为贵"一词成为春秋以来流行最广的词汇，小到坊间里巷的贩夫走卒、一般平民百姓，大到国际交往、联盟缔约，"和为贵"被广为引用。

针对"和为贵"，有许多解释。以经解经，也许是最可靠的办法。《中庸》："喜怒哀乐之未发，谓之中；发而皆中节，谓之和。中也者，天下之大本也；和也者，天下之达道也。致中和，天地位焉，万物育焉。"这样看来，"和"当作恰到好处解。过犹不及，凡事总能恰到好处，当然是难能可贵！

本章除了"和为贵"这个光耀千秋的词汇之外，在《论语》中还首次提到"礼"，这是中国历史文化非常重要的一个概念，也是儒家思想的重要组成。关于"礼"的解释，自古以来层出不穷。但它根本的道理还是阐述在《周礼》《仪礼》《礼记》三部经书里。孔子说："礼云礼云，玉帛云乎哉？""人而不仁，如礼何？"显然，"礼"不只是礼品或礼仪之类形而下的东西，它更重要的是一种统领社会、治国安邦的指导思想、意识形态、规章制度等形而上的东西。后文还将多次涉及"礼"的话题。

本章通篇，可以做如下解读：

有子说："礼的运用，以恰到好处为可贵。古代圣王的做法，最值得赞美处也就在此。无论大事小事，都能做得恰当。若有行不通的地方，只是为了通融，不能用礼来节制，也是不可以的。"

没有"礼"作为原则和标准，盲目求"和"，在有子看来，是行不通的。

1.13　有子曰："信近于义，言可复也。恭近于礼，远耻辱也。因不失其亲，亦可宗也。"

有子说："守信合乎道义，诺言即可兑现。态度谦恭合乎礼仪，就避免被羞辱。依靠自己亲密的人，也就可靠了。"

理解这段话，还可以对照《中庸》："子曰：'好学近乎知，力行近乎仁，知耻近乎勇。'"两者的语法结构及表述手法是相似的。中国古代经学有一大特点，以经解经，互参互训，对于我们读通经典很有帮助。

此处为第三次"有子曰"，每一处都有着独到的见识，不难看出有子的才学天赋及其在孔门中的影响力。《论语》不仅表现了孔子与弟子之间教学相长的一面，也反映出一个基本的事实，孔子作为儒家的创始人，在构建儒家学说体系方面是一个导师，一个核心，但儒家学派是一个团体，诸如有子这样的弟子，在丰富完善儒家学说方面，也有重要的贡献。我们是否也可以借用现在的说法：儒家学说是以孔子为核心，由众多优秀弟子共同构成的集体智慧的结晶呢？

《礼记·表记》载："子曰：'恭近礼，俭近仁，信近情，敬让以行。此虽有过，其不甚矣。夫恭寡过，情可信，俭易容也。以此失之者，不亦鲜乎？'"有子之言，源自夫子之教也，明矣！

1.14　子曰："君子食无求饱，居无求安，敏于事而慎于言，就有道而正焉，可谓好学也已。"

孔子说："君子，饮食不求饱足，居住不求安逸，对待工作勤奋而敏捷，言语却很谨慎，向有道者看齐而能不断纠正自己，可以说是好学呀！"

孔子这句话，再次点明了《学而篇》的要义，可以说，整个《学而篇》无处不在解释什么才是"学"这个主题。这里也无非是从饮食起居的角度出发，阐明什么是真"学"。

"敏于事而慎于言"，与前文"敬事而信"，意思相近。这是孔子思想的突出特点，后面孔子还将多次提到类似的话题，诸如"敏于事，讷于言"，也是同样的意思。

祸从口出，言多必失。孔子是主张"先行而后言"的，最好是行而不言。孔子这一思想的来源，可以追溯到周公。周公是西周分封诸侯国的鲁国国君，但他在京城辅佐周成王，就派长子伯禽到鲁国就封。相传，伯禽就封鲁国时，周公恐其有失，亲书铭文于管家金人的背上，并叮嘱金人经常站在伯禽身前，背对伯禽，让伯禽随时观看，以免忘记自己的训诫。金人背上的铭文就是所谓的《金人铭》[①]。其文曰："古之慎言人也。戒之哉！戒之哉！无多言，多言多败。无多事，多事多患。安乐必戒，无行所悔。勿谓何伤，其祸将长。勿谓何害，其祸将大。勿谓无残，其祸将然。勿谓莫闻，天妖伺人。荧荧不灭，炎炎奈何？涓涓不壅，将成江河。绵绵不绝，将成网罗。青青不伐，将寻斧柯。诚不能慎之，祸之根也。口是何伤，祸之门也。强梁者不得其死，好胜者必遇其敌。盗怨主人，民害其贵。君子知天下之不可盖也，故后之下之，使人慕之。执雌持下，莫能与之争者。人皆趋彼，我独守此。众人惑惑，我独不从。内藏我知，不与人论技。我虽尊高，人莫害我。夫江河长百谷者，以其卑下也。天道无亲，常与善人。戒之哉！戒之哉！"鲁国是孔子的诞生地，孔子生于兹长于兹，对周公的敬仰崇拜自然天成。周公庙是鲁国的太庙，据记载，孔子年轻时"入太庙，每事问"，曾见到三缄其口的金人形象，当知有《金人铭》之故事。《金人铭》的核心内容就是：慎言慎行！

现在，曲阜的周公庙大殿内还有金人塑像，庭院里立有《金人铭》碑。据传，原金人塑像嘴上有三个封条，意为"三缄其口"，言不可不慎！

---

① 《孔子家语·观周》："孔子观周，遂入太祖后稷之庙。庙堂右阶之前，有金人焉，三缄其口，而铭其背。"曲阜当地关于《金人铭》的传说与《孔子家语》之记载略有不同，但内在意蕴是相通的。

1.15 子贡曰:"贫而无谄,富而无骄,何如?"子曰:"可也;未若贫而乐,富而好礼者也。"子贡曰:"诗云:'如切如磋,如琢如磨。'其斯之谓与?"子曰:"赐也,始可与言诗已矣,告诸往而知来者。"

本章的内容是孔子与学生子贡之间的对话。《论语》有多处孔子与弟子的对话内容,也有弟子之间的对话内容。通过这些对话,可以更真切地品读孔子和他的弟子们。

在解读本章前,先了解一下子贡其人。前面已出现子禽与子贡的对话,这里是第二次出现子贡,《论语》中还将多次出现子贡。子贡,姓端木,名赐,字子贡,一字子赣,卫国人,生于公元前 520 年,比孔子小三十一岁。[①]根据《韩诗外传》,子贡在向孔子求学前,原是卫国的商人。子贡在孔门弟子中个性鲜明,多才多艺,而且口才超群,是当时杰出的外交家,更突出的是他特别有经营的头脑,做的都是大生意,还总是赚得满满的。《史记·货殖列传》里共写了九位历史上的商业巨头,子贡位列第二。子贡是孔门弟子中的首富,在儒学初创之际,为孔子及其儒学团体提供了必要的经济资助。毫无疑问,子贡堪称天下儒商第一人!

从这段对话中能够看出师生之间的认识差距。在子贡看来,一个人能做到贫穷时不奉承巴结,富贵时不骄横自满,这就很不错了。也许子贡自我感觉已经能做到这一点了,所以不无自豪地问孔子:"何如?"这两个字描写得很生动,把子贡的自信与期待从老师口中获得赞许的神情勾勒得惟妙惟肖。但孔子给他泼了点冷水,告诉他,能做到这一点还算

---

① 《史记·仲尼弟子列传》载:"子贡利口巧辞,孔子常黜其辩。……子贡好废举,与时转货赀。喜扬人之美,不能匿人之过。常相鲁卫,家累千金,卒终于齐。"

可以，但还是不如贫穷而能乐道，富贵却能崇礼呀！显然，孔子的见识更高，对子贡的要求也更高。

子贡还真是个一点就透的聪明学生，孔子这么一点拨，他就触类旁通，甚至把师生之间教学相长的具体事例上升到一种理论的高度，引用《诗经》里的句子："如切如磋，如琢如磨。"这引用实在是恰如其分，他们师生前面的对话不正像是在彼此切磋、琢磨吗？老师看到学生如此冰雪聪明，怎能不打心里喜欢？自然也就脱口称赞了。只是孔子到底不是一般的老师，称赞学生也很特别。孔子说："赐呀，现在可以开始与你谈论《诗经》了，告诉你过去之事你可以推知后来之事了。"

《论语》中，无论是孔子还是弟子们抑或是其他人物，他们的谈话很少像今天的人们一样喜好引用名人警句或文献论文之类的内容。但有一个现象值得注意，《论语》中，但凡涉及引用的内容，几乎全部出自《诗经》，这至少说明孔门教育中，《诗经》处于极端重要的地位，同时也说明《诗经》在当时社会被广泛接受认可的程度。当然，不只是《论语》引用《诗经》内容，《大学》《中庸》等早期儒家经典也几乎都引用《诗经》。

从孔子与子贡的这段对话中，还可以看出，要读懂《诗经》也不是那么容易的，以子贡这样的才智，孔子才许以够格谈论《诗经》，那些不如子贡的人，也就不要自找没趣，瞎谈《诗经》了。由此可见孔子对学生的要求之高之严！其实孔子对自己的要求同样严格，他自己五十岁才敢开始学《易经》，这种态度，不能不让后人深思！

"如切如磋，如琢如磨"出自《诗经·卫风·淇奥》，"切磋""琢磨"早已成为常见用词，与唐时出现的"推敲"一词，都已成为我们的日常生活用语。《大学》云："'如切如磋'者，道学也；'如琢如磨'者，自修也。"

《礼记·曲礼》："富贵而知好礼，则不骄不淫；贫贱而知好礼，则志不慑。"

1.16　子曰："不患人之不己知，患不知人也。"

孔子说："不要担心人家不了解你，要担心的是自己不了解别人呀！"

"己知"是古语中的常见倒装用法，作"知己"解，与"知人"对应。"患"，可解为"担心"或"计较"，如患得患失，亦可作如是解。

此句是《学而篇》的最后一章，在第一章有一句"人不知而不愠，不亦君子乎？"这一前一后其实是很好的呼应，强调的是同一个道理：一个人只要真正投入地学了，就不要在乎是否出名，不要考虑是否被他人理解，而要考虑的是自己是否理解他人。其言外之意，就是如果一个人有了真才实学，不想扬名，也依然不会被埋没！

总之，一句话，千学万学，都是为了自己人生的完善而学，这是《学而篇》的全部精华！

为政篇第二

题解：《论语》以"学而"开篇，学以致用，最大的用就是"为政"，从"学而"到"为政"，是儒家精神的自然延伸，故而"为政"列在"学而"之次，而位于其他各篇之前。

2.1 子曰："为政以德，譬如北辰，居其所而众星共之。"

孔子一生真正为官执政的时间并不很长，身居要职、独当一面的机会更少，只不过曾做了一年左右的中都宰，相当于山东汶上县县令，后提升为小司空，不久又升为大司寇并代理鲁国宰相一职，担任大司寇时间不过三年左右，代理宰相的时间则更短。事见《史记·孔子世家》：鲁定公九年（公元前 501），阳虎奔于齐。其后，定公用孔子为中都宰。一年，由中都宰为司空，由司空为大司寇。孔子出仕，显然与当时鲁国因阳虎叛乱的特殊政局有关。一年时间连升三级，也是少见。孔子在中都任地方官的主要政绩，据《孔子家语·相鲁》："孔子初仕，为中都宰，制为养生送死之节：长幼异食，强弱异任，男女别涂，路无拾遗，器不雕伪，为四寸之棺、五寸之椁，因丘陵为坟，不封不树，行之一年，而四方之诸侯则焉。"如果用现在的眼光看孔子政绩，实在难以理解。做地方官，无非是为一方百姓谋福利，所谓"为官一任，造福一方"。其他的所谓政绩且不去计较，这"长幼异食""男女别涂"既算不上是便民措施，也不见得真正利民，但身处礼崩乐坏的时代，孔子能以自己的执政实践"道之以德，齐之以礼"，也堪称成效卓著。孔子担任大司寇、代理宰相期间，主导了三件大事：一件是鲁定公十年（公元前 500）的齐、鲁"夹谷会盟"，在会盟中，鲁国因为有了孔子的杰出表现而以弱胜强，取得外交上的一次胜利；一件是鲁定公十二年（公元前 498），孔子提出"礼堕三都"，结果以失败告终。还有一件历史上争议比较大的事即"诛少正卯"。从这三件事来看，孔子的执政才能比之较早的齐国管仲、郑国子产相去甚远，即使与同时期的齐国晏婴也难有一比。因此，如果仅从孔子本身的政绩来考量，孔子是否能算得上一个伟大的政治家，还颇值得商榷。

　　衡量一个人是否够得上政治家称谓，尤其对于历史人物来说，是否只有按事功的标准？古人倡导"立德、立功、立言"，从古今中外的历史看，其实有两个标准，一个标准是"立功"，也就是有实实在在的政治业绩；另外还有一个标准就是"立言"，也就是提出了某种政治理论或学说，且这种理论学说对后世产生了重大影响。当然，最无争议的是既有光辉的业绩又有高明的理论学说，但这类政治家毕竟是少数，比如管仲之有《管子》①、李世民之有《贞观政要》② 等。还有一类称为政治家的，最大的贡献不是他们的具体政绩，而是他们的理论学说，比方说西方的柏拉图、马基

---

　　① 《管子》非管仲本人所作，是齐国稷下学宫的学者推尊管仲而形成的一部道家思想比较浓厚的作品集。

　　② 《贞观政要》由唐代史官吴兢编撰，非李世民本人所著，却能反映出李世民当政的核心思想。

雅维利，中国汉代的贾谊、宋代的陈亮等都属于此类，孔子也当属于这一类的政治家。更确切地说，孔子属于政治理论家。这确有别于他的教育家之称谓，在教育方面，孔子不仅仅提出了一整套教育理论，而且首开私人讲学之风，取得了辉煌的教育成就，所以成为举世公认的至圣先师。但孔子能不能称为政治家，远不如他作为教育家这样毫无争议。如果仅从"立德"的角度，是很难成为什么家的，比如以德行高尚著称的伯夷、叔齐、柳下惠、孔门弟子颜回等，该算什么家呢？充其量算是道德家吧！

综上，我们对作为政治家的孔子，主要地还是从他的政治言论及主张去分析他的思想，而不是看他具体的政治业绩来论短长，尽管孔子一生也确实孜孜以求地寻找将自己的政治理念付诸实践的机遇和途径。后世研究者，特别是考据家们，总是习惯于去探究孔子为官执政的各种业绩，似乎只有挖掘出越来越多的孔子政绩，才能更好说明孔子作为政治家的名副其实及伟大。

那么《为政篇》的第一章该如何解读呢？我是这样理解的：

孔子说："执政靠的是德行，有了德行，就犹如北极星一般，只要守在它的位置上，群星就环绕着它转。""为政"一般解为"从政"或"治理国家"，我解为"执政"，因为从这句话的整体意思分析，孔子针对的是处于首脑地位的执政主官，而不是一般的从政者。"共"通"拱"，环绕、拱卫之意。

要让任何一个政治家用简短的话概括如何执政都是困难的，所以孔子用一种比喻的说法，这是古往今来的理论家都擅长采用的，孔子的弟子也学会这一手，庄子、孟子更是以比喻说理的高手。

本章所以被编辑在《为政篇》的首要位置，正是缘于孔子提出了一个为政的根本原则：德治。后世提倡"德主刑辅"，乃至现代还提"以德治国"，都是受到孔子这一观点的深刻影响。孔子政治学说的核心就在于此。但有德是否就一定能治国？有大德是否就能实现国家大治？何况，"德"的标准又是什么呢？时代不同，"德"的内容与作用也不同，如何

用现代的眼光看待孔子的"德治",它的现代价值怎样?这是研究者的大
课题。

本章中"居其所"三字很关键。"不在其位,不谋其政",那么,在
其位,就该谋其政,"居其所"就该发挥其应有的作用!也有认为,"居
其所"是一种无为而治,比如《论语》有云:"无为而治者,其舜也与?
夫何为哉?恭己正南面而已矣。"①统治者,只要在领导的位置上做个道
德的表率,无须什么作为,国家就自然会治理得好好的。

"无为而治"一向被认为是道家的主张,孔子的主张是否与道家相近
呢?其实早期儒家思想和道家思想区别并不大,有许多观点是一致或者是
互补的。后文,孔子还会遇到几个道家人物,他们的关系很微妙,彼此并
不完全排斥。

2.2   子曰:"《诗》三百,一言以蔽之,曰'思无邪'。"

孔子说:"《诗》②三百篇,用一句话概括,就是'思想没有邪念'。"
关于"思无邪"有许多不同的解读。此语原本出自《诗经·鲁
颂·骃》,在该诗篇中的"思"原是语助词,孔子借用来作为对《诗经》
的高度概括,这里的"思"就不再是语助词了。《礼记·经解》:"《诗》
之教,温柔敦厚。"《诗经》的作用就是让人变得思想纯正,没有邪念。

《为政篇》当是专门谈"为政"的,为什么又议论起《诗经》来了?
如果认真研究《诗经》就可以知道,《诗经》的内容记载的多是为政的
得失及历史经验的总结。"国风"原本就是统治者为了解民情采风而得,
"雅""颂"更是统治者生活及从政活动的直接记录。我们现在一般把《诗

---

① 《论语·卫灵公篇》。
② 《诗》是最初的称谓,也称《诗三百》,汉代以后才称《诗经》。

经》当作纯文学作品来读，而在孔子时代，《诗经》更像是政治教材。不过孔子以《诗经》教导弟子，除了讲授历史上的从政经验得失之外，是通过诗教的形式，培养弟子"思无邪"的良好情操。"思无邪"是"为政以德"的要求！子曰："诵《诗》三百，授之以政，不达；使于四方，不能专对；虽多，亦奚以为？"① 此段话则更可以解释孔子把诗与为政联系在一起的用意。

《史记·孔子世家》："古者《诗》三千余篇，及至孔子，去其重，取可施于礼义，上采契、后稷，中述殷、周之盛，至幽、厉之缺，始于衽席，故曰：'《关雎》之乱以为《风》始，《鹿鸣》为《小雅》始，《文王》为《大雅》始，《清庙》为《颂》始'。三百五篇，孔子皆弦歌之，以求合《韶》《武》《雅》《颂》之音。礼乐自此可得而述，以备王道，成六艺。"

2.3　子曰："道之以政，齐之以刑，民免而无耻；道之以德，齐之以礼，有耻且格。"

本章内容在《为政篇》里具有特殊重要的意义，向来被作为研究中国古代政治思想的重要内容。它把古代政治所涉及的几个最重要的概念都提到了，"道""刑""德""礼"，而且将它们放在一起进行比较，指出各自的利弊。

先且翻译如下：

孔子说："用政令来引导，用刑律来规范，老百姓可以暂时免于犯错，但不会有廉耻之心；用德行来引导，用礼来规范，老百姓不但有廉耻之心而且还诚心归服。"

---

① 《论语·子路篇》。

此处"道"与"道千乘之国"①之"道"用法相同，可作"治理"或"领导""引导"解。"格"历来解释比较多样，杨伯峻《论语译注》引《礼记·缁衣》："夫民，教之以德，齐之以礼，则民有格心；教之以政，齐之以刑，则民有遁心。"故此，杨伯峻认为，"格"当作"来"解，与"遁"对应。从这段引文亦可看出，"道"与"教"可以通用。"远人不服，则修文德以来之"，②似可为"格"作"来"解之实例。

本章内容强调的依然是"为政以德"的重要性，但有德还不够，还需要"刑"和"礼"，"刑"与"礼"相比，"礼"更为孔子所推崇。理由是，有了"德"再辅以"礼"，就可以让老百姓知道廉耻，心悦诚服地听从领导。"远人不服，则修文德以来之"强调的也是以德服人，而不是以"政""刑"强力服人。孔子时代的"刑"和"礼"都是社会性规范，"刑"是国家强制力的体现，而"礼"则更多的是要求发自内心的自觉遵从。"刑"让人感觉到国家暴力的恐怖，而"礼"则体现了一种文化精神，更显得温情近人。诸葛亮七擒孟获，为的就是攻心，心悦诚服才是真的服！

为政者能做到让老百姓"有耻且格"，这是孔子关于统治的理想态，当然最美妙的理想是"天下大同"，如《礼记·礼运》所描述。人类文明总有某些共通性，不只是孔子文化圈内，在世界其他不同的文明体系中，有无廉耻之心，都是衡量一个人的最起码的道德底线。"人不可以无耻，无耻之耻，无耻矣！"③没有廉耻之心的人，才是最可耻的。在中国传统文化中，常以"礼、义、廉、耻"作为普世性文明标志来区别人与禽兽。无廉耻之心，即等同于禽兽。

---

① 《论语·学而篇》。

② 《论语·季氏篇》。

③ 《孟子·尽心上》。

2.4　子曰:"吾十有五而志于学,三十而立,四十而不惑,五十而知天命,六十而耳顺,七十而从心所欲,不逾矩。"

　　本章从表面文字上看,并没有深奥难解处,不过是孔子自己人生的简要总结。可以说是孔子的自传,比之现代人的自传,不知简洁高明多少!孔子没有自夸有什么了不起的成就,只字未提自己曾经的业绩,反倒只以自我不同阶段对人生认识的不断提高作为一生的自我评判。从中,既可以读出孔子的朴实谦和,也可以读出孔子对自己生命历程的自我反思与肯定。孔子活了不到七十三岁,这段话显然是孔子七十岁以后的事。也许是临终的遗言之一,以自己的人生经历来给众弟子以最后真切的教导。

　　现在,我们将孔子的这段话用现代文解读:

　　孔子说:"我十五岁开始立志求学问道,到了三十岁确立了人生目标,到四十岁不再有什么诱惑能让我对人生的目标产生动摇,到五十岁可以说是懂得天命所归了,到了六十岁,听到任何话都可以分别真假,明辨是非,到了七十岁,就是一切随心所欲,也不会超出社会的规范。"

　　孔子的这段话,早已成了中华民族日常生活用语的一部分。人们常常用"而立之年""不惑之年""天命之年"来表示自己的年龄段在三十、四十或五十。

　　本段内容争议比较多的是"天命",有人据此认为孔子是宿命论者。实事求是地说,任何人的命运都是受各种可见与不可见的因素制约的,人无法选择自己的出生、性别和长相,也无法改变自己生存的地理大环境和社会大环境,摆脱不了自己的时代特征,人也逃避不了最后死亡的命运,这些可知或不可知的因素,交织在人生中就是"天命"。谁能否认自己的天命呢？只是对天命的认识程度不同而已。承认"天命"与宿命论不可相提并论。

南怀瑾《论语别裁》认为，这段话编辑在《为政篇》里面，是有其深意的：从政是需要丰富的人生经验的。人生的阅历没有达到一定的程度，要成为一个优秀的执政者是很难的。

"孔子曰：'君子有三戒：少之时，气血未定，戒之在色；及其壮也，血气方刚，戒之在斗；及其老也，血气既衰，戒之在得。'"① 比较本章孔子对自己一生的总结，可以看出，当一般人处于难免被美色所惑的年少之时，孔子已立志求学问道；当一般人处于难免好斗逞能的壮年时期，孔子却不为外物所惑而懂得了天命所归；当一般人处于难免好财贪得的老年时期，孔子纵然随心所欲也不会超出社会的道德约束、礼仪规范。可见，孔子是真正的大君子！

傅佩荣先生认为本章中的"六十而耳顺"，当去掉"耳"字，读为"六十而顺"，即孔子六十以后"顺天命"。傅先生从训诂、章句等多角度对此进行了分析，自成一说。②

易学史家高怀民先生从"五十而知天命"与"五十以学《易》"的角度，对孔子的这段话做出了更富有哲理的解读：孔子以"仁"为中心的人道思想，在他四十岁时已经坚定不移地在心中扎下了根（"四十而不惑"），可是到五十岁时，始通于天道（"五十而知天命"），也就是说，到此时才为他的人道思想寻找到天道的根据，如用今天的话说，便是才为他的人生哲学建立了形而上的理论基础。"五十而知天命"之年，正是"五十以学《易》"（《述而篇》）之年，这两回事实在是一回事，他是五十岁学《易经》，从《易经》中了悟到天人贯通之道，才言"知

---

① 《论语·季氏篇》。

② 傅佩荣：《傅佩荣译解论语》，北京：东方出版社，2012年，第15—16页。

天命"。然后神游于易道中十年，到六十岁，达到"耳顺"的境地。何为"耳顺"？即是由天道反照人道，以了悟了的天道，下应人事，于是所闻者顺。这是孔子精神境界向上发展的一段历程，"五十而知天命"是往、是升，"六十而耳顺"是反、是降，这一往一反、一升一降之间，孔子达到天道与人道"一以贯之"的境界。孔子与《易经》的密切关系，由此可见。①

2.5　孟懿子问孝。子曰："无违。"樊迟御，子告之曰："孟孙问孝于我，我对曰，无违。"樊迟曰："何谓也？"子曰："生，事之以礼；死，葬之以礼，祭之以礼。"

孟懿子是鲁国的世家贵族，鲁国从桓公之后，公权落入季孙、孟孙、叔孙之手，这三家号称是"三桓之后"，以季孙势力最大。孟懿子作为鲁国大夫，世家子弟，能向孔子请教"孝"，既说明此时的孔子已经是有相当的声望，孔子的道德学识获得了上流贵族社会的广泛认可，同时也说明孟懿子有所别于其他贵族世胄，面对礼崩乐坏的时代，他是一个能思考、愿虚心向学的开明贵族，而不是故步自封、自甘腐朽的纨绔子弟。

此句话，关键在"无违"，什么是"无违"呢？孔子自己的解释："生，事之以礼；死，葬之以礼，祭之以礼。"说白了，所谓"无违"，就是不要违反"礼"的规定和要求。这个"礼"当然是指当时社会的行为规范及公认的民风良俗。

从整部《论语》看，孔子对同一问题的回答，针对不同的提问对象，

① 高怀民：《两汉易学史》，桂林：广西师范大学出版社，2007年，第42页。

给出的答案往往不同。比如，问孝，《论语》出现好几处，但孔子的回答都不尽相同，这一方面当然是因为所问的问题涵盖的内容丰富，侧重点不同，答案也各异，另一方面恰恰是孔子因材施教的真实体现。

要深刻理解此章，可以结合孔子说的"事死如事生"来对比。人无非生死，对待死的态度像对待生的态度一样，这就不仅仅停留在"礼"的范畴了，但作为形而下的表现，孔子的"无违"循"礼"，确实指出了奉行孝道的方便门径。

对孟懿子此问，孔子以"无违"对答，有学者认为孔子是有意针对三桓子孙时常僭越的行为而苦心规劝，希望他们能依"礼"行事，无论生死，都要认清自己的等级身份。

《中庸》引孔子语："践其位，行其礼，奏其乐，敬其所尊，爱其所亲，事死如事生，事亡如事存，孝之至也。"

2.6 孟武伯问孝。子曰："父母唯其疾之忧。"

孟武伯是孟懿子的儿子。孔子针对孟武伯问孝道的问题，回答自与回复孟懿子不同。他这次说："做父母的总是为子女疾病发愁。"这是一句带有启发性的回答。孔子的意思是：若是孝子，除疾病以外，便该没有其他任何事使父母忧愁了。

父子向孔子请教同一问题，在《论语》中真是难得一见的画面！

2.7 子游问孝。子曰："今之孝者，是谓能养。至于犬马，皆能有养；不敬，何以别乎？"

前面两章是贵族父子问孝，接下来两章，是孔门弟子问孝。在《为政篇》里面，连续四章内容都是"问孝"，可见在孔子思想中，"孝"不仅仅是个人的、家庭的问题，而是"为政"的重要内容。

子游，姓言，名偃，字子游；小孔子四十五岁，担任过地方官，有政绩，后文还将涉及。他属于孔门十哲之一，以"文学"著称，因生于吴国，是孔门弟子中来自最南边的弟子，后世有"南方夫子"之称，常熟县曾有"言偃宅"古迹。子游此处问孝，从孔子谈话的内容上分析，更多的是从为官执政的角度来应答的。

自古以来，解决老百姓的温饱问题是执政者的首要任务。即使在当今世界，处于温饱线以下的贫困人口数量仍然很庞大。孔子的政治理念是现实主义的更是理想主义的，他不满足于温饱，而希望在温饱的基础上能有礼乐方面的提升，用现在的话说，就是在物质文明的基础上高度重视精神文明。

所以，在这段对话中，孔子把"养"与"敬"加以比较，指出物质层面的需求固然重要，精神层面的满足也必不可少。虽然，这里是就"孝"而言，其实，推而广之，对那些以"父母官"自称的执政者，对待治下的臣民，难道可以仅仅满足于一个"养"字吗？是否应该重视民众温饱以外的诉求呢？而对于那些连"养"都无法做到的，就根本没有资格谈"孝"的问题了！

孔子这里还暗藏着一个重要的观念：人类如果没有精神的需求，只停留在温饱的层面，与犬马是没有本质区别的。

《礼记·内则》曾子曰："孝子之养老也，乐其心，不违其志，乐其耳目，安其寝处，以其饮食忠养之。孝子之身终，终身也者，非终父母之身，终其身也。是故父母之所爱亦爱之，父母之所敬亦敬之。至于犬马尽然，而况于人乎？"《孝经·纪孝行》："孝子之事亲也，居则致其敬，养则致其乐，病则致其忧，丧则致其哀，祭则致其严，五者备矣，然后能事亲。"

2.8　子夏问孝。子曰："色难。有事，弟子服其劳；有酒食，先生馔，曾是以为孝乎？"

联系上一章内容看，这里的子夏问孝，很可能与上章的子游问孝是在同一场景中进行的。比如孔子与几个弟子恰好在一起座谈讲课，子游问孝后，孔子说不能只养而不敬，这时子夏就说，那么该怎样做才算"敬"呢？如此就自然引出了孔子的这段话。两个弟子先后问，孔子正好是先点题，后破题，恰是一个完整的教学过程。

不过，孔子这段话，现代人读起来比较难理解，特别是"色难"两字最不好懂。一般的解释是："子女在父母面前总能保持一种愉悦的神色不容易。遇事，由子女代劳；有酒有好吃的，先给父母长辈吃。是不是这样就可以认为是孝了呢？"孔子习惯用这种反诘句来启发学生。

2.9　子曰："吾与回言终日，不违，如愚。退而省其私，亦足以发，回也不愚。"

颜回是孔子最得意的弟子，小孔子三十岁，却比孔子早去世两年。关于颜回，《论语》中涉及的地方很多，此处是颜回第一次出现。如果按今人的编撰法，以颜回在孔门中的地位声望而言，首次亮相，应该闪亮登场。但《论语》编者，恰恰反其道而行之，他既没有类似前面已经出现的弟子那样，一出场便是妙语连珠，如有子、曾子、子贡、子夏等，也没有如樊迟、子游等这样以执御、问学的场景出现，而是以孔子对他的评议悄然出现。《论语》中，孔子评议的古今人物不少，对自己的弟子也不乏点评处，但通观《论语》，此处是孔子评议人物第一处，而且恰恰评议的是他最钟爱的弟子颜回。

在孔门弟子中，孔子点评最多的是颜回和子路，但凡点评颜回处，孔子都情不自禁地表露出慈爱的情感和无比欣赏的赞许，对子路则几乎都是教导与批评。

我们看看孔子这里是如何评议颜回的：

"我与颜回对谈一整天，颜回对我所说的，没有任何一点不同意见，像是个愚人。颜回退下后，我省察他的言行，感觉他对我的教导有很好的发挥，颜回呀，一点也不愚呢！"

这段话除了让读者感受到孔子对颜回的欣赏之外，还透露了这样一些信息：在孔子看来，对老师的教诲只知照搬照抄的，算不上聪明的好学生，而是愚笨的表现，若能对老师所教加以发挥，这才真值得欣赏。我们现在习惯将听话的孩子称好孩子，但真算得上好孩子的还应该是听话之后能巧加领会与发挥的孩子。

老子最欣赏的是大智若愚，孔子的得意弟子颜回就是大智若愚的典范，孔子所以如此欣赏颜回，也正在于此。中华文化关于人才的最高境界就是"大智若愚"。

2.10　子曰："视其所以，观其所由，察其所安。人焉廋哉？人焉廋哉？"

老子说："知人者智，自知者明。"人心隔肚皮，知人之难，难于上青天。但孔子这里却点出了如何知人的基本方法。

孔子是如何阅事知人的呢？简单说就是对动机、手段、目的等进行综合分析，这样得出的结论就不会有什么错误了。

孔子说："要正确认识一个人，就要观察他做事的真实动机、为实现某种目的所采取的方式方法、他心中安于什么或不安于什么。这样的话，他还能有什么可隐藏的呢？他能隐藏得了吗？"

本章内容不难理解，但要用心体会领悟。廋，音同"搜"，藏匿。

此段话，放在《为政篇》很有深意，为政之道，首在知人善任！

《孟子·离娄上》也有一段如何观相识人的话，孟子曰："存乎人者，莫良于眸子。眸子不能掩其恶。胸中正，则眸子瞭焉；胸中不正，则眸子眊焉。听其言也，观其眸子，人焉廋哉？"这最后的"人焉廋哉"都是一样的，试问谁又能躲得过圣人的法眼呢？

2.11　子曰："温故而知新，可以为师矣。"

这句话是流传最广的孔子名言之一。一般都把它当作教学方面的用语，但放在《为政篇》，显然不是针对教学问题的。意思很明了，就是要懂得吸取历史经验教训，以史为鉴，前事不忘，后事之师。

中华民族堪称世界上最重视历史经验的民族，经史子集，历史著述最为丰厚，六经皆史，经史互参，是中国文人治学的传统。也难怪，世界文明古国，唯独中国五千多年主流文化延绵不断，有着这样悠久延续的历史，历史的经验与教训也就显得格外丰富，对历史经验与教训的重视也自然而然成了一种文明的自觉。《资治通鉴》是最好的例证。

2007年底，时任日本首相福田康夫到孔子故里曲阜孔庙参观，题词"温故创新"，一字之差，也可以看出古今中外之别。但前提都是"温故"，毕竟，人类的文明进步总是一个历史的累积的过程。"温故"是对历史的尊重，"知新"是站在前人的肩膀上攀高。

张载《芭蕉》云："芭蕉心尽展新枝，新卷新心暗已随。愿学新心养新德，旋随新叶起新知。"若用此诗来解释温故知新，倒蛮有情趣且形象生动。

2.12　子曰："君子不器。"

孔子说："君子不应该像个具体的器皿，只适宜于某一方面的应用，而应该是复合型的大才。"所谓人不可貌相，海水不可斗量，正是此意。

李泽厚在《论语今读》中认为，过去提倡"君子不器"，现在必须提倡"君子必器"，因为现代社会越来越复杂，分工越来越精细，再也不可能出现包罗天下才学的全能式人物了。但在孔子时代，无论东西方的大学者，几乎都是上知天文、下知地理、中晓人事的全能型人才，这是人类文明的有趣现象。

这里要注意，孔子是对"君子"提出的要求。君子是什么人呢？是上层贵族，是统治者，或者是有高尚德行的人，也是儒家完美人生的基本模式。要成为一个优秀的统治者，其才识就不能局限在某一方面。中国古代自然科学相对薄弱，而人文科学比较发达，无论过去还是现在，人文科学的特点是文史哲不分家，互相关联性强。学科分界不明，社会分工也不细，所以"君子不器"是完全可能的，也是孔子教育的目标之一。孔子六艺授徒，正是为了培养全能型的弟子。

《礼记·学记》云"大道不器"，与"君子不器"，其理同。

2.13　子贡问君子。子曰："先行其言而后从之。"

前章孔子刚提出"君子不器"，子贡就紧追不舍，问孔子，该怎样算是君子呢？孔子说："把自己想说的事先干了，然后再说。"

子贡是位生性活泼、能言善辩的弟子，难免给人夸夸其谈的感觉，孔子这番回答是很有针对性的。这也是孔子"敏于事而慎于言"的一贯立场。

当然，儒家对君子的要求标准是很高的，此处孔子仅就一个方面而言，即使能做到"先行其事而后从之"也并不一定就够得上君子的标准，这里只是孔子针对子贡的特殊个体而言罢了。因为还有更高的标准，如"敏于事而讷于言"，"无伐善，无施劳"等。

为政之道，重在能为老百姓办实事，切忌光练嘴皮子，虚词害民。

《礼记·缁衣》："子曰：'言从而行之，则言不可饰也。行从而言之，则行不可饰也。故君子寡言而行以成其信，则民不得大其美而小其恶。'"

2.14   子曰："君子周而不比，小人比而不周。"

通观《论语》里的君子，当是指两类人：得位君子和有德君子。得位君子是指处于社会上层的统治者、贵族；有德君子是指德行高尚的人，社会各阶层都有。有时两者为一，有时分开而论，此处所谓君子当指有德君子，相对地，此处之小人不是指被统治者，而是指德行低下、失德、缺德之人。

"周"，忠信；"比"，阿党，指图利勾结，拉帮结派，朋比为奸。"君子周而不比"，就是说，君子待人处事以忠信为本，既有原则性又有灵活性，圆通但不失其原则立场，君子之间不会因贪图利益而勾结。"小人比而不周"，恰好相反，小人唯利是图，没有原则性，完全是逐利而为。

此章常被后人用来当作区别君子与小人的标准之一。与"君子喻于义，小人喻于利"有异曲同工之妙。

此章编入《为政篇》，意在告诫为政者，要懂得亲君子、远小人。这也是诸葛亮《出师表》的良苦用心之所在。

2.15　子曰："学而不思则罔，思而不学则殆。"

孔子说："只顾读书吸收而不消化思考，就会上当受骗；只知苦思冥想而不读书充实，就会有危险。"

陈焕章对本章解读最有创意："孔子以为，推理与归纳，二者具有同等之重要性，并指出了偏独于其中任何一种方法的危险性。""'学'一词为归纳之义，'思'一词为推理之义，归纳与推理，二者必须结合运用，没有归纳的推理与没有推理的归纳均不能存在。"①

本章因其富有哲理和教育价值，成为流传最广的孔子名言之一。

康德也说过类似的话："感觉无思想是瞎的，思想无感觉是空的。"②

理解本章，可以结合孟子的"尽信《书》，不如无《书》"、③孔子的"吾尝终日不食，终夜不寝，以思，无益，不如学也"。④

2.16　子曰："攻乎异端，斯害也已。"

这句话有两种解读，一种是："批判了异端邪说，祸害就消除了。"另一种解读是："钻研于异端邪说，这就有祸害了。"两种解读，关键在对"攻"的理解，是攻击之"攻"还是治学之"攻"？杨伯峻认为，《论语》"攻"字出现四处，其他三处都毫无疑义地作"攻击"解，此处当无例外。但文从字顺，第二种解释，也很明了。好在这两种解读，结论是一致的，"异端"是祸害，不能钻研它，而要攻击它。

---

① 陈焕章著，韩华译：《孔门理财学》，北京：商务印书馆，2017年，第26页。

② 转引自胡适：《中国哲学史大纲》，北京：中华书局，2013年，第80页。

③ 《孟子·尽心下》。

④ 《论语·卫灵公篇》。

什么是"异端",自古以来难有定论。如中世纪晚期的布鲁诺、哥白尼等都曾被宗教裁判所当作异端邪说的制造者,但后来却被证明是近代科学的伟大开拓者。社会主义、共产主义学说,一开始时,也被当时的各国统治者认为是异端邪说,但中国却走上了社会主义道路。

儒家学说提倡中庸之道,中庸之道强调过犹不及,反对异端是儒家的必然诉求。传说孔子为鲁司寇七日而诛少正卯,少正卯的一大罪状便是聚众散布异端邪说。

但也有人认为,孔子之时,尚未出现诸子百家,所谓异端邪说云云,恐是危言耸听。此处不过是孔子提醒学生,凡事不要钻牛角尖,钻牛角尖就会有害处。

2.17 子曰:"由!诲女知之乎!知之为知之,不知为不知,是知也。"

孔子说:"由!教给你知或不知的正确态度吧!知道就是知道,不知道就是不知道,这才是聪明智慧。"

由即子路,姓仲,名由,字子路、季路,孔子早期弟子之一,比孔子小九岁,是孔门弟子中个性最刚强突出的一位,受孔子批评最多,但也是追随孔子时间最长、最为孔子所信任的弟子之一。关于他与孔子之间的故事,真可以编成一部电视剧。比如他初遇孔子,不是带着干牛肉条去恭敬拜师,而是表现得十分粗野,曾"陵暴孔子",给孔子下马威,但孔子却以礼义诱导之,子路被感化,主动"请为弟子",从此这对师徒有了长达四十余年的师生情谊。后文还将多次涉及子路。

子路心直口快,性情比较浮躁,孔子这番话,与其说是开导,不如说是委婉地批评和规劝。子路与冉有,在孔门弟子中是以"政事"著称的两位，孔子这般教导子路，也是告诫在执政的或将要执政的人，要有诚实的态度，外行领导内行，切不可不懂装懂。要更深入理解此章，可结合下章"子张问干禄"。

老子曰："知不知，上；不知知，病。夫唯病病，是以不病。"[1]与孔子本章所言之意相似。任继愈先生认为，老子、孔子以及希腊哲人苏格拉底都有类似的思考，"应当是人类自我意识发现的一种普遍经历，老子时代略早于苏格拉底，他们大致体现了东方西方人类认识进程深化的标志"。[2]

2.18 　子张学干禄。子曰："多闻阙疑，慎言其余，则寡尤；多见阙殆，慎行其余，则寡悔。言寡尤，行寡悔，禄在其中矣。"

子张向孔子请教如何才能做官得俸禄。孔子说："多听，有疑惑的地方就加以保留，对于无疑惑的部分，说话也要谨慎，如此就可以减少错误；多看，有怀疑的地方就加以保留，对于看准的部分采取措施，施行时也要倍加谨慎，这样就能减少懊悔。说话错误少，行动懊悔少，官位俸禄就在其中了。"

子张比孔子小四十八岁，当属孔门小弟子。他到孔子这里，直截了当地表明自己是学求官问禄之道的，孔子并没有看不起他，更没有嘲笑他辱骂他，而是以老师的身份，像忠厚老者一般，给他以教导。从这里我们读出了孔子那宽容博爱的胸怀，他绝不是一个迂腐的老者，

---

[1] 《老子》第七十一章。

[2] 任继愈：《老子绎读》，北京：国家图书馆出版社，2015 年，第 158 页。

更不是一个虚伪的道德家，他理解弟子谋生的正当需求，而且给他以认真的教导。这里，孔子对待子张的态度，与后来的樊迟问稼，孔子让他向老农请教的态度形成鲜明对照。这表明了孔子不反对弟子求官问禄，但不赞同弟子自降身份与农民为伍，孔子的精英政治观念一目了然。但子张这种学道只为当官求禄的主张，遭到后世的荀子所鄙视，荀子骂他是"贱儒"。

为官执政者，要学会眼观六路耳听八方。求田问舍非丈夫，志存高远乃英雄。显然，本章编入《论语》中的目的，不是为了突出子张学干禄这件事，而是为了阐述孔子关于慎言慎行对于执政者的重要性。

2.19 哀公问曰："何为则民服？"孔子对曰："举直错诸枉，则民服；举枉错诸直，则民不服。"

孔子生在鲁国，长在鲁国，最后终了于鲁国，他经历了襄公、昭公、定公、哀公四位国君。哀公此问，当在孔子周游列国归鲁之后。

哀公问孔子："怎样做才能让老百姓信服？"孔子回答说："选拔任用正直的人放在徇私枉法的人之上，那么老百姓就信服；提拔任用徇私枉法之徒并将他放在正直人之上，那么老百姓就不信服。"

此章"错诸"两字最为难解。"错"，如"觥筹交错"，作"放置"解，"诸"即"之于"，古文常用之法。"举"，即推荐、选拔，如"举孝廉"。"枉"与"直"相对，我将之解为"徇私枉法"，这样通俗易懂。

从此问答中看出，鲁哀公在用人方面可能存在严重问题，孔子是借机进谏。这与孔子亲君子远小人的主张是一贯的。

类似的内容在后面还有提及。弟子樊迟问仁与智，孔子告诉他："举直错诸枉，能使枉者直。"① 以正压邪，则邪不敢为恶，还可能转正；而如果以邪压正，则正气不伸，很可能变正为邪。是正还是邪，老百姓心中自有评判。

2.20　季康子问："使民敬、忠以劝，如之何？"子曰："临之以庄，则敬；孝慈，则忠；举善而教不能，则劝。"

　　前面是国君鲁哀公问怎样让老百姓信服，这里接着是鲁国势力最大的权臣季康子问怎样让老百姓"敬、忠以劝"，看来鲁国的最高统治者，在如何统治老百姓问题上遇到了重大挑战，当时鲁国出现了统治者与被统治者的严重对立，民怨沸腾。孔子是赤诚的爱国主义者，对自己国君及实际掌权者的询问，总是很诚恳地予以答复。当然，孔子的答复耐人寻味。

　　季康子向孔子请教，问怎样才能使老百姓专心敬业、尽忠报国还能互相勉励？孔子的回答很巧妙，也很高明。孔子说："如果你自己对待老百姓之事能严肃认真，那么老百姓就会对你恭敬有加；如果你自己能做到对上尽孝对下慈爱，那么老百姓就能忠于君上报效国家；如果你能选拔优秀的人才去教导能力差的人，那么老百姓就能听从劝勉了。"这是孔子的讽谏，也是孔子一贯的主张，在孔子看来，统治者的自律与表率作用，对于执政是极端重要的。孔子说过："君子之德风，小人之德草，草上之风，必偃。"是同样的道理。

　　这两章内容体现了孔子同情爱护老百姓的民本思想。统治者遇到问题，他没有丝毫责怪被统治者，而是委婉又很清晰地批判了统治者自身存在的问题。

---

① 《论语·颜渊篇》。

2.21　或谓孔子曰："子奚不为政？"子曰："书云：'孝乎惟孝，友于兄弟，施于有政。'是亦为政，奚其为为政？"

每次通读《论语》，我都感到《论语》编辑得实在是高明。就说这一章吧，它与前两章似乎没有什么关联，但仔细琢磨，为什么此处偏偏有人问孔子自己怎么不从政呢？我们可以设想一下，前面两章中，孔子无疑是给鲁国的最高统治者上了两堂政治课，对于统治者来说，这样讽谏的政治课，他们听了，心里肯定不舒服。那么，反过来，他们就要责问孔子：你自己若真有能耐，为什么不从政呢？这里的"或问"很含蓄，到底谁问？学生、朋友，还是前面两位，抑或其他什么人？给我们留下许多想象的空间。

孔子对这样的提问，是如此回答的："《尚书》上说：'孝呀，不仅仅是孝顺父母，友爱兄弟，还要由此推而广之，将孝悌之道用于国家政事上去。'这也是在参与政治，为什么一定要出来做官才算是参政从政呢？"言下之意，孔子是在表明自己一直在努力倡导推行孝悌之道，以孝悌之道齐家治国，纵然身处江湖之远仍不失治国平天下之志。《大学》云："君子不出家而成教于国：孝者，所以事君也；弟者，所以事长也；慈者，所以使众也。"此与孔子本意契合。

《孝经》："子曰：'君子之教以孝也，非家至而日见之也。教以孝，所以敬天下之为人父者也。教以悌，所以敬天下之为人兄者也。教以臣，所以敬天下之为人君者也。'"

2.22　子曰："人而无信，不知其可也。大车无輗，小车无軏，其何以行之哉？"

孔子说："一个人如果没有诚信的话，真不知道他还能做什么！就如大车没有安横木的锐，小车没有安横木的轨，这样的车子怎么能行走呢？"

孔子强调守信的重要，《论语》中出现多次。"信"在孔子眼中的重要性还可从"去兵、去食、民无信不立"的谈话中再次看到。① 这既说明孔子把诚信当作人性品德的第一要素，也说明礼崩乐坏时代，诚信缺失现象的严重状况。无论古今中外，统治者的诚信，对于整个社会的诚信体系建设格外重要。

"锐""轨"两字难认也难理解，我们可以把它们比喻成现代小汽车的方向盘、自行车的把手，没有这些，车子如何行走呢？

2.23　子张问："十世可知也？"子曰："殷因于夏礼，所损益，可知也；周因于殷礼，所损益，可知也。其或继周者，虽百世，可知也。"

子张问："往后十代可以预知吗？"孔子说："殷代继承了夏代的礼仪制度，所废除或增加的部分，是可以知道的；周代继承了殷代的礼仪制度，所废除或增加的部分，也是知道的。那么，假定有继承周代的其他朝代，即使一百代以后，也是可以预知的。"

这可看作孔子对"温故知新"的最好诠释。孔子重视历史经验，懂得历史发展的基本特征是文明的延续与继承，任何一个朝代哪怕是一种制度，都不可能是空穴来风的，都有其来龙去脉可追寻。高明的统治者要懂得历史的传承关系及对未来的预见。所谓"让历史告诉未来"，即是此意。

① 《论语·颜渊篇》。

2.24 子曰："非其鬼而祭之，谄也。见义不为，无勇也。"

本章是《为政篇》的最后一章，突然出现"鬼"的话题。我们知道，孔子是"不语怪力乱神""敬鬼神而远之"的，这里却要祭"鬼"，还说什么不是自己本族的鬼却去祭祀它，这是一种谄媚！

通观《论语》，孔子对鬼神的态度是理性主义的，这在人类同时期的哲人中，孔子几乎是唯一一个对鬼神保持这种理性主义的先驱者。当然孔子对鬼神有时也采取实用主义态度，比如他并不直接反对祭鬼神，但却强调"吾不与祭，如不祭"，"祭神如神在"。此处，"非其鬼而祭之，谄也"，强调的也是被祭祀的对象与祭祀的主体之间的关联度。正如孔子说的，自己不能亲自参加祭祀，不如不举行祭祀的道理一样，不是自己的"鬼"而去祭祀，就是谄媚。孔子这番话是有针对性的，因为礼崩乐坏的时代，非其鬼而祭之的谄媚现象，可能经常发生，这是对孔子理想中的礼乐精神的挑战，是孔子断然否定的现象。孔子毫不留情地批评"见义不为"是"无勇"，说明在谄媚及于鬼神的时代，社会道德观念缺失，"见义不为"等种种怪相频现。

孔子这番话是对时政的批评。想想我们这个时代，也依旧需要呼唤"见义勇为"，这不能不让人沉思！

《礼记·曲礼》："非其所祭而祭之，名曰'淫祀'，淫祀无福。"

八佾篇第三

题解： 本篇以"八佾"命名，实质讲的是礼乐问题。尽管礼坏乐崩，但礼乐仍然是孔子时代最重要的文化现象，也是认知那个时代的关键门径。学当学礼乐，为政当施行礼乐，故此列为第三，次于学而、为政。

3.1　孔子谓季氏，"八佾舞于庭，是可忍也，孰不可忍也？"

这季氏究竟是哪一位呢？有说是季平子，有说是季康子，也有说是季桓子的。孔子一生经历了武、平、桓、康四代季氏。不管是哪一位，总之是三桓中的季氏这一支，季氏是鲁国实际上的最高掌权者，但在等级排序上低鲁国国君一等。按照周代的礼乐制度，只有天子才能使用八佾舞，如鲁国国君这一级的诸侯只能使用六佾，作为大夫一级的季氏，只有用四佾的资格。古代舞蹈，八个人为一行，这一行叫一佾，八佾就是八八六十四人的舞蹈，六佾是四十八人的舞蹈，四佾是三十二人的舞蹈。但也有一种说法，六佾是三十六人，四佾是十六人。

在宗法等级制度特别严密的周代，礼乐制度从内容到形式都必须符合宗法等级制度的要求，宫廷乐舞是礼乐制度的重要表现形式，其等级之森严不言而喻。季氏明目张胆地使用八佾舞，不仅仅是向鲁国国君挑战，更是对当时的整个礼乐制度的挑衅，其僭越篡位的野心昭然若揭。

所以，孔子在谈及季氏时，说："他公然享用八佾舞于庭院中，这样的事都忍心做出来，还有什么更残忍更出格的事做不出来呢？"

"是可忍，孰不可忍？"这句话被后世广为采用。但与原义有偏差，后世引用此语，一般理解为"这种事都能容忍得下，还有什么事不能再容忍的呢？"表示义愤到了极点。

《论语》第三篇以"八佾"命名，当有点题之意，预示本篇内容当以礼乐制度为主而渐次展开。

3.2   三家者以《雍》彻。子曰："'相维辟公，天子穆穆'，奚取于三家之堂？"

三家即鲁国当权的三桓子孙：仲孙、叔孙、季孙。《为政篇》里的孟懿子、孟武伯这父子属于仲孙一支，前文八佾章里的季氏便是季孙一支。这三家也都公然僭越，在祭祀祖先时，用天子专用的礼仪，唱着天子常唱的《雍》诗来撤去祭品。看到这种场景，孔子说："《雍》诗上说'诸侯们在助祭，天子庄严肃穆地主祭'，这样的诗句出现在这三家祭祖的大堂之上合适吗？"

与前文"八佾"一样，在孔子看来，只属于天子专用的礼仪，被大夫僭越乱用，是对礼乐制度的践踏，是礼崩乐坏的表象之一。

《雍》诗是《诗经·周颂》的其中一篇。内含"相维辟公，天子穆穆"句。

3.3　子曰："人而不仁，如礼何？人而不仁，如乐何？"

孔子说："作为人却没有仁德的修养，会怎样对待礼？又会怎样对待乐呢？"

前面三家对于礼乐的态度，让孔子发出了这样的感慨和忧虑。礼乐不是万能的，礼乐之于化民，虽为孔子推崇，但对不仁之人，礼乐似乎失去了强大的规范教化作用，反倒成了不仁之人如三家者那样用来挑战礼乐制度的工具。说此话语时，孔子之伤感可知！

3.4　林放问礼之本。子曰："大哉问！礼，与其奢也，宁俭；丧，与其易也，宁戚。"

林放向孔子请教礼的本质是什么。孔子说："这可是重大的问题呀！就礼仪而言，与其奢侈，宁愿俭约；就丧礼而言，与其仪式周全，宁愿哀伤悲戚。"古时礼有五种，即吉、凶、军、宾、嘉；吉礼是祭祀，凶礼是丧事。

孔子一贯秉承礼乐精神，他不否定形式，但更重视形式背后的精神实质。孔子曾说："礼云礼云，玉帛云乎哉？乐云乐云，钟鼓云乎哉？"在孔子看来，礼的本质是个原则性的重大问题，因为问题重大，又难以直接回答，就从形式与内容的关系来给予解答。

《荀子·礼论篇》有礼之三本说，可以作为理解"礼之本"的补充："礼有三本：天地者，生之本也；先祖者，类之本也；君师者，治之本也。无天地，恶生？无先祖，恶出？无君师，恶治？三者偏亡焉，无安人。

故礼，上事天，下事地，尊先祖而隆君师，是礼之三本也。"

《论语》中共提到林放两次，都在《八佾篇》中。林放的生卒年不详，他与孔子之间大概是亦师亦友的关系，在《史记·仲尼弟子列传》与《孔子家语·弟子解》里，都没有提到林放，但汉代的《文翁礼殿图》有他的名字和画像，是被当作孔子弟子看待的。今山东曲阜城南不远，有林放墓，规模不大，保持尚好，墓前有明清时期的墓碑、林放问礼碑。

3.5　子曰："夷狄之有君，不如诸夏之亡也。"

孔子说："夷狄有君主，还不如中原没有君主呢。""亡"同"无"，指没有或缺少。

孔子时代，文明的中心区是中原地区，即所谓诸夏，是华夏文明的核心区。而核心区之外的东南西北，相对于中原地区而言，是文化比较落后文明欠发达的，有所谓"东夷、南蛮、西戎、北狄"之称，当然这是文化发达地区对落后地区的鄙称。

孔子此论，后世争议甚多。夷狄如果有明君的话，不一定就不如处于无政府状态的诸夏。特别在专制统治时代，一个英明的君主，往往能带领一个国家由弱变强，即使夷狄之明君也不例外。中国历史上周边夷狄最强盛的时候，恰恰是中原诸夏遭受侵凌最严重的时候，尤其是北方及西北游牧民族，一直是中原地区最大威胁。即使在孔子时代，吴、楚、秦这些夷狄之国，已经是强国了，这些非诸夏之地，已经呈现出与诸夏文明并驾齐驱的历史迹象。难道孔子会无视这样的历史事实吗？孔子此论，是否另有他解？是否可以解读为："夷狄都有明君，不像诸夏这般反倒没有明君了。"

3.6　季氏旅于泰山。子谓冉有曰："女弗能救与？"对曰："不能。"子曰："呜呼！曾谓泰山不如林放乎？"

作为鲁国最高权臣，季氏对孔子的一生影响重大。因此，孔子对于季氏的评议也就比较多。

季氏要去祭祀泰山。在孔子时代，只有天子或诸侯才有资格祭祀名山大川，何况泰山是处于五岳之尊的地位，祭祀泰山是极其重大的事件，季氏虽然是鲁国实际最高掌权者，但不过是大夫的等级，祭祀泰山是公然的僭礼。季氏如此一意孤行，不只对季氏本人无益，对鲁国亦当有害。所以，孔子很为此事着急，就找到在季氏手下任事的学生冉有说："你就不能设法劝阻吗？"冉有说："不能呀！"孔子感到十分的无奈又痛惜，说："悲哀呀！竟然可以说泰山之神不如林放懂礼吗？"前面林放问礼之本，恰好为本章做铺垫。

"曾谓"用法与"曾是以为孝乎？"的"曾"用法同，是强烈的反诘之意，可解为"竟然……？""难道……？"。"旅"专指祭祀名山，因为带着大队人马，浩浩荡荡，仿佛带兵出征一般，故用"旅"。

冉有是孔门十哲中以"政事"著称的弟子，姓冉，名求，字子有，亦称冉有，比孔子小二十九岁，长期在季氏手下为官。孔子与冉有的关系很不一般，冉有在孔门中的地位和影响也很微妙，后文还将多次涉及。

3.7　子曰："君子无所争。必也射乎！揖让而升，下而饮。其争也君子。"

孔子说："君子没有什么可争的。如果一定要有所争，就如同比赛射箭！互相作揖然后登台，射完后走下台阶，又作揖后而饮。这种竞争也是彬彬有礼的君子之争呀！"

孔子这里想表达的是君子无所争，其有所争当非小人之争，必符合礼的标准。但无意之中，孔子给后人提供了一幅古代射箭比赛的生动画卷。据《仪礼》的"乡射礼"与"大射仪"描述，古人射箭比赛，是登坛而射，射后计算谁中靶多，中靶少的人被罚饮酒。现在的一些武术比赛，依然可以看到某些古礼的痕迹。

《中庸》引孔子语："射有似乎君子，失诸正鹄，反求诸其身。"这是以射箭为比喻，说明君子"正己而不求于人"。

3.8　子夏问曰："'巧笑倩兮，美目盼兮，素以为绚兮。'何谓也？"子曰："绘事后素。"曰："礼后乎？"子曰："起予者商也！始可与言《诗》已矣。"

子夏问道："'巧妙的笑容让脸蛋更加漂亮，美丽的眼睛顾盼迷人，素白的底子上绘着绚丽的花朵。'这几句诗表达的是什么意思呀？"孔子说："绘画之事，先有白色底子，然后才能画画着色。"

子夏接着就问："是不是礼的产生在率真之后？"孔子说："能给我有所启发的是商呀！现在可以与你谈论《诗经》了。"

本章与《学而篇》孔子与子贡的对话很相似，孔子对这两个学生都用了"始可与言《诗》已矣"来表示对他们的肯定和赞许。

孔门对于《诗经》是高度重视的，常常看到孔子和弟子引用《诗经》的内容来含蓄地表达真实的意思，这是孔门的儒雅之风，也是孔门诗教的成就。"不学诗，无以言"，在孔子看来，能灵活地应用《诗经》内容，对于提高语言表达艺术，是极端重要的。孔门高足，大多也是使用《诗经》的高手。

这段对话，粗略读去，很有点让人云里雾里的感觉，细细品读，却是很重要的哲学话题，孔子师徒俩进行的是一场关于现象与本质的对话。很具体又很抽象，生动有趣，让人开悟。

3.9　子曰："夏礼，吾能言之，杞不足征也；殷礼，吾能言之，宋不足征也。文献不足故也。足，则吾能征之矣。"

孔子说："对于夏代的礼，我能说一说，但夏的后代杞国已不足以印证了；对于殷礼，我也能说一说，但殷的后代宋国也已不足以印证了。这都是因为文献不足的缘故，如果文献足够的话，我是有能力引证的。"

理解此章可对照《为政篇》子张问十世是否可知的内容。孔子说自己是"信而好古"之人，他非常重视历史的传承关系，善于总结前人的经验，还不遗余力地收集整理古代的文献资料。后世对于《诗》《书》《礼》《易》《乐》《春秋》六经，一般的看法是，虽不一定是孔子所亲作，但经孔子之手整理修订当无疑义。整理修订古代典籍是孔子对于中华文明的又一伟大贡献。

孔子时代之"文献"与现代之"文献"有所区别，早期文明，文字性的记载弥足珍贵，固然属于难得的文献，但还有大量的口口相传的历史，所谓口述历史。掌握这种口述历史的往往是当时的精英阶层，或者说是贤能之人，以及巫师等。所以，朱熹解读"文献"之"文"即通常所谓的典籍文字类的文献；"献"，贤也，指贤能之人。

有一个成语"杞人忧天"，说的就是杞国人之事。杞国在今河南杞县，宋国在今河南商丘一带，杞国为夏禹的后代，宋国为商汤的后代。中国古代有道君主提倡存亡绝续的仁德，商汤灭夏桀之后，并没有对夏代的后裔斩草除根，还特意给个封国，让夏代后裔有个归宿还能承继祖德，周武王灭纣后，也是如此。夏、商、周虽非禅让得天下，但毕竟古之遗风犹存，故有存亡绝续之举。

《礼记·礼运》："孔子曰：'我欲观夏道，是故之杞，而不足征也，吾得夏时焉；我欲观殷道，是故之宋，而不足征也，吾得坤乾焉。坤乾之义，夏时之等，吾以是观之。'"

3.10   子曰："禘自既灌而往者，吾不欲观之矣。"

3.11   或问禘之说。子曰："不知也；知其说者之于天下也，其如示诸斯乎！"指其掌。

这两章都是关于禘礼的，合起来更便于理解。古代社会，"国之大事，在祀与戎"，禘礼是古代极为隆重的大祭之礼，"禘"从字面上理解，当与祭祀天帝有关，相当于后来的祭天之礼。这样的大祭之礼只有天子才有资格举行。孔子说："禘礼从第一次献酒后，我就不想看了。"祭祀献酒，一般要经过初献、再献、终献三次。孔子当然是在鲁国看禘礼的，鲁国为什么可以用禘礼呢？因为周公对周朝的创立有极大的功勋，周成王特许周公可以用天子礼，自然也包括举行禘礼。鲁国是周公的封国，后代鲁国国君不知谦让，也沿用周公之例，举行禘礼，这本已僭越，而且很可能当时鲁国举行禘礼，在程序上也不很符合礼的规定，所以孔子会觉得不值得一看了。孔子是喜欢观礼的，曾经吴国公子季札出访齐国途中死了儿子，他还专门去观看吴大夫葬子的礼仪。为什么这样重大的禘礼，孔子反倒不想观看了呢？原因大概也正在于此。

孔子以知古礼而著称，既然孔子对于鲁国的禘礼颇有不满，就有人问他关于禘祭的道理到底是什么。孔子的回答很耐人寻味。他说："我不知道呀。若有人要真的知晓这门子道理，对于天下之事，都会了如指掌！"一边说着，一边还指着自己的手掌比划。在孔子看来，禘祭是代表天人之际的大道理，如果真的领会了天人合一的大道，天下大事自然也就迎刃而解了。但古往今来，有多少人真正知晓天人之道呢？

《中庸》："子曰：'明乎郊社之礼，禘尝之义，治国其如示诸掌乎！'"

3.12　祭如在，祭神如神在。子曰："吾不与祭，如不祭。"

孔子对于鬼神的态度是后世热议的话题。孔子对于鬼神的态度是高度理性的，他从没有公然地否认鬼神的存在，也从没有盲目地坚持鬼神的存在，他完美地体现了"人是万物的尺度"这一西哲的明断。孔子认为，在祭祀中，心灵深处需要有个鬼神作为祭祀的对象存在，那么这个对象就自然存在了。孔子说："如果我不能亲自参加的祭祀，还不如不举行祭祀。"意在强调祭祀主体与祭祀对象之间的相互关系。祭祀最起码的要求是"必诚、必恭、必洁"，自己无意参加，却还找他人代替，何"诚"之有？何"恭"之有？祭祀是一种心灵文化，心灵的东西就要用心灵去感悟。

孔子对鬼神的这种态度深刻影响了后世，中国没有统一的宗教，但中国又是个多鬼神的国家，几乎每一个人都可以根据自己的心灵诉求，找到需要的鬼神作为祭祀的对象。

《为政篇》中，孔子曰："非其鬼而祭之，谄也。"可与本章互参。

3.13 王孙贾问曰："与其媚于奥，宁媚于灶，何谓也？"子曰："不然；获罪于天，无所祷也。"

中国民俗，每年腊月二十三是要祭祀灶神爷的。本章的"灶"指的就是灶神爷，"奥"是指房屋西南角的神。前章说过，中国是个多神论的国家，灶有神、西南角有神，当然也有北方之神、西方之神等等，财神、谷神等等更不待言，但凡与生老病死、饮食起居密切相关的东西，似乎都有鬼神把持。

王孙贾是卫灵公的臣子，孔子周游列国十四年，逗留卫国时间最长，前后达八年之久，遇到卫国的人与事，《论语》中的记载也最多。王孙贾的这句话，是一种暗喻的说法，他似乎是在向孔子请教，又像是给孔子暗示。王孙贾说："与其讨好奥神，宁可讨好灶神，这说的是什么道理呢？"孔子的回答很坦然："我不这么认为，如果获罪于天，向哪方神灵祷告都没用。"这既是回答王孙贾的提问，也是告诉王孙贾：我不会去巴结权臣的！

"与其媚于奥，宁媚于灶"很可能是当时的俗语，就如今天的所谓"县官不如现管"的说法。王孙贾大概是觉得孔子太迂腐，为什么不多结交权臣，而只想直接见卫灵公呢？君子坦荡荡，何必媚求于人！

3.14 子曰："周监于二代，郁郁乎文哉！吾从周。"

夏、商、周称三代，周代的礼乐制度是建立在夏、商基础之上的，所以周代的礼乐制度相对于夏商更加文明发达，孔子看到了历史的进步性，对周代的制度深表赞许，旗帜鲜明地说：我推崇周代！

后世常把孔子看作复古主义者，从前面几章有关历史的议论加之本章的内容看，与其说孔子有复古的倾向，不如说他更像是托古改制。我们现在习惯描绘一个未来的社会蓝图，作为社会的奋斗目标，而孔子是将古代的圣王时代描绘成理想社会，作为当下奋斗的目标。其实，无论是未来的还是远古的，都是一种理想社会的构想图，不必去计较这个理想社会是久远的过去还是遥远的将来，而要分析理想社会的基本构成是什么，如果这样看，那么孔子复古的帽子早该摘掉了，孔子是理想社会的倡导者、伟大的实践者！子曰："吾学夏礼，杞不足征也；吾学殷礼，有宋存焉；吾学周礼，今用之，吾从周。"[①] 所以，孔子"从周"，关键不仅在于周礼"郁郁乎文哉"，更在于"今用之"！

《史记·孔子世家》："孔子之时，周室微而礼乐废，《诗》《书》缺。追迹三代之礼，序《书传》，上纪唐虞之际，下至秦缪，编次其事。曰：'夏礼吾能言之，杞不足征也。殷礼吾能言之，宋不足征也。足，则吾能征之矣。'观殷夏所损益，曰：'后虽百世可知也，以一文一质。周监二代，郁郁乎文哉！吾从周。'故《书传》《礼记》自孔氏。"

3.15　子入太庙，每事问。或曰："孰谓鄹人之子知礼乎？入太庙，每事问。"子闻之，曰："是礼也。"

太庙是指一国国君的祖庙，孔子生长在鲁国，此处之太庙，当指周公庙。今曲阜城东北还保存有周公庙，宋真宗大中祥符二年（1009）在原鲁国宫殿区太庙的位置上重建而成。

本章记载的内容当发生在孔子年轻的时候。孔子从小好学好礼，对于礼的内容总是力求知之越详越好。孔子到太庙内，凡遇到不懂不明白

---

① 《中庸》。

的地方，总是向人询问请教。有人就说风凉话："是谁说的这个鄹村的小子知晓礼呢？进了太庙，总是问这问那。"孔子听到这样的议论后，说："这就是礼呀。"即孔子自己提倡的"知之为知之，不知为不知，是知也"。不懂装懂，才是不知礼，处处留心皆学问，虚心求教，才符合礼的精神。

称孔子为"鄹人之子"既说明此时孔子尚年轻，也带有议论者对孔子的轻蔑口气，因孔子的父亲曾担任鄹邑大夫。面对这样的评议，孔子没有生气，而是坚持自己认准的正确观点，不为世俗的议论所左右。

3.16　子曰："射不主皮，为力不同科，古之道也。"

孔子说："比赛射箭，不一定非得射穿靶子，因为各人的力量有大小，这是古来的道理。"射击比赛，比的从来都是准度而不是力度，特别是在礼仪性的比赛场所更是如此。本章收入此篇中，讲的依然是礼仪制度这个中心话题。

孔子善于以射设喻。

3.17　子贡欲去告朔之饩羊。子曰："赐也！尔爱其羊，我爱其礼。"

朔、望、晦，是指农历每月的初一、十五、三十。"告朔"是古代的一种制度，就是每年的秋冬之交，天子向诸侯颁布下一年度的历书，历书上包括闰月、节气等，当然也包括每个月的初一、十五是哪一天，所以天子颁发历书，也称"颁告朔"。诸侯从天子处恭迎历书后应珍藏在太庙，还要每月初一于太庙杀一只羊祭祀一番，这就是"告朔之饩羊"的由来。

这每月一次的祭祀，确实比较繁琐，又容易造成浪费，所以子贡想免去这样的做法。但孔子说："赐呀！你爱惜这只羊啊，但我爱惜这种礼。"孔子时代，许多礼仪已经徒有其名，纯粹流于形式了。所以子贡就干脆认为，与其这样，不如把饩羊也节省下来得了。而孔子认为，形式是必要的，没有这样的形式残存，礼崩乐坏的速度更加不可遏制。应该承认，当社会动荡之际，形式的存在往往是文明延续的重要手段。

后世常将改朝换代用"改正朔"来指代，而"奉正朔"则指代为承认其合法的道统地位。如清朝时期的反清复明人士，就是以奉明朝正朔，来表达其对清廷的藐视和不臣之心。

"饩"者，生牲也；"饩羊"，即用于祭祀的活羊。

3.18　子曰："事君尽礼，人以为谄也。"

人生在世，无论如何做，总难免有被误解的时候，圣贤如孔子，也不例外。孔子对待国君一向是非常恭敬的，在孔子看来，自己是遵循君臣礼仪规范，而有些人却认为孔子谄媚国君。孔子是在自言自语还是在辩白呢？

3.19　定公问："君使臣，臣事君，如之何？"孔子对曰："君使臣以礼，臣事君以忠。"

鲁定公问孔子说："国君使唤臣子，臣子服事国君，该如何呢？"孔子回答说："国君使唤臣子应符合礼的要求，臣子服事国君要的是忠诚。"

本章与上一章都是讲君臣相处之道的。"事君尽礼"，与"事君尽忠"并不矛盾，尽忠是礼的内在要求。在家尽孝，在朝尽忠，君父如一，家国一体。

孔子与孟子对于君臣关系的看法是有不同的。孟子说："君之视臣如手足，则臣视君如腹心；君之视臣如犬马，则臣视君如国人；君之视臣如土芥，则臣视君如寇仇。"①孔子温文尔雅，孟子却像个文侠，富有战斗精神。

3.20　子曰："《关雎》，乐而不淫，哀而不伤。"

孔子重视诗教，论诗亦多。孔子认为，《诗经》首篇《关雎》，欢乐而不放纵，悲哀而不致伤害身心。这种恰到好处的情感抒发，正是礼的追求。

《诗经》之《风》《雅》《颂》，《关雎》为《风》之始，《鹿鸣》为《小雅》之始，《文王》为《大雅》之始，《清庙》为《颂》之始。古人常以《关雎》代指《诗经》。

3.21　哀公问社于宰我。宰我对曰："夏后氏以松，殷人以柏，周人以栗，曰，使民战栗。"子闻之，曰："成事不说，遂事不谏，既往不咎。"

宰我是孔门弟子，姓宰，名予，字子我，约比孔子小二十九岁，在孔门十哲中，以"言语"著称，与子贡齐名。《论语》中提及宰我的地方有好几处，孔子对宰我的评价，批评多于赞许，是孔门弟子中后世争议较大的一位。后文还将多处涉及宰我。

哀公此问，当在孔子晚年，哀公以国君之尊而请教孔门弟子，足可见宰我这名弟子在孔门中的地位和影响力。从《论语》几处记载宰我的

①《孟子·离娄下》。

谈话内容看，宰我在孔门弟子中虽以"言语"著称，但言语表达方式却很直截了当，甚至毫不顾及情面，有时又让人感觉宰我是个既聪明又颇有几分俏皮的学生。

中国古代建筑，按照《周礼·考工记》记载，是前朝后寝，左祖右社。"社"就是社稷，神主有用雕塑的也有用木质牌位的，一般对于没有具体形象的神灵，都用木质牌位做神主。选用何种木质材料做神主，古人是有讲究的。鲁哀公问宰我，社主神位用什么木质，宰我就直白地相告："夏代用松木，殷代用柏木，周代用栗木，用栗木的意思就是要让人祭祀时产生战战栗栗的敬畏之感。"从宰我的回答中，明显感觉出他对周代用栗木做社主的批评态度。孔子听到宰我这番话后，就教导宰我说："已经做了的事就不要去说三道四了，已经完成的事也不要再规劝批评了，已经过去的事就不必去追究对错了。"

"成事不说，遂事不谏，既往不咎"，成为后世的常用成语。孔子的这种态度，是人生的智慧和宽容，一般人总喜欢对别人说三道四，习惯揪住别人的小辫子不放，对别人好求全责备，也好苛求古人，这些都是人性的弱点，孔子教导学生要懂得宽容，宽容其实是一种智慧！

3.22　子曰："管仲之器小哉！"或曰："管仲俭乎？"曰："管氏有三归，官事不摄，焉得俭？""然则管仲知礼乎？"曰："邦君树塞门，管氏亦树塞门。邦君为两君之好，有反坫，管氏亦有反坫。管氏而知礼，孰不知礼？"

管仲（约公元前725—公元前645），比孔子早一百来年。管仲为春秋五霸之首齐桓公的霸业创立做出了卓越的贡献。《论语》中，孔子对管仲的评价有两处，此处是否定批评的，另有一处则是高度赞誉的，似乎显得很矛盾。不过，批评的地方主要是针对管仲不节俭、不知礼，而赞誉管仲，则把他说成是仁人，认为他有大功于华夏民族。所以，孔子对管仲的评价，总体来说是认为管仲功大于过，瑕不掩瑜。

孔子认为管仲的器量比较小。都说宰相肚里能撑船，管仲是千古名相，但不知何故孔子认为管仲器量小？[①] 孔子没有举例说明，但后面倒是对管仲不知俭、不知礼的行为举了几个实例。

前面林放问礼之本那一章里，孔子就说过："礼，与其奢也，宁俭。"在孔子看来，不必要的浪费奢侈就违背了礼的精神。而管仲恰恰很讲排场，有"三归"，而且属下官员也不兼职，不兼职自然就属员众多，是人财物的浪费。这"三归"比较难解，有多种解释，按《管子·山至数篇》一书的解释是："民之三有归于上矣。"即市租之常例归于公，按照齐国当时商贸业发展的程度看，市租总量肯定不小，齐桓公得以称霸实仰赖于管仲，将"三归"之利赏赐管仲，正如今日大公司的CEO获得的高额年薪和奖金。有如此丰厚的收入，管仲想俭也难。还有一种解读"归"，认为是女子出嫁称为"归"，比如《大同篇》"男有分，女有归"，女子回娘家称"归宁"，所以此处"三归"或指管仲妻妾多，多到与国君一样。

孔子认为，管仲不知礼，有两个突出的例子，即国君树了塞门，管仲也树，国君为了两国结盟之用设有反坫，管仲也设。与国君媲美，不知谦让，没有责骂管仲僭礼就不错了，说他不知礼还有过吗？在孔子看来，如果管仲这样做都可以说知礼，那么，别人怎样做才算不知

---

① 在《史记·管晏列传》中，司马迁试图解释这一疑惑："管仲，世所谓贤臣，然孔子小之。岂以为周道衰微，桓公既贤，而不勉之至王，乃称霸哉？语曰：'将顺其美，匡救其恶，故上下能相亲也。'岂管仲之谓乎？"

礼呢？显然，孔子对管仲这样的做法很不以为然。其实在那个时代，以管仲之智，能不知道什么是僭礼吗，他所以敢这样做，是齐桓公特许的，是一种荣誉，也是一种权威的象征。管仲大刀阔斧地在齐国进行改革，发展生产，"挟天子以令诸侯"，造就齐国霸业，没有国君的绝对信任和极大的权威，是难以推行自己的治国方略的。齐桓公称管仲为仲父，给管仲几乎无限的权威和荣誉，充分体现了这对君臣的相互信任。古往今来的改革家，如商鞅、王安石、张居正等，无一例外，要想取得改革的成效，首要的是取得最高统治者的绝对信任。但如齐桓公与管仲这对君臣这般始终坚定不移、互信如一、至死不渝的，实在是绝无仅有。

孔子站在卫道的立场，批评管仲，在所难免。但在管仲而言，却是政治的需要。管仲的所作所为，也印证了成大事者不拘细节的老话。

《礼记·礼器》："管仲镂簋朱纮、山节藻棁，君子以为滥矣。"《礼记·杂记》："孔子曰：'管仲镂簋而朱纮，旅树而反坫，山节而藻棁。贤大夫也，而难为上也。晏平仲祀其先人，豚肩不掩豆。贤大夫也，而难为下也。君子上不僭上，下不逼下。'"就践礼而言，孔子一贯中庸，提倡恰到好处，管仲过于奢侈，而晏子则过于节俭，在孔子看来都不可取。

3.23 子语鲁大师乐，曰："乐其可知也：始作，翕如也；从之，纯如也，皦如也，绎如也，以成。"

"礼"与"乐"往往合在一起说，两者是有密切关联的。我们常把礼仪制度也说成礼乐制度，后世称赞周公制礼作乐，其实周公制定的就是礼仪制度，并不是周公作过曲填过词。但此处的"乐"，倒确是指音乐。

　　孔子对鲁国的乐官太师谈起音乐的话题，说："音乐是可以理解的：开始演奏时，好像热烈躁动，继续下去，就很纯纯清晰，如蚕茧抽丝，丝丝可见，绎绎不绝，如此完成一部音乐的演奏过程。"在孔子时代，音乐一般指宫廷雅乐，演奏程序比较复杂，今曲阜孔庙第一座牌坊称"金声玉振"，原意本是指古代音乐演奏以敲编钟发"金声"开始，最后以敲石磬发"玉振"之声结束。如何理解欣赏音乐，如何描述音乐，都不是简单容易的事，孔子与鲁国主管音乐的长官能这般交流对音乐的看法，很可能鲁太师也深知孔子对音乐的高深造诣，特此向孔子请教才引发了这段话。

　　现代人给孔子加了许多头衔，称赞他是伟大的思想家、教育家、哲学家、政治家等等，如果把孔子的才干某一方面都冠以某某家的话，那么孔子至少还可以称为伟大的音乐家、文学家、诗人、美食家、武术家等等，因为孔子在这些方面都表现出非凡的才识也不乏相当的成就。我们的古人实在聪明，他们无需用那么多头衔，只一个"圣"字就把一切都涵盖了，而"圣"字前再加一个形容词"至"，称孔子为"至圣"，那就是知天地、通鬼神、绝古今的集大成者了。

　　孔子在音乐方面的才识是值得后人深入研究的一个领域。在孔子看来，音乐不只是供个人欣赏的，而是教育化民的重要手段。稍懂乐理的人都知道，音乐对人的震撼和影响，是其他东西所无法替代的，比如抗战时期的《黄河大合唱》《义勇军进行曲》对团结中华民族一致抗日所发挥的作用，不是简单的一个集团军的力量可以对比的。以孔子为代表的中国早期文明，对"乐"的高度重视，是中华民族最值得骄傲的特色之一，即使到唐、宋、元、明时代，知识分子的基本素质要求也还包括"琴棋书画"，只可惜越到后来，"乐"教日渐衰落。

3.24　仪封人请见，曰："君子之至于斯也，吾未尝不得见也。"从者见之。出曰："二三子何患于丧乎？天下之无道也久矣，天将以夫子为木铎。"

"仪"是地名，今在何处不可考，"封人"是官名，大概相当于边防官或城门官一类。此章的内容说的是，孔子周游列国到了仪地有个封人要见见孔子，说："凡是路过此地的君子，我没有不见一见的。"孔子的随从弟子就让他见孔子了，他见过孔子后，出来对孔子的弟子们说："你们这些学生还怕没有发达的时候吗？当今天下无道已久，老天爷要将你们的老师作为惊醒世人的导师呀。"

仪封人与孔子见面时，各自说了点什么，不得而知，但仪封人慧眼识英雄，他把孔子比喻为"木铎"可谓一语中的。木铎是一种铃铛，摇铃即可召集公众，宣布事项。过去许多学校上下课就是用这种木铎作为号令的。孔子周游列国过程中，遇到一些奇人，大多是道家一类的人物，仪封人算是奇人之一。孔门弟子编撰《论语》，选择这类内容，目的是以旁人的眼光来看孔子，这样的孔子就更显得真实客观，这不同于弟子们的赞誉，多少有尊尊亲亲之嫌。

《礼记·明堂位》：振木铎于朝，天子之政也。

3.25　子谓《韶》："尽美矣，又尽善也。"谓《武》："尽美矣，未尽善也。"

成语"尽善尽美"即出于此。都说世间之事，少有尽善尽美的，如果有的话，大概只有《韶》乐了。孔子对于《韶》乐的由衷赞美，还说过"三月不知肉味"这样的话。《韶》乐是舜帝时候的乐曲，孔子赞誉《韶》乐不但形式尽美，而且内容尽善，形式与内容达到完美地统一。《武》乐是周武王时期的乐曲，相比之下，虽然形式也极美，但内容已经不是无可挑剔的了。从乐曲的比较来看，孔子更加推崇舜帝时期的礼乐。孔子祖述尧舜、宪章文武，尧舜是孔子心目中最完美无瑕的圣王。

黄帝的《云门》、尧帝的《大咸》、舜帝的《韶》，传为中国上古帝王的三大名乐，但《韶》乐为后世最为推崇，盖源于孔子的赞美与推广。音乐理论界有一种看法认为，此类古乐属于最高统治者享有的特权，是最高统治者与上天对话的方式，所以既是天赋神权的象征，也是统治的一种手段。

3.26　子曰："居上不宽，为礼不敬，临丧不哀，吾何以观之哉？"

孔子说："处于社会上层的统治者，没有宽宏包容之心，践礼不严肃恭敬，参加丧事也无哀戚之情，这样的情景我怎么能看得下去？"

《八佾篇》的中心话题是礼乐制度。孔子时代礼崩乐坏，孔子对此是痛心疾首。他一直在呼吁在呐喊，希望能用自己的方式醒时淑世。但礼崩乐坏已然如江河日下之势，孔子难免会有哀叹。

里仁篇第四

题解：孔子学说以"仁"为核心，故孔学亦称"仁学"。《论语》凡二十篇，前四篇奠其大略，故此，第四篇以仁为归。凡学之道，仁以为本，政以致用，礼乐其表也。四篇者，儒学宏旨之所藏焉，学者不可不察。

匡亚明说："仁这个字，在殷代的甲骨文和西周的金文中都没有发现。《尚书》二十八篇有一个仁字，《诗经》三百篇有两个仁字，其意义都不很清楚。只是到了春秋时代，仁才被人们越来越多地提起。在《国语》中，仁凡二十四见，基本意义是爱人。《左传》中仁凡三十三见，除爱人之外，其他几种德行也被称作仁。然而这些材料中反映的有关仁的思想，都是零散的、无系统的，思想内涵也是比较肤浅的。孔子在形成自己的思想时，抓住当时在意识形态中已经出现的仁的观念，明确它，充实它，提高它，使它升华为具有人道主义博大精深的人本哲学。在《论语》中，仁字出现一百零九次，礼字出现七十五次，可见仁在孔子学说中地位的重要。"①

郭沫若说："一个仁字最被强调，这可以说是他的思想体系的核心。"②

4.1 子曰："里仁为美。择不处仁，焉得知？"

《论语》第四篇是讲"仁"的，"仁"是孔子思想里最核心的观念，它包含的内容非常丰富，本篇将从各个角度展开。《论语》中第一次提到"仁"是《学而篇》有子的话："孝弟也者，其为仁之本与？"本篇第一章是从"里仁"入手的，篇名也自然以"里仁"命名。

都说远亲不如近邻。人既有动物的属性更有社会的属性，一般人难以选择一个大的社会环境，但总可以选择小环境。比如今日中国老百姓，如果感觉自己的居住生活环境实在太差，选个相对好点的环境，经过努力总还是可以的。

环境影响人，特别是一个人长期居住的小环境，对人的影响更大。比如一个自然村、一个小单位、一个居民小区等这样看似小小的环境，却对这个小环境里的每一个人都产生着不可忽视的影响。我是在农村长大的，一个南方小村子，几十户人家，一二百口人，几乎人人都熟悉，甚至对每家都有些什么亲戚等社会关系彼此都非常了解，哪户人家来了什么客人做了什么好吃的，全村都会知道，有什么红白喜事几乎人人都参与。这样的小环境，对人的影响不可谓不深。那么选择一个相对较好的环境居住，应该是明智之举。

---

① 匡亚明：《孔子评传》，济南：齐鲁书社，1985年，第181—182页。
② 郭沫若：《十批评书》，上海：群益出版社，1946年，第80页。

所以，孔子说："居住的地方，有好风气最美。选择没有仁德之风的住处，怎么称得上是明智呢？"

"里"即里弄、闾里等，即城乡居民生活起居的小区域。比如，孔子当年生长的地方称"阙里"，孔氏家族也因此称"阙里世家"。现在的曲阜孔庙东墙外还有阙里街。

"仁"在孔子眼中，是极高的道德标准和精神追求，如颜回这样的道德模范最多也只能做到"三月不违仁"，对于居住的小区域环境，要达到"仁"的标准何其难哉！所以，我将"里仁"解读为有好风气的地方。我们习惯说，某某处有好风气，好风气能对在这环境中的人产生好的影响。我们现在建设和谐社会，和谐社会的基础是和谐社区。社区其实就是"里"的发展。

孟母三迁的故事，说的其实也是选择仁里的重要性。但也有人对孔子这段话提出完全不同的解释，认为孔子提倡"德不孤，必有邻"，有德之人到蛮夷之地也会有人支持，无德之人在本乡本土也不受欢迎，所以，不是你该不该去选择"里"，而是"里"是否欢迎你的问题。你若有仁德，自然能感化乡邻同里，不是仁里也可以转化为仁里；你自己若没有仁德，又不能找到可以提升你自己仁德的地方，这就算不上明智了！如此这般类似舍生饲虎、化敌为友的大慈大悲大智慧，是否更体现孔子的本意呢？

孟子喜欢引用孔子的话，在《孟子》一书中多处可见。孟子引用孔子的这句话时，孟夫子是这样理解的："夫仁，天之尊爵也，人之安宅也。莫之御而不仁，是不智也。"①

---

① 《孟子·公孙丑上》。

4.2 子曰："不仁者不可以久处约，不可以长处乐。仁者安仁，知者利仁。"

本章读起来有点绕口，可以换种说法，比如民谚中有"穷山恶水、泼妇刁民"、"温饱思淫欲"等。孔子说的意思就是："不仁的人是不可能做到长久处于穷困而坦然，也不可能长久居于安乐之中而不骄奢。只有仁者能安心于仁的追求，真正的智者能利用仁。"理解这段话，可以参照孔子说过的："君子固穷，小人穷斯滥矣。"，"安贫乐道，富而好礼"。

4.3 子曰："唯仁者能好人，能恶人。"

好恶之心人皆有之。爱欲其生，恨欲其死。无论是好恶还是爱恨，一般人往往出于偏颇，能做到客观公正、不偏不倚，只有仁者。所以，孔子说："只有仁者，才能够真正做到喜爱某人、厌恶某人。"故，杨伯峻以"贵仁者所好恶得其中"[1]作解。《大学》中"唯仁人为能爱人，能恶人"，《礼记·曲礼》中"爱而知其恶，憎而知其善"，说的也是这个道理。

4.4 子曰："苟志于仁矣，无恶也。"

孔子说："一个人如果立志于仁的目标，也就不会做坏事了"。也有人将"无恶也"解读为："总不会有坏处呀！"这似乎也通。孔子一生都

---

[1] 杨伯峻：《论语译注》，北京：中华书局，1980年，第36页。

在倡导仁，也总是不遗余力地劝勉人们向仁的目标努力。不会做坏事也好，没有坏处也好，求仁得仁总没错。

这句话，按古代语法结构，也许应该是："苟志于仁也，无恶矣！"

4.5　子曰："富与贵，是人之所欲也，不以其道得之，不处也；贫与贱，是人之所恶也，不以其道得之，不去也。君子去仁，恶乎成名？君子无终食之间违仁，造次必于是，颠沛必于是。"

君子生财，取之有道。孔子完全不像后世的一些儒家人物，羞于谈富贵钱财，而是非常人性化地坦然面对，他承认一般人的正常追求，但孔子提出的是对君子的要求，既然是君子就不能自甘堕落为一般人，要有更高的道德标准和人生目标，这就是仁。如果想成为君子，却又抛弃对仁的追求，怎么能成就好名声？真君子无时无刻不向着仁的目标努力，无论是在忙乱纷扰中还是在困顿流离中，对仁都矢志不渝。这段话，很像是孔子自己的内心独白。

可参读孔子所言："不义而富且贵，于我如浮云。"孔子并不反对富贵，而且也愿意追求富贵、脱离贫贱，贫贱不是君子的固有特色，君子与富贵也不是矛盾的、不兼容的，关键是达到富贵或脱离贫贱的手段是什么。为达目的不择手段，是孔子所反对的。孔子说过："视其所以，观其所由，察其所安"，"仁者安仁，知者利仁。"

4.6　子曰："我未见好仁者，恶不仁者。好仁者，无以尚之；恶不仁者，其为仁矣，不使不仁者加乎其身。有能一日用其力于仁矣乎？我未见力不足者。盖有之矣，我未之见也。”

孔子说："我不曾见过好仁的人及厌恶不仁的人。有好仁的人，最好不过了，厌恶不仁的人，在践行仁的过程中，至少可以避免不仁的事物加到自己身上。有没有能拿一天时间用功于仁的呢？我没有见到力量不够的。也许有，但我不曾见到过。"

本章与上章内容是相辅相成的。在孔子看来，仁既是难能的，但只要致力于仁，也是可以做到的，问题就在于是否愿意致力于仁。故朱熹《四书集注》："此章言仁之成德，虽难其人，然学者苟能实用其力，则亦无不可至之理。"

李泽厚《论语今读》针对孔子关于仁的看似自相矛盾的说法，做了这样的分析："这不能看作哲学思辨或逻辑论证，只能看作半宗教式的实践劝导。一方面是难得，一方面是易做；而只要做，也就可得救。中国思维方式中这种含混、模糊、未定、宽泛的特征，却又并不与近代接受西方严格思维训练相冲突、矛盾；中国人仍能很快地接受西方的科学、逻辑、哲理，这一现象值得研究。"[1]

《礼记·表记》："子曰：'无欲而好仁者，无畏而恶不仁者，天下一人而已矣。'"

4.7　子曰："人之过也，各于其党。观过，斯知仁矣。"

孔子说："人各有不同，所犯的错误也各有各的不同。什么样的错误总是由什么样的人犯的（不同阶级、不同等级、不同立场的人等，所犯

---

① 李泽厚:《论语今读》，天津：天津社会科学院出版社，2008 年，第 77 页。

的错误是不一样的，统治阶级犯的错误，被统治阶级不会犯，想犯也犯不了同样的错，此即所谓"各于其党"）。认真观察一个人所犯的错误，就可以推知他是个怎样的人了。"此处"仁"同"人"。

学会知人，也是仁者的基本素质要求。

现代诗人北岛的名句："卑鄙是卑鄙者的通行证，高尚是高尚者的墓志铭。"可以看作本章的另类解释。

4.8　子曰："朝闻道，夕死可矣。"

孔子说："如果早晨能得道，晚上死去也可以呀。"这是一种夸张的说法，只是为了说明求道之诚之切。通观全篇，此处"道"当是指包括"仁道"在内的社会、人生、自然等之根本大道，能求得真正的大道，死有何惧？极言求道之难、闻道之乐！

4.9　子曰："士志于道，而耻恶衣恶食者，未足与议也。"

孔子说："如果读书人立志于大道真理，却又以穿着打扮饮食起居太粗陋而感到羞耻，这样的人是不值得与他商议什么的。"

求田问舍非丈夫，掀天揭地真英雄。外物不移方是学。故，朱熹《集注》引程子曰："志于道，而心役乎外，何足与议也？"

4.10　子曰："君子之于天下也，无适也，无莫也，义之与比。"

孔子说："君子对于天下之事，没有非得怎样或非得不怎样，只要道义之所在，则应当怎样就怎样。"

"无适""无莫"有多种解释，笼统地说，大意是：既没有特别偏好的，也没有特别反对的，总之没有固定的模式。参见"从心所欲，不逾矩"，[1]"我则异于是，无可无不可"，[2] 即类似于此意。

4.11　子曰："君子怀德，小人怀土；君子怀刑，小人怀惠。"

孔子说："君子关心的是德行，小人关心的田地财产，君子考虑的是遵守法度，小人考虑的是获得实惠。"

君子与小人是相对的两类人，衡量的标准是社会地位及道德标准，这里的君子与小人是以道德标准来区分的，因为统治者中其实更多的是"怀土、怀惠"的小人，而贫寒人士中也不乏"怀德、怀刑"的君子。儒家经典，常常是把君子与小人对比着来论述的，比如《中庸》："君子中庸，小人反中庸。君子之中庸也，君子而时中；小人之反中庸也，小人而无忌惮也。"

4.12　子曰："放于利而行，多怨。"

孔子说："只依据自身的利益来行事，必然招致众怨。"

如果从整个国家、整个民族的大众利益角度行事，自然就受到绝大多数民众的拥护，也不至于"多怨"，引起"多怨"必然是因为谋求小

---

① 《论语·为政篇》。
② 《论语·微子篇》。

集团或个别人的利益，而这种利益往往是以牺牲大众利益为前提的。一般都认为儒家轻利重义，仔细分析，儒家并不反对言利，只是强调公利与私利有别，公利就是义利并举，私利才是纯粹的利，不择手段追逐私利才是最令儒家不屑而痛恶的。

"放"，作"依据"或"放纵"解皆可，都是指行事的出发点。

4.13　子曰："能以礼让为国乎？何有？不能以礼让为国，如礼何？"

孔子说："能够用礼让来治理国家吗？这有什么难处呢？不能用礼让来治理国家，那么礼乐制度用来干啥？"

孔子是提倡以礼治国的，在孔子看来，礼让治国并不难，可当时却没有看到这样的国度，那么，问题就来了，既然不能用礼让治国，可礼乐制度用来干什么呢？这样的反诘很像是孔子内心困惑的反映。此种用法可对照《八佾篇》："孔子曰：'人而不仁，如礼何？人而不仁，如乐何？'"

4.14　子曰："不患无位，患所以立。不患莫己知，求为可知也。"

孔子说："不要怕没有职位，怕的是有没有任职的真本领。不要怕别人不知道你，要去努力培养自己足可以扬名的真才实学。"

古往今来，"名利"让多少人竞折腰。特别是求"名"，即使有较高修养者也难免为名所累。孔子反对求私利，但不反对求名，只是孔子认为，好的名声应该是水到渠成的，而不是刻意追求而来的。如"人不知而不愠，不亦君子乎？""不患人之不己知，患不知人也"。说白了，就是要争取德位相称，避免德不配位。

4.15   子曰："参乎！吾道一以贯之。"曾子曰："唯。"子出，门人问曰："何谓也？"曾子曰："夫子之道，忠恕而已矣。"

孔子说："参呀！我的思想是一以贯之的。"曾子应答道："嗯，明白了。"

曾子从孔子那里出来，同学们就问："老师说的一以贯之到底是什么呢？"曾子说："夫子所倡导的大道，不过忠恕而已呀！"

本章内容看似简单，但特别重要。因为这里面包含着孔子道统的传承关系及孔子之道的认知等重大问题。曾子之所以被认为得孔子心传，成为孔子之后的儒家正宗传人，似乎都从本章的内容里可以获得解释。

所谓"道"，实在是个大题目。此处之"道"，我将它翻译为孔子的思想和学说。比如《道德经》，我们可以把它理解为老子的思想或学说。但细究起来，也许还是老子的"道可道，非常道"之"道"才是此处"道"的真实用意。这样的玄之又玄的"道"，姑且就把它理解为孔子的思想学说吧。

为什么孔子说自己的"道"是"一以贯之"的呢？《老子》说："天得一以清，地得一以宁。"世间万物，万变不离其宗，客观世界、主观世界，其实都有一个最根本的东西在发挥着作用，认识把握住这个根本性的东西，并把它贯穿到所有的事物中去，就是一以贯之。比如，孔子教导学生学习要懂得"举一反三，闻一知十"，这都是一以贯之的具体体现。《中庸》："凡为天下有九经，所以行之者一也"，"天地之道，

可一言而尽也：其为物不贰，则其生物不测。"《大学》："自天子以至于
庶人，一是皆以修身为本。"这些都可以看作孔子之道一以贯之的具体
表现形式。

　　所谓"忠恕"，从《论语》中看，就是"己欲立而立人，己欲达而达人，
为之忠"，"己所不欲，勿施于人，为之恕"。忠恕之道就是正反两方面
来推己及人。曾子看来，孔夫子学说的全部要义就集中在"忠恕"两字
上，从人性修为的角度，确乎是一语中的，抓住了问题的本质。

　　从儒家发展演变的历史来看，从孔子到曾子再到子思再到孟子，
这条传承脉络被宋儒推崇为正统，但这条脉络主要是心性修为的一
路，儒家在漫长历史活动中真正发挥作用的其实是通经致用的一脉，
子贡、子夏、冉有、荀子、叔孙通、董仲舒等是其代表。孔子学说的
内学外用或内圣外王之道，截然可分还是互为表里，这是儒家两千多
年来争论不休的。何休《春秋公羊经传解诂序》有云："昔者孔子有云：
'吾志在《春秋》，行在《孝经》。'此二学者，圣人之极致，治世之要
务也。"汉代纬书《孝经钩命诀》也有"孔子曰：'吾志在《春秋》，行
在《孝经》，以《春秋》属商，以《孝经》属参。'"《春秋》一字寓褒贬，
代表孔子的历史观和政治观，孟子有云："孔子作《春秋》，而乱臣贼
子惧。"孔子自己也说："后世知丘者以《春秋》，而罪丘者亦以《春
秋》。"[1] 也许我们可以把后世儒学简单分为《春秋》一派演变、《孝经》
一派演变，《春秋》一派以子夏为代表，董仲舒集大成，《孝经》一派
以曾子为代表，孟子集大成。《春秋》派代表"忠"，《孝经》派代表
"恕"，忠恕之道自孔子之后，已然流变。所谓"儒分为八"，大抵只
在忠恕之间徘徊。

　　关于孔门正传，胡适先生认为："孔门正传的一派，大概可用子夏、

---

　　① 《史记·孔子世家》。

子游、曾子一班人做代表。我不能细说各人的学说，且提出两个大观念：一个是'孝'，一个是'礼'。这两个问题孔子生时都不曾说得周密，到了曾子一班人手里，方才说得面面都到。从此以后，这两个字便渐渐成了中国社会的两大势力。"[1]

4.16   子曰："君子喻于义，小人喻于利。"

孔子说："君子懂得义，小人只知道利。"

在儒家经典中，君子与小人总是对照着来阐述所要表达的意思。《论语》中，更是多次出现这样具有强烈对比色彩的关于君子与小人的话题。本章内容，也可翻译成："君子应该用义去晓谕他，而小人只能用利去晓谕他。""喻"可作"知晓"解，也可作"晓谕"解，知晓是主动态，晓谕是被动态。

4.17   子曰："见贤思齐焉，见不贤而内自省也。"

孔子说："遇见到贤人，就该向他看齐；遇到不贤的人，就该反观自己是否也有类似的缺点毛病。"这与孔子说过的"无友不如己者""里仁为美"等观点是一脉相承的。

"见贤思齐"早已成为常用的成语，其出处即在此。正如习惯于将"君子"与"小人"对应着论述一样，我们的先哲非常擅长从正反两方面来阐述问题。

从前有一个秦姓子弟到岳王庙瞻仰，写下一副广为流传的对联："人

---

① 胡适：《中国哲学史大纲》，北京：中华书局，2013 年，第 93 页。

从宋后羞名桧，我到坟前愧姓秦。"这就是"见不贤而内自省"的例证。

4.18　子曰："事父母几谏，见志不从，又敬不违，劳而不怨。"

孔子说："侍奉父母，如多次劝谏，看到自己的意见不被父母接受，仍然对父母要恭敬不得触忤，即使难免忧伤劳累，也不能有什么怨言。"

"几"，朱熹解着为"微"，杨伯峻引申为"轻微、婉转"，但我以为作次数解，可能更通，表示反复劝谏，并没有停留在一劝不听则作罢，全章意思贯通。

第四篇是以"仁"为主题的，本章内容是讲孝悌的，放在这里，意在表达，一个仁者是怎样践行孝悌的。这是对孝悌的更高层次的要求。

4.19　子曰："父母在，不远游，游必有方。"

孔子说："父母在世，做子女的不应离家远游，如果要出远门的话，必须告知家人自己的具体去处。"

过去社会，通讯落后，农耕民族安土重迁，由来有自，父母年事高时，做子女的就要时刻有心理准备，万一有什么意外该如何，"不远游"就是最保险的办法。

南怀瑾认为，古往今来这种关于"游必有方"的解释都是错误的，除非是梦游，否则无论是远游还是近游，哪里能没有方向或具体去处的呢？所以，此处的"方"不能当作方位解，而应该理解为"方法"或"办法"。在南先生看来，本章的意思应该是：如果不得已要远游的话，一定要对在家的父母有安顿尽孝的办法。

4.20 子曰:"三年无改于父之道,可谓孝矣。"

本章内容与《学而篇》重复,"子曰:'父在,观其志;父没,观其行;三年无改于父之道,可谓孝矣'"。《论语》中,有内容完全重复的章节,也有这样部分重复的。为什么出现这种现象,一般认为是因为《论语》非一人编辑而成,难免会出现这种技术性疏漏。但我更倾向认为,这种编辑看似重复,其实是有意为之。因为同样的内容,在不同的场合或位置上出现,是为了阐述主题思想服务的。这是写作过程中常见的方法,不足为怪。

4.21 子曰:"父母之年,不可不知也。一则以喜,一则以惧。"

孔子说:"对父母的年纪,做子女的一定要牢记在心。一方面,因父母能够高寿而高兴,一方面,也因高寿可能随时发生状况,而忧惧。"

孔子深谙人生哲理,这样的心路历程确实十分真切,尤其对于我们这些四五十岁为人子女的人来说,更是如此。

4.22 子曰:"古者言之不出,耻躬之不逮也。"

孔子说:"古人是不轻易说话的,怕的是说出话却做不到反而感到羞耻。"

孔子这里是借古讽今。他一贯强调谨言慎行,如:"先行其言而后从之",① "君子欲讷于言而敏于行"。②

_____

① 《论语·为政篇》。
② 《论语·里仁篇》。

4.23　子曰："以约失之者鲜矣。"

孔子说："因为约束自己而犯过错的人很少。"

人最大的敌人是自己，能战胜自己、约束自己的人才是真正的高人。所谓圣人与英雄的区别，就在于，英雄能征服世界却征服不了自己，而圣人不想征服世界，却能征服自己。征服自己就是能约束自己，比如能始终做到不骄傲自满，能不为美色物欲所左右等，看似容易，其实还真的是人间万难之事。古往今来多少英雄人物都是因为不能约束自己而身败名裂！

4.24　子曰："君子欲讷于言而敏于行。"

孔子说："君子要做到言语缓慢而做事敏捷。"

孔子对于"言"与"行"的关系，向来是轻言重行。他对弟子们的教导，几乎都是强调要谨言慎行，特别是谨言，因为一语既出，覆水难收，与其如此不如少言或不言。桃李不言，下自成蹊，认真做事，让别人去评论，总比自己自吹自擂要好，这也是君子的素质要求之一。可参读《学而篇》"敏于事而慎于言"。

4.25　子曰："德不孤，必有邻。"

孔子说："有道德的人不会孤单，必然会有愿意亲近的人围绕周围。"

这是强调道德的力量。正如"远人不服，则修文德以来之"，[①] 孔子

---

① 《论语·季氏篇》。

看来，道德具有天然的感召力，而且这种感召力是其他强力所不可替代的。当然，也可以理解为，物以类聚人以群分，有道德的人总会吸引同样有道德的人来做邻居朋友。

《易经·坤卦·文言》曰："君子敬以直内，义以方外，敬义立而德不孤。"

4.26　子游曰："事君数，斯辱矣；朋友数，斯疏矣。"

子游在《为政篇》已经出现过，是关于问孝。这是子游第二次出现在《论语》里。本章是第四篇的最后一章，全篇二十六章，前二十五章都是"子曰"，唯有这最后一章是弟子"子游曰"。这在《论语》二十篇中，是少见的现象。

理解本章，关键在"数"字，如果简单解读为"数量多"，似乎也勉强可通。古人观念，一仆不事二主，一女不事二夫，如果两个以上，当然难免受辱了。交朋友也是如此，好像朋友很多，其实没有一个知己，遇事不见朋友，更别说患难之交，两肋插刀了。

但一般的解读认为，此"数"不是简单指数量多寡，而是借用其引申义，可作过分繁琐、过分亲密解。所以此处之"数"很类似于"淫"字，就是太过、太滥。子游这句话翻译成现代语便是："侍奉君上表忠太过，反倒自取其辱；与朋友相处过于亲密，反而会导致疏远。"

物极必反，无论是侍奉君上，还是结交朋友，但凡与人共事相处，都要掌握一个度，超过这个度，就会适得其反。

公冶长篇第五

题解：以人名为篇名，乃古之典籍所常见，如《孟子》之《万章》《公孙丑》《告子》之类的即是。《论语》以人名称其篇者凡十篇，《公冶长篇》为其先。盖公冶长为孔子婿，夫子之教始于亲而后及于众乎？或曰本章皆论古今人物贤否得失，以夫子择婿为其实证者也，然乎？

5.1 子谓公冶长："可妻也。虽在缧绁之中，非其罪也。"以其子妻之。

《论语》共二十篇，第五篇是涉及孔门弟子最多的篇章，可以说是孔门弟子的众生相。而本篇的第一、第二两章恰是孔门弟子中两个特殊人物，不是因为他们才学德行特别出众，而是他们与孔子的关系特殊，公冶长是孔子的女婿，南宫适是孔子的侄女婿，而且这两位是孔子自己亲自挑选的。所以，与其我们把这两章看作是写孔子弟子的言论品行，不如当作孔子的选婿标准及爱情婚姻观来分析研究。

从现有的文献资料看，孔子只有一个儿子一个女儿，至于这唯一的女儿几时出生、叫什么名字、长得如何、生平大概，都不得而知，仅有的记载也就这一条。有关公冶长的记载，在《论语》中，也只有这一条。考诸公冶长，《孔子家语·弟子解》说他"为人能忍耻"。能忍，固然是孔子提倡的一种修养，但如果忍无可忍还忍的话，就不是修养问题了，而是太没有血性了。韩信受胯下之辱不失为英雄豪杰，但胯下之辱也仅此一次而已。显然，公冶长能在众弟子中让孔子相中，招为爱婿，断非一个"忍"字了得。有传说公冶长有牢狱之灾，是他懂鸟语的缘故。《大成通志》卷十四《先贤列传》载："世传长能通鸟语。贫而闲居，无以给食。有雀呼之，曰：'南山虎驮羊，当亟取之。'长往之，果得羊，食而余。及亡羊氏往迹之，得其角，讼之鲁君。鲁君系之狱。未几，雀又呼曰：'齐人出师侵我疆。沂水上，泽山旁，当亟御之勿彷徨。'长语于狱吏，白之鲁君，鲁君如其言往迹之，齐师果将及矣。发兵应敌，遂获大胜。因释其系而厚赐之。欲爵为大夫，长辞不受。一日，与鲁君游北苑，见群雀飞鸣而过。君曰：'雀何为者？'长曰：'东仓灾。雀争奔食粟耳。'已而果有火报。"假如真的这样，公冶长就有点仙风道骨的味道了。虽然，现代科学也承认"近水知鱼性，近山识鸟声"的现象，就算公冶长真的懂鸟语，难道鸟还有爱国主义情结？

我们看看孔老夫子是如何选婿的。孔子评论公冶长说："可以把女儿嫁给他。他虽然曾坐过牢，但不是因为他真的有罪。"就把女儿许给他做了妻子。初读这段话，实在让人感觉有点莫名其妙，也难怪早在汉代王充《论衡·问孔》中就指出，孔子这番话很有点文不对题，不知所云。就算公冶长遭受冤假错案坐了牢，难道这就可以成为将宝贝女儿许配给他的理由吗？就是有天大的同情心，孔老夫子也不至于糊涂到拿女儿的婚姻大事做人情吧？所以，我有一个大胆的推测，公冶长受冤屈遭牢狱之灾，有可能与孔子女儿有某种关联。说不定也有过类似英雄救美的故事，所以就有了后来的这段姻缘。当然，我们还是不能不对孔子表达由衷的敬意，以孔子的身份和众多青年才俊弟子相簇拥的情景看，无论公冶长是否真的有过英雄救美，孔子完全有条件也有能力做出不同的选择，没有必要非选择一个平民出身家境贫寒的穷小子做女婿，何况这个穷小子还有这么个案底在身。我们无法推测儿女婚姻之事全在父母之命、媒妁之言的时代，孔子女儿对自己的婚姻大事有多大的自主选择权，也许孔家小姐事先就已经悄悄看上了父亲的这个学生，孔子又是个特别善解人意的父亲，就干脆顺水推舟也未可知。《论语》的这段话，留给后人极大的想象空间，但孔子最后就是这样选择了女婿，以他特有的方式表达了一种难能可贵的人才观、爱情婚姻观。所以，李泽厚《论语今读》对此给予高度评价："孔子不以一时之荣辱取人，虽在今日，亦属不易。"

学生能得老师欣赏，甚至老师愿把心爱的女儿许配给学生做妻子，这是学生莫大的荣幸。从古至今，中国不乏这样的故事，孔子开了先河。

5.2　子谓南容："邦有道，不废；邦无道，免于刑戮。"以其兄之子妻之。

孔子论及南容："国家政治清明，能有作为（不碌碌无为自我耗费）；国家混乱，能避免受刑被杀。"把自己兄长的女儿嫁给了他。

南容，姓南，名宫适，字子容，亦称南容。关于南容，他的生卒年、家世生平等，历史上记载极少，涉及他的内容《论语》中共出现三次。从这三处内容看，孔子对他评价很高，赞许他是"君子"，而且南容应该还有一定的社会地位和官职,《孔子家语·弟子解》说他是"世清不废,世浊不污"。孔门弟子中,还有一个叫南宫敬叔的,是鲁国世家大贵族孟孙的后代,从战国时代就有把南容与南宫敬叔说成一人的,后来分成两派,有说是,有说不是的。如果是同一人,这位南容先生真的颇有革命精神,在那样一个礼制等级森严的时代,不惜以世家大贵族之尊,娶平民女子为妻,果真如此孔子是攀了一门高亲。清代学者崔述在《洙泗考信录》里有很严谨很详细的分析,指出他们不可能是同一人。可见,孔子将亲侄女许配给南容,并不是想攀高枝,而是因为欣赏南容的品行才德,正如孔子选公冶长做女婿一样,都体现了孔子的不俗之处。

这里,有必要说说孔子的兄长。"文革"时,批林批孔,蔑称孔子为"孔老二",但这老二的排行还真不是造反派们的无中生有。根据《孔子家语·本姓解》,孔子有一个兄长、九个姐姐。兄长名孟皮,是个脚部有残疾的人,可能去世比较早,去世后,家中大事就自然落到了孔子身上,所以,侄女的婚姻之事也就由叔叔操心了。后世人们感兴趣的,不仅仅是孔子的择婿标准,还将孔子女儿与侄女的夫婿进行比较,似乎孔子对侄女比对亲生女儿更加关爱,体现出孔子的仁德无私。如李泽厚《论语今读》就说孔子这样做是:"先人后己,是宗教性私德,亦'礼让'之意。"这也使我想起曲阜流传的一个"义姑"的故事。说的是,在春秋战国时期,有一次齐国发兵攻打鲁国,鲁国老百姓纷纷逃难,齐国军队紧追,看到前头有个中年妇女带着两个小男孩在拼命往前跑,最后那个妇女实在带不动两个孩子一起跑了,就扔下其中的一个,带着另一个继续逃命,但最终还是被齐国军队抓住了。齐国军官问那妇人,为什么要扔下一个又带走一个,妇人告之,扔下的是自己的儿子,带着的是侄子,为的是回去给兄弟一个交代。这种危难时刻舍己为人的作为,让齐军十分震撼,以致主动撤兵。这位妇女,被尊称为"义姑"。

康有为看问题似乎总能别出心裁，他的《论语注》认为："公冶长以才高好奇取祸，南宫以言行修谨保家，二子性行不同，孔子皆取之。"

5.3　子谓子贱："君子哉若人！鲁无君子者，斯焉取斯？"

孔子评论子贱，说："此人真是个君子呀！谁说鲁国无君子？如果没有君子，那么像子贱这样的人又是哪来的呢？"

孔子很少以"君子"许人，孔门弟子才俊辈出，能让孔子明确许以"君子"的，寥寥无几，南容算一个，子贱也算一个。子贱，姓宓，名不齐，字子贱。有说他比孔子小三十岁的，也有说比孔子小四十九岁的，卒年不详。关于宓子贱的记载，相对其他孔门弟子而言，历史文献还是比较多的，主要是他曾在单父担任过地方官即单父宰，而且颇有政绩。孔门弟子为官从政者不乏其人，但孔子对宓子贱的为政才能深表赞赏，《韩诗外传》卷八中记载，孔子很为宓子贱的官太小感到惋惜，认为实在太大材小用了，如果允许他治理的地域范围更广大的话，"功乃与尧、舜参矣"。也就是几乎可以与尧舜的治理才能相比了，这样的评价不可谓不高！关于他治理单父，历史上还有一些记载和传说，《吕氏春秋·察贤》载："宓子贱治单父，弹鸣琴，身不下堂而单父治。"宓子贱似乎是无为而治的高人。但《韩非子》有段记载，却又是另外一种印象，说宓子贱治理单父，同学有若去看他，感觉他好像清瘦不少，宓子贱解释说自己才能浅薄，为了把单父这个小地方治理好，公务实在太多太急迫，心里老是发愁，所以才瘦了。如果从这点看，宓子贱似乎是一个事必躬亲、努力作为的人，而不是"无为而治"的实践者。《史记·滑稽列传》对宓子贱高度评价："子产治郑，民不能欺；子贱治单父，民不忍欺；西门豹治邺，民不敢欺。"将宓子贱与历史上著名的子产、西门豹并列，可见他在太史公心目中的分量。

孔门弟子中有著作流传于世的，据《汉书·艺文志》载，仅有三人，其中就有宓子贱，另外两人是漆雕开和曾子。传世《宓子》共有十六篇，到东汉时还有流传，遗憾的是东汉后就散佚不见了。

5.4　子贡问曰："赐也何如？"子曰："女，器也。"曰："何器也？"曰："瑚琏也。"

读到此处，我还是要情不自禁地赞许一下《论语》编辑者的高明。前面孔子似乎一口气点评了三个弟子，有两个还得到了娇妻，一个被称许为君子，我们这位多才多艺性格活泼的子贡老兄有点按捺不住了，也想从老师那里得个美评。

子贡问道："老师呀，你认为我怎样？"孔子说："你呀，也就类似一种器物而已。"子贡接着问："是什么器物呢？"孔子说："瑚琏。"

这瑚琏是什么？现在少有人懂。在古代，这是专门用于祭祀时盛粮的器皿，有圆形、方形两种，是相当尊贵的物件。孔子将子贡比喻成瑚琏，既预示子贡非同一般，但再尊贵，也不过"器"而已。可见，在孔子眼里，子贡仍然够不上君子的标准。孔子认为"君子不器"，真君子应该是复合型的大材，不是小材，更不是小聪明。子贡其实也是孔门中才华非凡的一个，但孔子对他的要求很高，对他有时耍小聪明颇不以为然，所以，用瑚琏做比喻，既是肯定子贡的才气，也是委婉批评子贡的修行离君子水平还有距离呢！

5.5 或曰："雍也仁而不佞。"子曰："焉用佞？御人以口给，屡憎于人。不知其仁，焉用佞？"

有人说："冉雍这个人有仁德但口才不行。"孔子说："为什么要有好口才呢？伶牙俐齿总想驳倒人家，反倒容易被人憎恶。冉雍是否有仁德，我不知道，但为什么要有好口才呢？"

孔子是最反对"巧言令色"的，一贯主张谨言慎行，提倡君子要"讷于言而敏于行"。所以，对所谓的好口才，孔子是颇不以为然的。孔子弟子中，宰我、子贡是以言语著称的，口才特别好，但孔子对他们的批评也比较多。

中国智慧提倡的是大智若愚、韬光养晦，不语则已，一语惊人。言不在多，而在言之有物，言不在巧，而在言行一致。

通观《论语》，孔子的所有对答，从不投机取巧，总是一贯地平实谦和，却又仿佛字字珠玑，不失为千古美文。

5.6 子使漆雕开仕。对曰："吾斯之未能信。"子说。

孔子让漆雕开去做官。漆雕开说："我对做官之事还没有信心。"孔子听后有悦色。

漆雕开，姓漆雕，名开，字子开。其家世背景史料极少，约生于公元前540年，比孔子小十一岁，在孔门弟子中，属于年岁较长的弟子。《论语》中，涉及漆雕开的内容仅此一条，但他却是孔子之后，儒家八派的其中一派，即所谓"漆雕氏之儒"。曾著有《漆雕子》十三篇，是孔子弟子中仅有的三个有著作传世者之一，可惜，该著作东汉后失传。《墨子·非儒》载漆雕开形残。所以，有人推断，漆雕开可能受过肉刑，成了残疾。后人推论，漆雕开为什么会遭此刑残，大概也如公冶长一样，并非他自己的过错，也是冤假错案所致。不过，公冶长和漆雕开的例子，说明了孔子有教无类的历史真实，对刑余之人，孔子都一视同仁收为门徒，遑论他人？

本章的字面理解并不难，值得思考的问题是：孔子一方面叫漆雕开去做官，一方面听到漆雕开说自己对做官还缺乏信心，又表现出欣赏和喜悦之情。这孔老夫子葫芦里到底卖的什么药？他究竟是不是真心想让漆雕开去做官呢？对于一个做官没有自信的学生还能有什么值得高兴和欣赏的呢？这就要看孔子培养学生的最终目的是什么，漆雕开的所谓不自信是不是真的没有做官的才能？

通观《论语》，孔子弟子有做官的，也有有机会做官却放弃做官的，也有压根儿就不想做官的。比如"子张学干禄"，就是公开向孔子请教做官之道。孔子也说过，求学三年后，不想谋个一官半职的人很少。虽然孔子自己曾亟亟于用世，但对弟子们入仕求官，从来没有表现出特别的赞许，相反，对于"一箪食，一瓢饮，在陋巷"安贫乐道的颜回以及"风乎舞雩，咏而归"的曾点表示了极大的赞同和欣赏，可以说，孔子从内心并不那么看得起官瘾特重的人。后世所谓"官本位"，追根溯源，常找到孔子这里，其实孔子从来没有把求官干禄上升到"本位"的程度。也正因为此，漆雕开自谦，说做官还没信心，才能获得孔子的欣赏。孔子既然叫漆雕开去做官，显然孔子认为漆雕开是有足够的才能去任职的，而漆雕开自承信心不足，是对孔子让他做官的婉拒，也表明自己不屑于入仕的态度。与其说孔子欣赏漆雕开的自谦，毋宁说更欣赏他不屑于入仕的淡泊。

曾仕强说，现代中国人有一些不正确的观念，比如"自信"，中国古人是不讲的，而只讲"自省""自谦""自励""自强"，因为自信，往往容易走向狂妄自大。仔细想想，曾先生这番话还真是一语中的，此处漆雕开的不自信，不正是蕴含了他的自省、自谦、自励、自强的意思吗？

5.7　子曰："道不行，乘桴浮于海。从我者，其由与？"子路闻之喜，子曰："由也好勇过我，无所取材。"

说到孔门弟子，最让人难忘的还是子路，他个性鲜明，快人快语，有胆有识，敢作敢为，在孔门弟子中堪称"另类"，与谦逊内敛的孔子形成鲜明对照，强烈反差。也正因为有了这样一对师徒，让孔子变得更加真实，也让《论语》显得更加精彩耐品。

本章又是一则涉及子路的内容。孔子说："我的主张行不通了，不如乘只小木筏飘到海外去。如果这样，还会有谁跟从我呢？大概只有由吧？"子路听后很是高兴，孔子又说："由呀，他好勇的方面超过我，这就没有什么可取的了。"

这段话，前句是肯定子路对老师的忠诚和追随之心，后句是指出子路的不足。孔子是主张教学相长的，子路好强、好勇、好斗，这方面太突出，"过犹不及"。孔子特别提倡个人修养，希望学生懂得谦虚礼让，最好能做到喜怒不形于色，可子路偏偏得到老师一句表扬就有点得意洋洋，与前面一章漆雕开的自谦形成强烈对比，孔子批评他就不足为怪了。

本章的难点不在于孔子对子路的看法如何，倒是孔子说的"道不行，乘桴浮于海"耐人寻思。孔子是"知其不可为而为之"的积极入世者，怎么会突发寻找世外桃源、他方乐土的感慨呢？屈原《离骚》有"欲远集而无所止兮，聊浮游以逍遥"。两位发此感慨的心境应该是差不多的吧？

5.8　孟武伯问："子路仁乎？"子曰："不知也。"又问。子曰："由也，千乘之国，可使治其赋也，不知其仁也。""求也何如？"子曰："求也，千室之邑，百乘之家，可使为之宰也，不知其仁也。""赤也何如？"子曰："赤也，束带立于朝，可使与宾客言也，不知其仁也。"

先来解读一下这段话：

孟武伯向孔子问询："子路是不是仁者？"孔子说："不知晓。"孟武伯又问。孔子说："由这位弟子呀，若有一千辆兵车的中等国家，可以让他负责兵役、军政之事。他有无仁德，我就不晓得了。"

孟武伯接着问："冉求这个学生怎样？"孔子说："求呀，千户人家的乡邑，可以让他做个地方长官，百辆兵车的大夫封地，可以让他当总管，至于他是否有仁德，我也不晓得。"

孟武伯又继续问："公西赤这个学生怎样？"孔子说："赤这个学生呀，让他穿着礼服立于朝廷之中，从事外交礼仪、从事谈判交涉还是够格的，至于他算不算得上有仁德，我也不晓得。"

孔子不以"君子"轻许他人，更少以"仁"称许他人，就算德行最高的弟子颜回，孔子也只认为他"三月不违仁"而已。孟武伯偏偏要问问孔子，他的几个知名弟子够不够得上"仁"的标准。孔子的回答可能出乎孟武伯的意料，但孔子对人特别是对自己学生的品评确实是该褒则褒，该贬则贬，不徇私情的。孟武伯是鲁国世家大贵族孟孙的后代，他向孔子询问这几个弟子的情况，很可能是想从孔子弟子中物色几个才俊之士出任官职。孔子当然也知道孟武伯的用意。有趣的是这两人的问答，孟武伯明明问的是他们是否有仁德，而没有问他们是否有为政的才能，孔子却偏偏首先明确告诉他这几个弟子的政事才干，而对于孟提出的"仁"的问题则直言"不知"，既巧妙地给学生们推荐了入仕的岗位，又避免让学生处于"仁而不当"的境地。

5.9　子谓子贡曰："女与回也孰愈？"对曰："赐也何敢望回？回也闻一以知十，赐也闻一以知二。"子曰："弗如也；吾与女弗如也。"

孔子对子贡说："你与颜回相比，谁更聪明？"子贡回答说："我怎敢与颜回相比呢？颜回知道一件事可以推知十件，我呢，知道一件事也就只能推知两件。"孔子说："你是不如颜回啊。我和你都不如他呢！"

这是一段罕见而特别有趣的对话。《论语》里，偶尔能看到孔子针对弟子不同个性进行教育或比较，但几乎没有对弟子们进行能力和才智方面的比较，这是唯一的一次，而且是孔子主动谈起这个话题的。

子贡与颜回都是孔子十分钟爱的弟子，子贡给人的印象是多才多艺，比较活泼也比较自信，但对于同门的颜回，子贡还是表现出了极大的敬意和足够的谦虚，由此不难看出颜回在孔门弟子中的声望之高。

本章最后一句"吾与女弗如也"有两种解读，一种解读是："我同意你说的不如他啊！"另一种解读是："我和你都不如他啊！"两种解读似乎都通，但意思完全不同。通观整个对话，当是后一种解读更贴近孔子本意。《论语》中，孔子不止一处说到自己不如颜回聪明。一个老师能放下身段，坦承自己不如学生，正说明孔子的谦逊达到了一个至高的境界。孔子教诲学生的"当仁不让于师"也是这个道理。唐代韩愈也有"师不必贤于弟子"的言论。孟子认为人生有三大快乐事，其中之一便是"得天下英才而教育之"，孔子之于颜回不正如此？

5.10　宰予昼寝。子曰："朽木不可雕也，粪土之墙不可杇也，于予与何诛？"子曰："始吾于人也，听其言而信其行；今吾于人也，听其言而观其行。于予与改是。"

宰予大白天睡觉。孔子说："腐烂的木头是没法雕刻的，粪土一般的墙壁是没法粉刷的，对宰予来说，没有什么可指责的。"孔子说："最初，我看待一个人，听他说什么就信他什么；现在我看待一个人，不只是听他如何说更要看他如何做，这都是从对宰予那里开始改变的。"

宰予即宰我。本章内容给人的感觉好像孔子通篇都在指责、批评宰我。《论语》涉及宰我的内容主要有五处，其中四处是受孔子批评的，最严重的一次是宰我主张"一年之丧"而不赞同"三年之丧"，被孔子批评为"不仁"。孔门弟子中，直接被孔子斥为"不仁"的，只有宰我。但总体来看，如果宰我在孔门中成了反面的典型，那么在孔子晚年断不可能将他列为孔门四科十哲中的一员，还排在言语科子贡之前。孔门弟子中，受孔子批评最多的是子路、子贡、宰我这三位，其中宰我和子贡都是言语科的高才。子路因其个性极度好强又耿直，常受夫子批评，似乎还在情理之中，宰我与子贡常受批评，是否与孔子一贯主张"敏于事而慎于言"反对"巧言令色"的基本观念有某种必然的联系呢？

有人认为，孔子这段话对宰我的批评，更多的是爱护性的批评而不是贬损。南怀瑾认为，宰我之所以"昼寝"，孔子之所以这般批评他，很可能宰我的身体健康有问题，一个人才学再好，如果没有健康的身体，一天到晚病秧子似的，真的与"朽木""粪土之墙"差不多。正如颜回的英才早逝，令孔子无比哀痛一样，如果宰我的身体很弱，以孔子对学生的关爱，是难免会有这样的批评式的教导的。

杨伯峻认为，本章两处"子曰"是不同时间、不同话题，非一次性的内容，是编者有意将两处内容合在一起的。但这最后一句话，却引起后世的争议，孔子这话的内容是彻底地否定宰我，认为他是个言行不一，让孔子感到失望甚至改变看人态度的反面人物？还是由于宰我不同凡属，言行总是出乎意料而让孔子对人才的认识有了新的感悟呢？这可是极端对立的观点，需要认真思考分析。如果将历史上有关宰我的各种记载进行比较分析，也确实存在两种截然不同的看法。李启谦《孔门弟子研究》对此有详细的分析，论证了宰我在孔门中的正面形象，是孔门中的佼佼者而不是反面教材。

李泽厚《论语今读》在本章解读中，赞誉孔子"不拘一格识人才"的导师风范。还特别写道："《论语》之后的许多著名典籍，或大讲道理（如孟），或夸张寓言（如庄），或玄妙（如老），或谨严（如荀、韩），或一任抒情（如屈）等等，似再少有从平凡的日常起居、生活中具体表述深刻道理者。后世之《世说新语》徒记风华，宋明《家训》又死矜迂腐；与《论语》比，不及远矣。"

宰我虽受孔子多次批评，但丝毫不影响他对孔子的敬仰爱慕之情，足见他对孔子是诚心折服的。宰我曰："以予观于夫子，贤于尧、舜远矣。"①

---

① 《孟子·公孙丑上》。

5.11　子曰："吾未见刚者。"或对曰："申枨。"子曰："枨也欲，焉得刚？"

　　孔子说："我没有见到过真正刚正不屈的人。"有人就答道："申枨可以说是吧。"孔子说："申枨欲望太多，哪里还能真正地刚正不屈呢？"

　　"申枨"是个人名，有人说是孔子弟子"申党"，此人到底怎样，这个不必在乎。本章的要点是孔子认为，欲望多了则不可能做到真正地刚正。吃别人的嘴软，拿别人的手短，"无欲则刚"，清心寡欲虽不一定近乎"仁"，必近乎"刚"。

5.12　子贡曰："我不欲人之加诸我也，吾亦欲无加诸人。"子曰："赐也，非尔所及也。"

　　子贡说："我不希望别人强加给我东西，我也不想强加给别人。"孔子说："赐啊，你还做不到这一点呢。"

　　子贡这句话其实就是"己所不欲，勿施于人"的通俗说法。但在孔子看来，子贡的修养还达不到这个层面。

　　国际社会有所谓的道德金银律。金律是："你希望别人怎样对待你，你就怎样去对待别人"，即孔子的"己欲达而达人"；银律是："我不希望别人强加给我东西，我也不想强加给别人"，即孔子的"己所不欲，勿施于人"。有学者认为，道德金律给人们提供了为人处世积德行善的慈悲观念，道德银律则给人们提供了以己度人的自由观念。李泽厚《论语今读》认为，道德银律属于"社会性公德"，而道德金律则属于"宗教性私德"。现代社会首先要提倡的是"社会性公德"，道德金律在任何时代都只能是极少数圣贤的追求，是永远无法普及的。

5.13　子贡曰："夫子之文章，可得而闻也；夫子之言性与天道，不可得而闻也。"

子贡说："老师关于《诗》《书》《礼》《乐》之类文献方面的学问，我们是能够听到的；老师关于人性及天道方面的内容，我们听不到。"

"性与天道"属于形而上的玄妙的东西。通观《论语》，孔子的言论几乎都是从日常起居、生活中探寻出深刻的道理，显得特别平实、贴近真实的人生而又能深入人心。孔子从来没有故作高深、故弄玄虚，为哲学而哲学。这是《论语》的一大特点，也是孔子思想的重要特征，所以一些习惯用"本体""存在""意识"等观念来看待思想深度的西方哲学家就认为孔子的思想仅局限于伦理学的范畴，这也恰恰反映了他们对东方文明缺乏全面的认识。

5.14　子路有闻，未之能行，唯恐有闻。

子路以勇猛刚烈著称。他心正口直，听到老师的教诲就想去实践一番，如果听后，还没能来得及去实践尝试一下，就会担心又听到新的教诲怕更来不及去实践了。子路可爱而忠厚的形象，跃然纸上。

可参见《先进篇》"闻斯行诸"章，与本章互为补充。

5.15　子贡问曰："孔文子何以谓之'文'也？"子曰："敏而好学，不耻下问，是以谓之'文'也。"

生有令名，死有谥号，这是中国历史上一个很好的文化传统，这个传统至少在殷商时期就已经形成了。谥号是用最简洁的字对死者进行盖棺定论似的评议，可谓一字褒贬或流芳于后世或遗臭于万年。

谥号中能配用"文"字的堪称至美者。众所周知的历史人物如欧阳修、苏东坡等人的谥号都带"文"字，近代的，如曾国藩谥号"文正公"、李鸿章谥号"文忠公"。皇帝谥号也不例外，如汉文帝、魏文帝、隋文帝等都以文治安平等历史功业著称。

本章之孔文子，是指当时卫国的大夫孔圉。《史记·孔子世家》载："卫孔文子将攻太叔，问策于仲尼。仲尼辞不知，退而命载而行，曰：'鸟能择木，木岂能择鸟乎！'文子固止。"他谥号中有"文"字，子贡就问孔子，孔圉凭什么有这样的谥号呢？孔子回答说："他聪明灵活又好学，还能谦虚下问，故此可用'文'做他的谥号。"从这师徒一问一答中可以看出，子贡是从外在的功业上理解"文"之谥号的，所以他产生了疑问，而孔子则更侧重于从个人的修为上认可"文"之谥号的相符性。内学外用之别，孔门师徒之间有不同的理解，重功业者如子贡、子路、子张之徒，崇外用胜于内学，而颜回、原宪等重内学胜于外用。在儒家本身看来，内学才是正宗本源，而从历史看，真正发挥重要贡献的倒是外用的一派。

孔子之前，文献中鲜有姓孔者，孔子之后，特别是汉代以来，姓孔者大抵皆归孔子之族裔。此处之孔文子，同样姓孔，但与孔子无亲缘关系。

5.16　子谓子产："有君子之道四焉：其行己也恭，其事上也敬，其养民也惠，其使民也义。"

孔子论及子产，说他"有四个方面合乎君子的行为：他要求自己一贯保持谦恭的态度，他服事上级非常诚敬，他教养老百姓让他们得实惠，他役使人民符合道义。"

儒家概念中,君子是近于完人的一种称谓。在孔子看来,子产能做到这四个方面,堪称真君子了。君子不是徒有虚名的,不但自身要有高度的德行修养,还要有功于国家,有恩于民众。

《中庸》里,孔子也提到"君子之道四",这四个方面是:所求乎子以事父;所求乎臣以事君;所求乎弟以事兄;所求乎朋友先施之。此即"忠恕违道不远,施诸己而不愿,亦勿施于人"。这四个方面,与论子产侧重点有所不同。

《宪问篇》:"子曰:'君子道者三,我无能焉:仁者不忧,知者不惑,勇者不惧。'子贡曰:'夫子自道也。'"

孔子论及自己在向君子之道前行,都是从自身修养品性的角度而论。

5.17　子曰:"晏平仲善与人交,久而敬之。"

孔子说:"晏平仲善于与他人交友,交往越久,就更加让人敬重他。"

晏平仲就是历史上广为流传的矮子晏婴,他是齐国的贤大夫,与孔子同一时期,鲁有孔子,齐有晏婴,可谓时代双雄。晏婴虽然曾阻挠齐国国君重用孔子,但孔子认为晏婴是站在国家利益的角度这样做的,所以孔子并没有因此记恨他,相反,孔子对晏婴的评价很高,英雄惜英雄,古今一也。

5.18　子曰:"臧文仲居蔡,山节藻棁,何如其知也?"

孔子说:"臧文仲给乌龟建房住,还在龟房的斗栱梁柱上雕刻假山藻草之类的图案，他的才智用到哪去了呢？"孔子对这类腐朽贵族的无聊荒诞十分鄙视！

现代人理解本章内容很吃力。文中的"居"是使动用法，意为"使之居住"；"蔡"本是地名，因出大乌龟而闻名，故也用"蔡"指代大乌龟；"山节藻棁"是古代建筑用语，懂得这几个难点，就好理解全章内容了。"文仲"之"文"，当是谥号，只是这个无聊的臧先生也配谥"文"，这就太有点文过饰非了。

《礼记·礼器》注疏云：山节藻棁，"天子之庙饰"，若真如此，则臧文仲不只是简单地不智了，而有僭越大不敬之嫌呢！

5.19　子张问曰："令尹子文三仕为令尹，无喜色；三已之，无愠色。旧令尹之政，必以告新令尹。何如？"子曰："忠矣。"曰："仁矣乎？"曰："未知，焉得仁？""崔子弑齐君，陈文子有马十乘，弃而违之。至于他邦，则曰：'犹吾大夫崔子也。'违之。之一邦，则又曰：'犹吾大夫崔子也。'违之。何如？"子曰："清矣。"曰："仁矣乎？"曰："未知，焉得仁？"

子张这里提到两个历史人物：一个是楚国的子文，他是楚国历史上三起三落的宰相，每一次被启用为相时都没有表现出欢喜的神色，而每一次被罢免时，也没有怨怒之色，而且认真负责地把政务交代给新宰相。这个人物怎样？孔子说："可以称得上是忠于职守了。"子张就进一步问："这算不算得上仁呢？"孔子说："不晓得，这怎么可以算是仁呢？"

子张又举出齐国的一位人物陈文子问孔子："崔杼把自己的国君给杀

了，陈文子有马四十匹，他舍弃不要，离开了齐国。到了其他国家，他又说，‘这里也有齐国崔杼这类大夫啊。'就又离开了。这个陈文子怎么样？"孔子说："算得上清白吧。"子张又问："那么，算不算仁呢？"孔子说："不晓得，这怎能算得上是仁呢？"

"仁"是孔子思想中非常重要的概念，它是人性完美的体现，能被称为"仁"或够得上"仁"这个标准的，在孔子看来鲜有其人。子张提到的这两个人物，也许在历史上已经颇得好评，但还是不够孔子"仁"的标准。

无论是"君子"还是"仁"，都是孔子树立的一个人性修为的理想目标，孔子所孜孜倡导的无非是让人们努力朝着这个目标前进，而最终是否达到这个目标则是次要的。孔子也从不自许是君子或"仁"者，但他以自己的不懈追求，去努力实现自我完善，并感化教育他的弟子及他人，一直影响到现代。

弟子子张之问，总是别出心裁。最开始是学干禄，后来是问历史上的礼乐之损益，这里的提问则是用历史上的典型人物的典型案例，似乎总想难住孔子，却总是不够深度，与颜回、子贡等弟子之问相比较，尚有见识上的差距。

5.20　季文子三思而后行。子闻之，曰："再，斯可矣。"

"三思而后行"是现在的常用语，其来源即在此。照常理，遇事多思考一下，所谓小心无大错，总是利多弊少，但孔子却认为"再"即可，也就是思考两次就可以了。其实，犹犹豫豫，举棋不定，反倒容易坏事。过犹不及，莽撞不可，多思无益，正反两方面思考以后就可以决断了，这才是智者所当为。

5.21　子曰："宁武子，邦有道，则知；邦无道，则愚。其知可及也，其愚不可及也。"

孔子说："宁武子，在国家政治清明时，他就展露自己的聪明才智；而当国家政治昏暗时，他就装傻。他那聪明，别人能赶得上，但他装傻，别人就比不上了。"

本章最容易让人联想起郑板桥的"难得糊涂"，大智若愚，韬光养晦，这才是真的了不起。

5.22　子在陈，曰："归与！归与！吾党之小子狂简，斐然成章，不知所以裁之。"

孔子在陈国，说："回去吧！回去吧！我的那些弟子们呀，年轻气盛，才华出众，已然形成气候，我不知如何教导他们了。"

孔子周游列国，曾到过陈国、蔡国，还发生过"陈蔡绝粮"的故事。陈国是舜后代的封国，在今河南开封以东、安徽亳州以北一带，都城在宛丘，即今河南淮阳县。此章之内容当发生在孔子周游列国的晚期，表露出孔子想回归的心绪。不过，从字面上理解不很容易，表述的意思含蓄隐晦，有一种说东指西的感觉。

孔子是对谁说这番话呢？是自言自语还是对一路追随他周游列国的弟子们，还是对留在鲁国的弟子们抑或是对其他人说的？对不同的对象说这番话，当有不同的意味。

杨伯峻《论语译注》认为"不知所以裁之"的主语是孔子本人，并引《史记·孔子世家》"吾不知所以裁之"为证。但似乎也可以理解为该处主语是"吾党之小子"，孔子是在指出弟子们虽初有小成，但仍需要进一步的教导，期待着归去给他们以教诲！所以，这可以理解为孔子暗示自己期待着回归故里呢。南怀瑾先生即持此论。

5.23　子曰："伯夷、叔齐不念旧恶，怨是用希。"

孔子说："伯夷、叔齐不记恨过去的仇怨，别人对他们的怨恨自然就少了。"

伯夷、叔齐这哥俩，是中国古代早期历史上的大名人，但若说有什么了不起的业绩，还真找不出来。据记载，他们是孤竹君的儿子，父亲死了，兄弟两互相让位，最后都逃到周文王那里。后来，周武王起兵灭商，他们拦住武王的车马极力劝阻。周灭商而有天下后，他们以食周粟感到羞耻，就跑到首阳山，宁愿吃野菜最后饿死也要保持自己的清白。我们大体可以认为，这哥俩是淡泊名利的谦谦君子，同时也是非暴力主义者，也是愚忠者。武王伐纣一向被认为是替天行道，救民于水火，他们兄弟却出于一点愚忠竭力劝阻，劝阻不成，又来个不承认主义，以死明志。

值得思考的问题是，为什么这哥俩会成为古代的一种高尚人格精神的榜样？以至司马迁还将他们写入列传，还作为列传第一而名世？其实司马迁在《史记·伯夷列传》最后一段写得明白："'云从龙，风从虎，圣人作而万物睹'。伯夷、叔齐虽贤，得夫子而名益彰。颜渊虽笃学，附骥尾而行益显。岩穴之士，趋舍有时若此，类名湮灭而不称，悲夫！闾巷之人，欲砥行立名者，非附青云之士，恶能施于后世哉？"

现在的人们，除了研究中国古代历史文化的专业人士，绝大多数人对伯夷、叔齐毫无了解了，他们对现代文明也没有影响力了。当年他们逃亡到首阳山后，靠采薇充饥，就是采野菜，这"薇"便是现在北方的荠菜。可他们吃野菜也不舒心，有人提醒他们，既然周天子一统天下了，虽然不食周粟自视清高，但普天之下莫非王土，这野菜也是周之野菜，结果他们只好连野菜也不吃，活活饿死以存名节。

5.24　子曰："孰谓微生高直？或乞醯焉，乞诸其邻而与之。"

孔子说："谁说微生高这个人直爽？有人到他那里借点醋，他自己没有就到邻居处借来给他。"

在孔子看来，真正的直爽应该是：有便说有，没有便说没有，何必没有装有，从邻人处转借呢？

这微生高何许人也？有人认为"微生高"即"尾生高"。"微"与"尾"音近义通。《庄子》《战国策》里都载有尾生高死守信约等某女子的故事。女子不来，他仍久等，不巧又遇洪水暴发，他还是老等不走，最后淹死。

5.25　子曰："巧言、令色、足恭，左丘明耻之，丘亦耻之。匿怨而友其人，左丘明耻之，丘亦耻之。"

我们知道，孔子是最鄙视巧言令色之徒的，《论语》中多处提到这一点。本章的内容也是这个意思，与前面关于"直"的态度正好相辅相成。当面一套，背后又一套，口蜜腹剑，在孔子看来是很可耻的行径。孔子还特别引左丘明以自重，可见，左丘明至少应该生活在孔子同一时期或更早，而且是个公认的贤人，否则，孔子不可能这样引喻自比。那么，这就出现一个历史性的疑案，这个左丘明是否还是《左传》的作者？如果从时间上推断，《左传》的作者不可能与孔子同期或早于孔子，而只能晚于孔子，此左丘明断非《左传》之左丘明。此左丘明既然得孔子如此欣赏，哪又该是怎样一个人物呢？至今尚无人能说清。

"匿怨而友其人"，表面上对人好而心里暗藏着对他的怨恨，孔子对此行径感到特别可耻。孔子提倡的是"友直、友谅、友多闻"，友直就不应该匿怨，既然怀有匿怨，就不可能真正交友，如果怀有匿怨而交，必有后患。

5.26　颜渊、季路侍。子曰："盍各言尔志？"子路曰："愿车马衣轻裘与朋友共，敝之而无憾。"颜渊曰："愿无伐善，无施劳。"子路曰："愿闻子之志。"子曰："老者安之，朋友信之，少者怀之。"

《论语》中，记载孔子与弟子谈志向的地方有好几处，最著名的是《先进篇》里的子路等四弟子侍坐，因此章曾被收入中学的语文课本而最为现代人熟知。本章言志，也是《论语》中的名篇，颇堪细读。

"侍"即站在老师一旁听候，老师坐，学生站；"侍坐"即老师坐着，学生也在一旁陪老师坐着。这次，是颜渊与子路两个性格截然相反的弟子恰好站在孔子身旁，孔子就问他们各自的志向。

子路总是快人快语，说："如果有好车好马好衣服，我愿意与朋友们共同享用，坏了，也不后悔。"子路的江湖义气、哥们感情一览无余。

颜渊在子路面前更显得慢条斯理，说："希望能做到不夸耀自己的长处，也不标榜自己的功劳。"颜回的内敛自修，由此可见一斑。

两个弟子说完了，孔子还没有来得及进一步提问，子路倒追问起孔子了，说："我们倒也想听听老师您的志向。"

孔子说："我希望能让老人安度晚年，能使朋友们信任我，使年轻人怀念我。"这种志向看似平实，却非常地宏大，流露出孔子深深的救世情怀。这是孔子的内心写照，也是他一生的事业追求。此番言志，与《先进篇》的言志，有巨大差异。《先进篇》里，孔子表现的是一种向往清静无为、自然洒脱的隐逸生活，而本章表现的是积极的人生期许。孔府中有一处建筑称为"安怀堂"，其名即源于此章。

孔子与诸弟子言志，除了《论语》所记载的，还有"农山言志"也很著名，事见《孔子家语·致思》，谨录于此：

孔子北游于农山，子路、子贡、颜渊侍侧。孔子四望，喟然而叹曰："于斯致思，无所不至矣。二三子，各言尔志，吾将择焉。"

子路进曰："由愿得白羽若月，赤羽若日，钟鼓之音，上震于天；旌旗缤纷，下蟠于地，由当一队而敌之，必也攘地千里，搴旗执馘。唯由能之，使二子者从我焉。"

夫子曰："勇哉！"

子贡复进曰："赐愿使齐、楚，合战于漭瀁之野，两垒相望，尘埃相接，挺刃交兵，赐着缟衣白冠，陈说其间，推论利害，释二国之患。唯赐能之，使夫二子者从我焉。"

夫子曰："辩哉！"

颜回退而不对。

孔子曰："回！来，汝奚独无愿乎？"

颜回对曰："文武之事，则二子者既言之矣，回何云焉？"

孔子曰："虽然，各言尔志也。小子言之。"

对曰："回闻薰莸不同器而藏，尧桀不共国而治，以其类异也。回愿得明王圣主辅相之，敷其五教，导之以礼乐，使民城郭不修，沟池不越，铸剑戟以为农器，放牛马于原薮，室家无离旷之思，千岁无战斗之患，则由无所施其勇，而赐无所用其辩矣。"

夫子凛然曰："美哉德也！"

子路抗手而对曰："夫子何选焉？"

孔子曰："不伤财，不害民，不繁词，则颜氏之子有矣。"

5.27　子曰："已矣乎，吾未见能见其过而内自讼者也。"

不知是因为什么而让孔子生发出一句感叹："算了吧，我没能见到那种发现自己的过错就能自我反省的人。"

曾子曾说到要"日三省吾身"，是否算是一旦发现自己的过错就能反省的自觉自律者呢？"见贤思齐，见不贤而内自省"，都是儒家的教诲。我们现在提倡批评与自我批评，但真正能做到自我批评的，在孔子时代就很少，更何况如今个性无限张扬的时代。因此，道德的自律如果没有外部的强制力做保障，自我批评如果没有批评的力量在施压，那么，自己打自己的脸永远打不疼。孔子一生的困惑，最突出的一点就是高度依赖统治者的道德自律而又困惑于如何面对自律不能的历史真实。

5.28　子曰："十室之邑，必有忠信如丘者焉，不如丘之好学也。"

孔子说："有十户人家的聚居地，一定有如我孔丘一般忠厚守信的人，只是没有我这么爱好学问罢了。"

虽然后世把孔子推崇到"至圣"的地位，但孔子从来不认为自己有什么过人的天赋，承认自己只是个"生而知之者"，智力水平也只在"中人"以上，他之所以能取得常人难以企及的成就，不是什么上天的眷顾，完全是后天好学努力的结果。孔子有自知之明，他把自己的位置摆得很正，不装神弄鬼，不自欺欺人，他的平实而毫不做作，更让后人追思怀念！

本章是第五篇的最后一章，第一章记载的是孔子选曾坐过牢的公冶长做女婿，这最后一章用孔子自己的话说自己很平常，只是好学而已，这前后对应，反倒更加彰显了孔子平凡中的伟大！

雍也篇第六

题解：本篇以弟子冉雍之名紧随第五篇公冶长之后，足见冉雍在孔门中的特殊影响力，这个影响力从本篇第一章"可使南面"不难看出，孔门中独此一位。荀子自称最为佩服孔子、子弓之儒，而贬子夏、子游、子张、子思、孟子诸儒为贱儒，或以为子弓即仲弓冉雍。能让荀子如此佩服，以至于与孔子并列者，在《论语》中地位自不待言。

6.1　子曰："雍也可使南面。"

孔子说："冉雍可以做大官。"

孔子不轻许学生，这次怎么突然对一个学生大加欣赏，直言不讳地说他可以当大官？有的人甚至认为，孔子这段话的本意是说，冉雍有帝王之相。因为古语中，"南面"很多时候就是指"南面称王"。但在孔子时代，莫说帝王是天之骄子，世袭罔替，一般贵族也是世袭的，一个平民子弟，就是有天大的才干，孔子也不大可能毫无顾忌地说自己的学生有什么帝王之相。所以，理解为孔子赞许冉雍具备当大官的素质应该更符合原意。但也有学者认为，所谓"南面"就是指"帝王"。正是因为在孔子之时，帝王将相都是世袭的，而孔子偏偏把一个平民子弟说成有帝王之相帝王之才，这种石破天惊的话语，恰恰说明孔子对贵族世袭制的藐视和挑战，这可是一种非凡的革命精神，所以孔子不仅仅是那个时代的改革家而且是个革命家。

那么冉雍究竟何许人也，值得孔子这般赞誉呢？

冉雍，姓冉，名雍，字仲弓，在孔门四科十哲中，他以"德行"著称，名列颜渊、闵子骞、冉伯牛之后。冉雍比孔子小二十九岁，《史记》记载他的父亲是贱民，作为贱民之子，在春秋时代，要想出人头地谈何容易。但冉雍本人实在太优秀了，以致孔子用"犁牛之子骍且角"来比喻贱民之父而有才俊之子必有大用。冉雍后来也确曾担任过官吏，还颇有政绩。但冉雍口才不突出，在孔门弟子中属于不善言谈之人，有人评论他是"仁而不佞"，既肯定了他是有仁德的，同时也指出了他的口才欠缺，但在反对巧言令色的孔子看来，冉雍的不善言辞，恰恰是他的优点之一呢！知弟子者莫如师，孔子对于学生之赞美，颜回之外鲜有如冉雍者，可想见冉雍在孔子心中的分量。

荀子最推崇的前辈大儒是孔子、子弓。这子弓到底是何许人呢？历史上颇有争议，但一般倾向认为"子弓"即"仲弓"之谓也。

6.2　仲弓问子桑伯子。子曰："可也简。"仲弓曰："居敬而行简，以临其民，不亦可乎？居简而行简，无乃大简乎？"子曰："雍之言然。"

仲弓问及桑伯子这个人怎样。孔子说："还算不错，就是太简单了。"

仲弓说："如果心存诚敬而以简单行之，以此来治理民众，不也很好吗？倘若存心简单而又以简单行之，不是太简单了吗？"孔子说："冉雍说得对啊！"

此章内容字面理解不难，关键是对"敬""简"的认识。如果用现代语言来表述，也许可以这样：内敬外简，不是更好吗？里外都简，不是太简了吗？正如内紧外松的道理一样，如果里外都松，未免太松垮了。

6.3　哀公问："弟子孰为好学？"孔子对曰："有颜回者好学，不迁怒，不贰过。不幸短命死矣，今也则亡，未闻好学者也。"

鲁哀公问孔子："众弟子中，谁最好学？"孔子回答说："有一个名叫颜回的弟子最好学。他不把怨怒转嫁给别人，同样的错误不会犯第二次。不幸的是短命死了，现在这样的弟子没有了，没有听说有哪个真正好学的。"

孔子从来不掩饰对弟子颜回的欣赏与赞誉，《论语》中频频出现类似的情况，可见孔子对颜回的赏识程度。此章可看作孔子对颜回盖棺定论式的评价，作为最好评语是肯定颜回"好学"，而好学的表现，不是"悬梁刺股"之类的，而是"不迁怒，不贰过"，其实仍然是一种人性的修养。这与《论语》开篇第一章的"学而"内容是直接呼应的，也是贯穿《论语》中关于"学"的基本精神。千学万学，不是指多背诵几段文章多读几本书，从根本上说，孔子提倡学，就是要提高人的自身的道德修养。这道德修养不是天生的，而是学来的，颜回就是这样好学而成为道德楷模。

颜回之死最让人哀悼英才短命，颜回死时究竟多大年纪，历史上有两种说法，一说三十一岁，一说四十一岁，《孔子家语》记载是三十一岁，但三十一岁的说法对应《论语》及其他的记载有些不能圆其说，所以，一般认为是四十一岁。

6.4　子华使于齐，冉子为其母请粟。子曰："与之釜。"请益。曰："与之庾。"冉子与之粟五秉。子曰："赤之适齐也，乘肥马，衣轻裘。吾闻之也：君子周急不继富。"

本章知识点在"釜""庾""秉"这三个古代的容量。当今的年轻人关于容量的概念一般与世界通行的容量单位名称有关，比如公升、毫升、加仑之类，稍有点年纪的或家住农村的，对于斗、升还有点印象，斗、升既是容量单位也是容器。孔子时代的这三种容量其实也代表三种容器，现在已经见不到了，换算成斗升的话，一釜是六斗四升；一庾是二斗四升；一秉是十六斛；一斛是十斗。时代不同，同一名称的容量是有所差别的，如一釜是六斗四升，换成近现代的斗升就是一斗二升八合。这些知识点，杨伯峻先生的《论语译注》最为翔实，可资参考。

本章的要点和难点是："君子周急不继富。"理解此点，可以用更好理解的话："君子帮助人要的是雪中送炭而不是锦上添花。"

本章的内容还透露一个信息，孔子弟子之间的相互友爱之情是很浓烈的。公西子华出使齐国，同学冉有就考虑到帮子华照顾好老母，虽然子华并不缺钱少物，照顾自己的母亲应该不成问题，而作为同学的冉有，总觉得照顾好同学的老母亲还是粮食多多益善为好。但在孔子看来，冉有如此做就有点不讲原则了，凡事要懂得轻重缓急，君子周急不继富。

公西华小孔子四十二岁，孔子认为这个学生颇具礼仪官的才干，长于祭祀之仪、宾客之礼，想必公西华自身的形象和风度也是一等一的。后来，在孔子的葬礼上，公西华也发挥了这方面的特长。《礼记·檀弓》："孔子之丧，公西赤为志焉。"

本章冉有被称为"冉子"，是《论语》中被称为"子"的四个弟子之一，其他三位是：有子、曾子、闵子。

6.5　原思为之宰，与之粟九百，辞。子曰："毋！以与尔邻里乡党乎！"

学生原思做孔子家的总管，孔子送给他小米九百，原思辞谢不受。孔子就对他说："不要坚持辞谢了！有多的，可以送给你家乡的邻居族众。"

原思，姓原，名宪，字思，比孔子小三十六岁，《论语》中出现两次，这是第一次，还有一次在《宪问篇》。《史记》与《孔子家语》关于他的记载稍多。他一生不愿为仕，孔子死后他就隐居了，安贫乐道与世无争，成了世外高人，卒年不详。

关于原宪，最为后世学人乐道的一则故事发生在他与子贡的一次相见。《史记·仲尼弟子列传》载：孔子死后，原宪退隐，穿着破衣烂衫，过着清贫的生活，而子贡不但生意兴隆，而且受到各地诸侯的礼遇，高官厚禄，十分得意。已在卫国当上宰相的子贡，有一天突然想起了同学原宪，就坐着香车宝马，浩浩荡荡地来看望他。原宪未加任何修饰打扮，就戴着破帽子披着粗布旧衣裳直接与子贡见面了。子贡看到他这般样子，关切地问他是否病了，原宪的回答是："我记得过去老师教导我们说，没有财产的称为贫，学道而不能践行的称为病。如我这般的，只是贫，不是病。"此语一出，子贡感到十分惭愧，心情很不愉快地离开了，终身都感觉自己这样问话是一种羞耻。这个故事可以看出原宪个性的独特及修道之深，而同学子贡也十分地可爱。

本章与上一章形成对比，上一章，孔子反对无原则地过多赠予，这一章表现出的是孔子对学生及穷苦民众的关爱之心，当然也反映出弟子原宪守虚向道的精神。

6.6　子谓仲弓，曰："犁牛之子骍且角，虽欲勿用，山川其舍诸？"

孔子对冉雍是格外看重的，认为他"可使南面"做大官。虽然他出身贫寒，父亲是个贱民，但在孔子看来，这些都不要紧，关键还是看学生本人的才质如何。所以孔子谈到冉雍时，打了一个很含蓄的比方，说：即使是普通耕牛生的小牛，如果这个小牛长了一身纯纯的赤色牛毛而且牛角也特别周正，整个品相极佳，无可挑剔，既便人们不想用它祭祀，然而山川之神难道会嫌弃它么？

这个思想其实也正是孔子有教无类教育思想的重要体现。

6.7　子曰："回也，其心三月不违仁，其余则日月至焉而已矣。"

在孔子看来，"仁"是极高的修养道德标准，即使像颜回这样的道德高人，也只能保持这样高标准三个月长的时间，其他的学生就只能几天或一个月达到这样的高度。所以，"仁"的修养，不但标准要求高，最难的是长时间地保持这样的修养。我们知道，人生在世，偶尔做一两件好事容易，长期坚持就难了，对于道德修养的追求，能长期地不懈怠就更难了。对于"仁"的追求，更是如此。

6.8　季康子问："仲由可使从政也与？"子曰："由也果，于从政乎何有？"曰："赐也可使从政也与？"曰："赐也达，于从政乎何有？"曰："求也可使从政也与？"曰："求也艺，于从政乎何有？"

季康子是鲁国的实际掌权者，他想从孔子弟子中挑选几个能从政的人才，就问孔子对子路、子贡、冉求这三个弟子的看法，孔子认为他们从政的才干是不成问题的，同时指出三个弟子的不同个性，子路果敢，子贡旷达，而冉求最为多才多艺。

"于从政乎何有？"这句话有两种截然相反的解释，一种解释是：从政有什么困难呢？表示对从政能力的肯定；还有一种解释：是否就可以从政呢？表示一种否定或疑虑。如果是第一种解读，那么说明孔子非常赞成这几个弟子入仕为政，若是第二种解释，那么表明孔子对弟子是否适合从政持保留态度。从整部《论语》看，孔子并不反对弟子从政做官，但显然，孔子也从不汲汲于鼓励学生从政，毕竟宦海凶险，仕途难测，以孔子修学求道的本意，似乎第二种解释也说得过去。

6.9　季氏使闵子骞为费宰。闵子骞曰："善为我辞焉！如有复我者，则吾必在汶上矣。"

闵子骞，姓闵，名损，字子骞，比孔子小十五岁。在孔门四科十哲中，他以"德行"著称，名次仅列颜回之后，可见在孔门弟子中的声望。闵子骞的德行之高，首先表现在他的孝道上。在孔门弟子中，闵子之孝堪与曾子之孝相辉映。关于闵子之孝可参阅《先进篇》："子曰：'孝哉闵子骞！人不间于其父母昆弟之言。'"

除了孝道之外，闵子骞不求官只为道的精神也很突出，很有点类似原宪。鲁国的最高权力者季氏决定让闵子骞到自己的采邑费地去做长官，闵子骞却不为所动，让他人代为婉拒。而且还明确表示说，如果季氏还想再请我的话，我将离开此地去汶上了。不屑为官的决心一览无余。

后世有人认为中国的官本位意识是从孔夫子开始产生的，殊不知，孔门弟子中竟然有如许多的不屑为官者，而且都是受到后世景仰的孔门高足，如颜回、闵子骞、原宪等。原始儒学的基本教义其实并不是官本位的催化剂，官本位更多地源于商鞅、李斯等人的法家学说。

6.10　伯牛有疾，子问之，自牖执其手，曰："亡之，命矣夫！斯人也而有斯疾也！斯人也而有斯疾也！"

伯牛，姓冉，名耕，字伯牛，孔门四科十哲之一，位列德行科第三位。其生卒年不详，但这段话发生当在孔子周游列国返鲁后不久，最令人痛惜的是，这个弟子德行高尚却得了恶疾，让孔夫子都感觉生死由命，难以预知。自古以来，一般都认为好人好报，恶人恶报，但伯牛患恶疾而亡，又似乎很是无奈。以至于王充在《论衡·命义》中还说伯牛"行善于内，遭凶于外"。

本章有一个疑问，伯牛究竟患的是什么恶疾？如果说是传染病，比如有人说是麻风病，那么孔子是不可能与病人的肌肤有接触的，但孔子又是从窗户上拉着他的手，说了一番痛惜的话，所以很可能是五官或内脏方面的恶疾，比如肺病，这种病到了后期，病人可能面目全非，为了不让老师看到这种场景过分伤心，老师来最后探视时，勉强伸出一只手到窗户外与老师握一下，既不失师徒之礼，又把人生的悲切更加真实地表达出来。

读古文，除了领会字句的原意，很重要地还要揣摩说话时的语境，"斯人也而有斯疾也"，一句简单不过的话，孔子重复两遍，其痛惜悲切之情非身临其境不足以意会。

6.11　子曰："贤哉，回也！一箪食，一瓢饮，在陋巷，人不堪其忧，回也不改其乐。贤哉，回也！"

本章是孔子评论颜回的，也是常被后人引用、提及的颜回故事。前面孔子赞扬颜回好学，这里孔子称赞颜回"贤"，其表现就是颜回的饮食起居十分俭朴，俭朴到换成别人都难以承受、穷到发愁的地步，但颜回却安贫乐道，乐在其中。孔子由此肯定颜回的贤德。

仅有一筐饭，一瓢水，是否处于这样的生活境况就会有贤德呢？关键还是后面的几句，即"人不堪其忧，回也不改其乐"，一般人难以忍受的，颜回能忍受，一般人难以做到的，颜回能做到，还能从中寻找到乐趣，所以颜回堪称贤德！后世儒家所谓的"孔颜之乐"，盖源于此。

山东曲阜现存颜子庙，其庙址即在当年陋巷处，庙前还有陋巷牌坊一座。

6.12　冉求曰："非不说子之道，力不足也。"子曰："力不足者，中道而废。今女画。"

孔门弟子中，冉氏子弟比较多，《论语》中提到的就有冉耕、冉雍、冉有，而且个个都很优秀。冉求，姓冉，名求，字有，小孔子二十九岁，在孔门四科十哲中以"政事"著称，位列子路之前。整部《论语》，孔子批评子路、冉求之记载最多，恰恰这两个弟子都列入十大弟子政事科中，可见冉求确有过人之处，同时也似乎印证了从政之人若个性太突出，容易为后世诟病，也易遭受老师的批评。

冉求资质聪慧，但却不如颜回等刻苦用功，言语直爽，性情旷达，多才多艺，但性格属于慢热型的。他说话耿直，且听他这次如何说："老师啊，我不是不喜欢你的学说，只是我能力不够呢。"孔子听出了冉求的矫情，回敬他说："如果真的能力不足，也当是在努力尝试一番之后实在不行中途停下，而你还没有试试看就停止了呢，你这是自己画地为牢。"

人生之可贵，在于勇于尝试，敢于战胜自我。思虑千万遍，不如行动一小步。

6.13　子谓子夏曰："女为君子儒！无为小人儒！"

孔子是儒家学派的创始人，关于"儒"，后人有专门的研究，认为"儒"原本是指专职为他人担任婚丧嫁娶礼仪之类的人士，后来演变为古代知识分子的代称。所以，孔子时代，实际上是开创了知识分子在历史舞台发挥重要作用的先河。那么，孔子教导子夏说："你要成为君子一般的大儒，不要做个小人似的儒者。"显然，在孔子看来，真正的儒者，不但自我修养高深，而且还应该胸怀天下苍生。子夏可能在这方面还有欠缺，所以孔子提醒他。荀子就特别强调要做君子之儒，鄙视小人之儒。

关于君子儒和小人儒，《三国演义》第四十三回《诸葛亮舌战群儒》里有一段非常精彩的描写。孔明曰："儒有君子小人之别。君子之儒，忠君爱国，守正恶邪，务使泽及当时，名留后世。若夫小人之儒，惟务雕虫，专工翰墨，青春作赋，皓首穷经；笔下虽有千言，胸中实无一策"，"夸辩之徒，虚誉欺人；坐议立谈，无人可及；临机应变，百无一能。诚为天下笑耳！"此等夸辩之徒正是小人之儒也！

6.14　子游为武城宰。子曰："女得人焉尔乎？"曰："有澹台灭明者，行不由径，非公事，未尝至于偃之室也。"

本章的子游和前章的子夏，都是以"文学"著称、位列孔门四科十哲之中的。《论语》中的"文学"不是现代所谓的文学，而是指古代文献，也就是指这两位博闻强记，古代文献学得比较好。

为政之道在于得民心识人才。子游担任武城这个地方的长官，孔子就问他："你在那里发现什么人才否？"子游说："有一个名字叫澹台灭明的人，不走歪门邪道，若不是公务，从不到我的住所来。"

这里引出了一个人物澹台灭明，后文还将涉及。有趣的是，在子游看来，这样的人物是个人才，用现在的话说，就是不走后门，不讨好巴结领导，很能洁身自爱。可见，孔门所说的人才，首要的标准依然还是德行。

6.15　子曰："孟之反不伐，奔而殿，将入门，策其马，曰：'非敢后也，马不进也。'"

孔子这里讲了一个将军的故事，其目的正如称赞颜回的"无伐善，无施劳"，这个将军也是个做了好事不自夸的有德之人。将军名叫孟之反，是鲁国军人，在一次齐鲁之战中，鲁军溃败，孟将军挺身而出，奋勇殿后掩护，当鲁军撤离到安全地带将回到城内时，孟将军就策马向前，说："不是我自己多么勇敢断后，是我的马刚才不想走呢。"一点也没有居功自傲、自吹自播的意思。

行军打仗，若是进攻，先锋最危险，若是撤退，殿后最危险，在危难关头敢于横刀立马，已是难能可贵，立有大功而不伐善自夸，更可见其德行修养之高。孟将军不只是个勇敢的军人，而且有胆有识，深谙低调做人之道，所以深为孔子赏识并推介给学生以为现实之楷模。

考诸历史，孟之反当为孔子同一时期人，该战争发生在鲁哀公十一年（公元前 484），时年孔子六十八岁。

6.16　子曰："不有祝鮀之佞，而有宋朝之美，难乎免于今之世矣。"

本章涉及两个人物，一个祝鮀，一个宋朝。祝鮀是卫国的外交官，口才好，善于外交辞令；宋朝是宋国的公子，外表十分俊美，《左传》记载，因为他实在太帅气了，乘车出行，曾引起众女子争抢围观的乱子。孔子说，如果一个人没有祝鮀一般的好口才而仅有宋朝的美外表，在当今时代难免不遭祸害。此章内容让人比较费解，孔子一贯讨厌巧言令色，有人说冉雍虽有仁德，但口才欠佳，孔子还说"焉用佞"，即为什么要能言善辩逞口舌之能呢？应该说孔子是反对"佞"的，此处似乎对"佞"是一种肯定。《论语》原始册简中是否有衍文或缺失，不得而知。姑且就现有字面之义如此解读吧。

6.17　子曰：“谁能出不由户？何莫由斯道也？”

目的与手段是不可分割的一对矛盾统一体，没有正确的手段就不可能达到预期的目的，为实现预期的目的就必须寻找正确的路径和手段。孔子感慨，当时的统治者虽然或多或少都有平定天下富国安民的良好愿望，但所作所为却又与自己的这种愿望背道而驰，孔子有感而发，说：“谁能够走出户外不经过房门呢？为什么没有人从我这条道上走呢？”言外之意，孔子认为他的道，才是天下之大道。

6.18　子曰：“质胜文则野，文胜质则史。文质彬彬，然后君子。”

本章是《论语》中的名句，“文质彬彬”早已成为常用成语。“文”与“质”的关系，类似内容与形式的关系。儒家是提倡中庸之道的，既重内容也重形式，两者恰到好处就是“文质彬彬”。所以，孔子说：“太过朴实而文采不足未免粗野，太讲究文采盖过了固有的质朴就会落于虚浮。既朴实又不乏文采，两者相得益彰，这样才能算是真君子。”朴实无华固然不差，文质彬彬才是上佳。

6.19　子曰：“人之生也直，罔之生也幸而免。”

孔子说：“人生在世依靠的是正直，不正直之人虽然也可免于祸患而存世，那是因为侥幸而已。”现在常有人抱怨自己因为太正直而吃亏遭罪，殊不知，从整个人类的历史长河看，不正直之人遭祸患的概率远高于正直之人。"小人行险以徼幸",如赌徒、犯奸作科之流,侥幸之人必常遭不幸之殃,这是人生的辩证法。

6.20　子曰:"知之者不如好之者,好之者不如乐之者。"

每读到此章,我就更加敬仰孔子这位伟大先师对于人类认知事物过程的深刻洞悉。纯哲学的认识论把从感性认识到理性认识、从实践到理论再到实践,说得十分拗口又艰涩难懂,而夫子就简单这么一句,把人类如何认知事物说得透彻分明。孔子说:"对于任何学问或事物,懂得它的人,不如爱好它的人,爱好它的人,不如以它为乐的人。"人类历史上任何伟大的发明创造,几乎都有赖于发明家、科学家们如痴如狂的专注投入,爱迪生发明电灯、陈景润埋头研究数论等等此类的故事举不胜举,即使文学创作也不例外。所以人的兴趣爱好是认知事物的根本。特别是从事教育的人要懂得,对学生兴趣爱好的培养比任何教育理念都重要!当代学生容易沉迷于电子游戏之中,就因为他们从中感觉到无穷的乐趣,如果我们的教育从内容到形式都有一个大的转变,让学生们在学习中感觉到犹如玩电子游戏一般的快乐,对于学生而言将是多么地幸福!对于人类的教育而言,将是一个巨大的贡献!

6.21　子曰:"中人以上,可以语上也;中人以下,不可以语上也。"

孔子从不认为自己是个天才,强调自己只是个勤奋好学者,不过孔子承认人的智力是有高低之分的,他把这种差异分为上、中、下三等,他认为自己只是中等以上的智力。但有这样的智力再加上后天的努力，也可以学有所成。孔子作为一个教育家，深谙因材施教之道，他说："中等智力以上的人，可以给他讲高深的道理；达不到中等智力的人，就不要给他讲什么高深道理了。"

6.22　樊迟问知。子曰："务民之义，敬鬼神而远之，可谓知矣。"问仁。曰："仁者先难而后获，可谓仁矣。"

樊迟这个学生也是孔门中故事较多的一个，可能他赶马车的技术比较好，经常给孔子做车夫。有一次樊迟问稼，曾遭夫子批评，认为种田乃农夫村妇之事，非儒者所为。此处樊迟倒问了两个高深的大问题。他先问夫子，怎样才算是聪明？孔子说："对大众服务要坚守'义'的原则，既对鬼神表示必要的恭敬但也要远离它，这样可以算是聪明。"

樊迟又问什么是"仁"，孔子说："真正的仁者是先战胜种种困难，然后才考虑收获成功，如此可以说是仁。"

结合上章，樊迟大概就属于"中人以上，可以语上也"。显出前后章的逻辑关系。

6.23　子曰："知者乐水，仁者乐山。知者动，仁者静；知者乐，仁者寿。"

前面樊迟问到了"知"和"仁"，那么这两者比较一下有何异同呢？孔子说："聪明之人更喜欢水，仁人更喜欢山。聪明的人好动，仁人好静。

聪明的人比较快乐，仁人则更加长寿。"关于"仁者寿"，清人方苞的解释比较有代表性："凡气之温和者寿，质之慈良者寿，量之宽宏者寿，言之简默者寿，盖四者皆仁之端也，故曰仁者寿。"

本章是《论语》中的名句之一，流传很广。中国自古就有天人合一的基本观念，孔子从人对自然界态度的差异性，看出了人的不同类别之特征。而孔子本人，既乐山，也乐水，是智者，也是仁者。这前后两章的"知"通"智"，此为古汉语之常识。

6.24 子曰："齐一变，至于鲁；鲁一变，至于道。"

齐国、鲁国都是西周初年分封的诸侯国，其统治区域主要集中在今山东境内，故今山东仍称为齐鲁大地。齐国在胶东半岛，以临淄（今淄博）为都城，鲁国在山东西南，以曲阜为都城。这两个相邻国家各有特色：齐国乃姜太公封地，善于谋略，敢于创新，讲究效率；而鲁国是周公封地，以典章文物、礼乐文明著称。据《史记·鲁周公世家》载，周初规定，各诸侯国要将自己的施政纲领向中央政府呈报备案，齐国不到半年就将完整方案报到京都，鲁国却等了三年才报到，两国的行政风格及效率之差异由此可见。据此，姜子牙对周公说，将来齐国一定比鲁国强大，而周公也对姜子牙说，虽然可能如此，但齐国的君位将来会被外姓夺取，果然，后来的两国历史发展都印证了他们的预言。

本章的字面内容不难理解，难以理解的是为什么会这样演变？是否可以这样理解：齐国作为强国更多地体现为物质文明，而鲁国的优势是文化传统即精神文明，物质文明演进方向应是精神文明，而精神文明的演进方向则是"道"，此"道"便是《礼记·礼运·大同篇》之"大道之行也，天下为公"之"道"，也就是物质文明与精神文明的高度发达的人类理想世界。所以，孔子认为鲁国更接近于"道"，也正因为此，山东号称齐鲁，虽然齐国比鲁国强大，但山东的简称还是"鲁"而不是"齐"。

6.25　子曰："觚不觚，觚哉！觚哉！"

觚是一种古代饮酒用的器皿，类似于今天的酒杯。孔子酒量很大，喜欢喝酒但从不酗酒喝醉。也许在一次喝酒过程中，孔子手执酒觚，感觉这个造型有点变样，说是觚又不像常见的那种，所以感慨了一番。

《论语》之真实可爱，就在于它具体而生动地记载了孔子的一些言行，当然孔子言行是很丰富的，收录到《论语》中的肯定有所取舍，不过留下这句话实在很让后人琢磨寻味。

一种意见认为，孔子是主张"正名"的，这种觚不像觚的现象，从一个生活的细微处看出礼崩乐坏的严重程度，正如"君不君，臣不臣"一个道理，所以，正名十分必要。

一种意见认为，既然觚是饮酒用的专具，孔子不反对喝酒但却讨厌喝醉，这种觚变样以后，可能容量增加了，同样喝几觚酒，这种觚量大可能就更容易喝醉，所以孔子感觉不爽了。

一种意见认为，"觚"音同"沽"，有待价而沽之意，孔子在暗示自己等着诸侯们登门礼聘呢。

也许，孔子当年不过是简单的一句感慨，没有这么多深层次的意蕴，只是后人高推圣意罢了。

6.26　宰我问曰："仁者，虽告之曰，'井有仁焉。'其从之也？"子曰："何为其然也？君子可逝也，不可陷也；可欺也，不可罔也。"

宰我是个白天睡懒觉遭到孔子批评的学生，他以"言语"著称于孔门中，比子贡还能言善辩，他每次向孔子的提问都有点矫情刁难，既可以看出他的淘气也可说他聪明过人。

这次他给孔子出难题，说：老师，你不是总教导我们向仁的方向努力，把自己培养成仁者吗？那么，如果一个仁者，即使有人告诉他说，"井下有仁"，那么，他也要跳下井去吗？孔子回答他说，为什么要这样做呢？对待君子应该叫他走开，不能陷害他；可以欺骗他，但不能愚弄他。宰我原本想难为一下老师，不想却被老师教训了一番。孔门教学，师徒对答之情趣，由此可见一斑。

6.27　子曰："君子博学于文，约之以礼，亦可以弗畔矣夫！"

孔子说："一个君子若能多多学习古代文献，又能用礼来节制自己，也就可以不至于惹是生非离经叛道了。"

在《学而篇》中，有子就在"礼之用，和为贵"一章中说过"礼"最主要的功能是用来节制的，"约之以礼"就是以"礼"来约束规范自己，犹如今天所谓的，无论才识多高，都得遵纪守法的道理是一样的。孔子作为老师，既要传授文化知识，又要告诫学生如何做才能符合社会一般性规范要求。

6.28 子见南子，子路不说。夫子矢之曰："予所否者，天厌之！天厌之！"

孔子一生最为后世诟病或被调侃的有两件事，一件是关于孔子的身世，据传孔子是六七十岁的孔家老头叔梁纥与十七八岁的颜家少女"野合"而生，还有一件就是这"子见南子"的故事。人之如何出生怨不得自己，"野合"是否确有其事，是否值得后世诟病，其责任在孔子父母，不能算在孔子身上。但这"子见南子"的故事却实实在在发生在孔子周游列国逗留卫国期间。南子是卫灵公夫人，十分美艳，有淫妇之名，据说曾与前文提到的宋国公子朝也有染，当时深得卫灵公宠幸而干预朝政。孔子周游列国十四年，有近八年时间是在卫国度过。孔子为什么要见南子这样的女人？直爽的弟子子路为什么对此很不高兴？孔子为什么还发誓说："我要有不对的地方，就让老天爷来抛弃我，抛弃我吧！"对于这一切，后人只能揣度，详情不得而知。[①]《论语》的记载就这么一句话，但演绎出来的故事就五花八门了。尤其是近现代以来的一些所谓文艺作品，就特别喜欢在这个故事上做文章，丑化诋毁孔子。若孔子真的地下有知，也决不会去见这个女子了。

6.29 子曰："中庸之为德也，其至矣乎！民鲜久矣。"

从字面理解，"中"，即居中，不偏不倚；"庸"即平常。"中庸之道"是孔子哲学思想的重要内容，孔子孙子孔伋著有《中庸》一文专门阐述

---

① 《史记·孔子世家》载："灵公夫人有南子者，使人谓孔子曰：'四方之君子不辱欲与寡君为兄弟者，必见寡小君。寡小君愿见。'孔子辞谢，不得已而见之。夫人在绤帷中。孔子入门，北面稽首。夫人自帷中再拜，环佩玉声璆然。"这段记载，明显带有司马迁推测想象的成分。

这一重要的哲学思想。中庸看似比较深奥，其实通俗说就是"过犹不及"，也就是凡事都不可太左或太右，要恰到好处。所以中庸之道，实际上就是和谐之道。毛泽东曾从哲学的"质与量"的关系角度解释过中庸，认为中庸思想是孔子的一大贡献。

孔子说："中庸这样道德，可以说是最高的标准了！可惜大家很久没能这样践行了。"在孔子看来，道德不是一句空话，是要在正确的中庸思想指导下去持久践行的。

《中庸》原文："子曰：'中庸其至矣乎！民鲜能久矣！'"与本章稍异。

6.30　子贡曰："如有博施于民而能济众，何如？可谓仁乎？"子曰："何事于仁！必也圣乎！尧舜其犹病诸！夫仁者，己欲立而立人，己欲达而达人。能近取譬，可谓仁之方也已。"

孔子总向学生灌输仁的思想，那么到底如何才能够得上仁的标准呢？子贡就问："如果能广泛地施恩并救济惠及广大民众，这样的人如何？可以称为仁者了吧？"孔子说："这岂止是仁者，一定是圣人了。尧舜都难以达到这个标准呢！所谓仁者，就是自己想在社会上站稳也让别人能站稳，自己遇事顺达也让别人能顺达。能就身边的事开始做起，可以说是实践仁道的具体方法吧。"

前面提到的，当今国际社会有所谓金律其实就是"己欲立而立人，己欲达而达人"，而银律便是"己所不欲，勿施于人"。这两者是互通的，前者是从积极的层面推而广之，后者是从消极的层面预防，既不是利己主义，也不是利他主义，是和谐共处，共生共存。应该说，这都是中庸之道。如何实现这样的目标呢？就是通常所说的，从我做起，从现在做起，从身边的小事做起。道不远人，远人非道，真正的大道理其实都是平实而浅显的。

李零先生著《丧家狗》及《去圣乃得真孔子》，希望还原一个真实的孔子，而不是被神话的孔子。李零认为，孔子从来不认为自己是圣人，孔子关于圣人的标准只有尧舜这样有大德大功于天下苍生者才堪匹配，而把孔子推上圣人神坛的是他的学生及后世汉儒以及专制统治者。从《论语》看，孔子也确实从不认为自己够得上圣人称号，这正是孔子的真实处，也正是孔子儒家学说不同于宗教的最明显的地方。普遍而言，宗教教主从一开始就神话自己，还借助非人类的力量来强化教义，相比之下，平实的孔子反倒更见伟大！

述而篇第七

题解：朱熹注说："此篇多记圣人谦己诲人之辞及其容貌行事之实。"我觉得《述而篇》与《乡党篇》恰是两个层面对孔子的全景式勾勒：《述而篇》侧重从精神思想的形而上层面对孔子进行剖析；《乡党篇》则侧重于从日常行为举止的形而下层面对孔子进行刻画。对孔子学说儒家思想进行认识和把握，《述而篇》至关重要。

7.1　子曰："述而不作，信而好古，窃比于我老彭。"

后世研究孔子的著述，汗牛充栋，举不胜举，而孔子本人却说："阐述而不妄作，以诚信的态度爱好古代文献，私下我自比于老彭。"这个老彭是谁，我们不清楚，且不管他。关键一点是孔子提出了"述而不作"，是不是孔子真的没有创作的兴趣呢？如何解读"述而不作"对研究孔子思想当有帮助。我的理解是，孔子信而好古，尊重历史，重视历史文化的整理与总结，他的思想言论都是在历史基础上的提炼与引申，没有标新立异，妄作妄为。此"作"不是不创作，而是不妄作。又如《礼记·礼运·大同篇》中的"是故谋闭而不兴，盗窃乱贼而不作"，这个"作"也是"妄作"。

7.2　子曰："默而识之，学而不厌，诲人不倦，何有于我哉？"

都知道曾子好三省己身，而孔子更是为人师表，自我反思，扪心自问，这几乎成了儒家自身修养的基本法门。孔子这里就是自问自答："观察世间之事而能默默记住，时刻注意学习而不厌弃，教诲他人而不倦怠，这些我都做到了吗？"自我砥砺，平凡中体现了不平凡的人格。"何有于我哉？"还有一种解释，"这对我不是很容易做到吗？"但结合全句，联系孔子之为人处事，应该是一种谦逊地自我否定的意思。

7.3　子曰："德之不修，学之不讲，闻义不能徙，不善不能改，是吾忧也。"

孔子的心中装着整个人类与天下，他所思考所忧患的不是柴米油盐酱醋茶此类具体的琐事、物质层面的东西。孔子曾说："一个人如果立志于人类的大道，却又以自己的穿着打扮不够华丽，饮食不够丰盛而感觉羞耻的话，那么这样的人是不足以求大道的。"孔子的追求和理想十分高远，断然不是局限在眼前的自身的物质享受上。所以，孔子说："品德不培养，学问不能讲，听到正确的道理不能去实行，不好的、错误的事又不能改进，这才是我所忧患的呀！"

7.4　子之燕居，申申如也，夭夭如也。

孔子在家闲处时，既整齐严肃，又活泼随和。"申申""夭夭"是拟状词，比如《诗经》里的"桃之夭夭"。

7.5　子曰："甚矣，吾衰也！久矣，吾不复梦见周公！"

孔子梦周公是很著名的历史典故，周公在孔子心目中有着崇高的地位，可以说，对孔子影响最大的历史人物就是周公了，孔子堪称周公的私淑弟子。孟子说，五百年而有圣人出，指的就是周公之后到孔子恰好五百年左右。孔子说此番话，应该是在晚年，人越老越容易发人生之感慨，孔子说："我真的衰老得厉害呀！好久了，我都没有再梦见周公了。"

宋代的辛弃疾读到本章时，也许特别有感触，填写了一首词，即著名的《贺新郎》，词中首句即借用"甚矣，吾衰也"。该首词，堪称千古名篇，气势非凡，敬录如下：

　　甚矣吾衰矣。怅平生、交游零落，只今余几。白发空垂三千丈，一笑人间万事。问何物、能令公喜。我见青山多妩媚，料青山见我应如是。情与貌，略相似。

　　一尊搔首东窗里。想渊明、停云诗就，此时风味。江左沉酣求名者，岂识浊醪妙理。回首叫、云飞风起。不恨古人吾不见，恨古人不见吾狂耳。知我者，二三子。

7.6　子曰："志于道，据于德，依于仁，游于艺。"

这是一段名言，常被引用。孔子是在总结自己的修养之路，也是教导学生该如何去提升自己。基本的方法就是："目标在道，立足在德，凭依在仁，畅游在艺。"从目标到手段到心理的归依都很清晰，层次分明。孔子多才多艺，"游于艺"，也不是游戏人生，而是通过六艺之类的学习锻炼，走向道的境界。

《礼记·学记》："不兴其艺，不能乐学。故君子之于学也，藏焉、修焉、息焉、游焉。"

7.7　子曰："自行束脩以上，吾未尝无诲焉。"

"脩"指干肉，"束"是数量单位，"束脩"就是十条干肉。孔子时代，初次见面之礼，常用干肉条。那么这段话的意思，初看起来，就是说，但凡愿意给孔子送上十条干肉做见面礼的，孔子就愿意教导他。所以，后人认为，孔子收徒的学费就是十条干肉。如此就引发了后世不少的争论，有人认为孔子收学费理所当然，何况十条干肉作为学费实际上是很菲薄的，就是象征性的，孔子重视的是"礼"，而不是在乎这十条干肉；也有人认为，孔子收徒毕竟还是有条件的，不是无偿的，比之苏格拉底这样的教育家分文不取到底要逊色，由此认为孔子有负圣人的形象。但傅佩荣先生却另有新解，[①] 在他看来，之所以产生这样的歧义，是误读了

---

① 傅佩荣：《国学的天空》，西安：陕西师范大学出版社，2009年，第107—108页。

本章的原意。孔子这里所谓的"自行束脩以上"指的是一种年龄段，比如古人成年要行冠礼，说某人到成年了，就可以说某某已行冠，依此类比，那么孔子这句话的本意就是"但凡到了读书的年龄，我都可以教导他"。这样的解读倒真有新意，也很合乎逻辑，也确实体现了孔子有教无类的伟大先师的胸怀。想想看，孔子弟子三千，他也实在用不了这么多干肉条啊！

7.8　子曰："不愤不启，不悱不发。举一隅不以三隅反，则不复也。"

孔子把人分为四种，一种是生而知之，一种是学而知之，一种是困而知之，最差劲的是困而不知学的。愤——心求通而不得；悱——口欲言而未能，意指在困顿中有了强烈的求知欲望状态下巧加启发点拨，这样的教育效果最高，事半功倍。孔子深谙教育之道，循循善诱。孔子虽然有教无类，但也不是毫无选择，如果其本身没有求知的渴望，又十分愚笨，智力在中等以下的程度，假如告诉他一个墙角的模样都推想不出其他三个墙角的模样的，如此最简单地举一反三都不懂的话，就没有必要再教导他了。孔子这里给天下的老师一个参考：要掌握施教的时机还要懂得研读学生的心智，才能有的放矢，教出成效。一味地灌输或对牛弹琴，真正的教育家是不这样做的。

7.9　子食于有丧者之侧，未尝饱也。

孔子如果坐在正戴孝的人旁边吃饭，从来就没有吃饱过。中国自古以来就有"死者为大"的说法，孔子这样做体现的正是对死者的尊重，也是对死者亲属的同情理解。试想，如果别人还处在亲人去世而心中悲痛之际，你却在旁边熟视无睹，毫无顾忌地大吃大喝，酒足饭饱，别人情何以堪，你自己又于心何忍？这看似是小事，实则小中见大，反映的是孔子的博爱之心，人文情怀，于细微处见精神。

7.10　子于是日哭，则不歌。

此章与上一章，意蕴类似。孔子为什么哭，我们不知道，但可以明确的是，孔子如果在某一天哭泣过，就不会在这一天内又唱歌。这句话，反过来说，也就是孔子只要哪一天不因伤悲而哭泣，他老人家就有可能会放声歌唱。男儿有泪不轻弹，只是未到伤心时。孔子是有血有肉情感丰富的男人，他的喜怒哀乐在《论语》中表现得很真实很充分，忽悲忽喜，亦哭亦笑，都不是孔子的习性。这里也透露出一个信息，孔子是喜欢吟唱也是善于吟唱的，只是他的吟唱特别注意时机和场景的选择。中国古代的学者，大抵都有吟唱的习惯，比如诸葛孔明，躬耕垄亩，好为《梁父吟》。古代的知识传授，心口传诵是最重要的方式，这个传统一直流传到近代，塾师教蒙童摇头晃脑地诵读《三字经》《千字文》之类的，都是历史的真实写照。其实，人类的文化有许多共通处，无论东西方哪一种文明，在同一时代，有着类似的特点，比如东西方都有吟游诗人，中国的《诗经》中部分篇章也可以看作吟游的好作品。《荷马史诗》更是典型的吟游之作。欧洲中世纪仍有不少行吟诗人，此正是吟游的遗风。

本篇这第九和第十章，有的文本合为一章，有的分为两章，各有各的道理，从文句结构和内容看，分合无伤其意，不必深究。

7.11　子谓颜渊曰："用之则行，舍之则藏，惟我与尔有是夫！"子路曰："子行三军，则谁与？"子曰："暴虎冯河，死而无悔者，吾不与也。必也临事而惧，好谋而成者也。"

孔子对颜渊说："若用我，就好好干，若不用我，就隐藏起来，只有我和你才能有这样的修为吧！"子路听了这话，显然有点不服气，就说"夫子呀，如果您统帅三军，那么喜欢与哪一类人为伍呢？"孔子当然听出子路这话里有气，但他没有直接批评子路的鲁莽和自不量力，而是顺势开悟子路，点出子路的致命缺陷，这有点禅宗当头棒喝却看不到棒子的妙处。但听孔子如何说："空手就去搏击猛虎，光脚就要渡河，这样死了都不后悔的人，我是不与这样的莽夫为伍的。我愿与之共事的人，一定是那种遇大事能有起码的恐惧谨慎，然后能好好谋划最后成事的人。"孔子教训子路，遇事切不可赌一时之气，逞匹夫之勇，要有勇有谋，谋定而后动，才能做一个成功者。

荀子说："有上勇者，有中勇者，有下勇者……轻身而重货，恬祸而广解苟免；不恤是非、然不然之情，以期胜人为意，是下勇也。"[1]孔子所批评子路的，就是这种下勇之勇。

7.12　子曰："富而可求也，虽执鞭之士，吾亦为之。如不可求，从吾所好。"

孔子是讲大实话的人，尤其对自我的解剖，从来不掩饰。孔子说：

---

[1]《荀子·性恶篇》。

"财富如果可以求得的话，就算是做个市场守门人，我也愿意去干。如果不可以求得，我还是追求自己的爱好吧。"本章的关键点在于，孔子对于"富"的态度，也可以理解为儒家对于"富"的态度，后世误认为儒家是不屑谈论财富之类看似很俗的东西，把儒家学说描绘成虚伪、造作、假大空、高大全的说教，其实，孔子很直白地说过，对于财富，他也是想追求的，但只是"生死有命，富贵在天"，如果求之不得，只好顺着自己的爱好去了。从这话也可以看出，孔子认为，追求财富应该优先于追求爱好，只有当财富不可追到的时候，才退而求其次，追求爱好。这是人性的真实共性，孔子从不自诩为超脱一般人性之外。有关孔子对于富贵的看法，《论语》中有多处提及，而孔子的态度都是一贯的。比如，孔子对于子贡和颜回这两个弟子关于求富的看法，就反映出"富贵在天"的观点，两个弟子同样做生意，子贡每次都能准确分析市场，赚得盘满钵满，而颜回却屡屡落空，铩羽而归，这不是因为颜回才智不如子贡的问题。这个故事也是很有趣的话题，详见《先进篇》："子曰：'回也其庶乎，屡空。赐不受命，而货殖焉，亿则屡中。'"

　　本章还需要弄明白的一个知识点是：什么是"执鞭之士"？根据周礼，执鞭的人有两种：一种是为君王、诸侯出行时开道的，拿着鞭子吆喝吓唬行人；一种是市场的守门人，也是拿着鞭子维持秩序的。市场乃是求富之地，所以，此处的"执鞭之士"，当指市场守门人，可以理解为市场管理员，类似今天的城管。君子爱财，取之有道，不是毫无原则不择手段地，所以本篇第十六章又对此加以发挥，把孔子对于富贵的态度更加全面完整地表达出来。子曰："饭疏食饮水，曲肱而枕之，乐亦在其中矣。不义而富且贵，于我如浮云。"前后可以互为参照品读。《论语》的编撰，是有内在逻辑性的，此又一明证也。

　　孔子身材高大，当是事实，但算不算得上"高帅富"，却值得商榷了。从现有所能找到的文献资料看，孔子显然算不上富裕，更不是什么土豪，有时还真穷困潦倒，需要朋友或学生接济，尤其在周游列国之时。

7.13 子之所慎：齐，战，疾。

孔子最慎重的有三件事：祭祀、战争、疾病。

"齐"通"斋"，指祭祀。因为重大祭祀活动，都要提前斋戒、沐浴，此乃古今中外之通例。所谓"国之大事，在祀与戎"，孔子胸怀天下苍生，特别重视"齐"和"战"，在所当然，为什么又特别重视"疾"呢？而且把"齐、战、疾"并列？疾病是针对具体自然人的，祭祀是处理与天地鬼神关系的，战争是国家诸侯之事，所以，这三件事，其实是代表了天下、国家与个体，这构成人类社会最重要的因素。孔子思想博大精深，但其要紧处，不过如此。可参读《八佾篇》："或问禘之说。子曰：'不知也；知其说者之于天下也，其如示诸斯乎！'指其掌。""禘"属祭祀的范畴，孔子把它等同于天下一般。

"国之大事，在祀与戎"是常用到的成语，出自《左传·成公十三年》："公及诸侯朝王，遂从刘康公、成肃公会晋侯伐秦。成子受脤于社，不敬。刘子曰：'吾闻之，民受天地之中以生，所谓命也。是以有动作礼义威仪之则，以定命也。能者养以之福，不能者败以取祸。是故君子勤礼，小人尽力，勤礼莫如致敬，尽力莫如敦笃。敬在养神，笃在守业。国之大事，在祀与戎，祀有执膰，戎有受脤，神之大节也。今成子惰，弃其命矣，其不反乎？'"

7.14　子在齐闻《韶》，三月不知肉味，曰："不图为乐之至于斯也。"

孔子在齐国听到《韶》乐，很长时间都尝不出肉的美味，说："没想到《韶》乐竟达到如此境界！"

孔子倡导礼乐文化，他自己也深通乐理，长于操琴，善于歌咏，这方面在《论语》中有多处记载，此章意思很明显，孔子由衷地表达自己对《韶》乐的称赞和欣赏。参见《八佾篇》："子谓《韶》：'尽美矣，又尽善也。'谓《武》：'尽美矣，未尽善也。'"能被孔子赞誉为尽善尽美的，只有这《韶》乐了。

一个时代的音乐，代表一个时代的精神，闻乐可辨善恶，闻乐亦可知兴衰。故孔子在《礼记·经解》说："广博易良，《乐》教也。"

孔子述而不作，信而好古，于音乐也是如此。

从孔子活动的时间推断，此章在齐闻《韶》当在先，说尽善尽美当在其后。据《史记·孔子世家》，鲁昭公二十五年（公元前517），"孔子适齐，为高昭子家臣，欲以通乎景公，与齐太师语乐，闻《韶》音，学之，三月不知肉味，齐人称之"。这段记载，与本章内容可以相互补充，但也有人认为此章并无"学之"之事的记载，所以《史记》所载或有不符处。

孔子闻《韶》处位于今山东省淄博市齐都镇韶院村北，有一块石碑，碑上隶书大字题曰"孔子闻韶处"。这里就有一个问题，当年孔子为何在齐闻《韶》？以礼乐收藏传承之丰盛著称的鲁国，却没能给孔子提供欣赏《韶》乐的机会，否则孔子不至于舍近求远吧？《隋书·何妥传》载："秦始皇灭齐，得齐《韶》乐；汉高祖灭秦，《韶》传于汉，高祖改名《文始》。"从这段史料看，其实在战国末年，《韶》乐在当时各诸侯国中已基本无存了，只有在齐国硕果仅存也最为称著，所以秦始皇灭齐国后要把齐国的《韶》乐作为特殊的战利品收入囊中，由此反推，可以想象，在孔子之时，齐国保留的《韶》乐，也当是凤毛麟角，并非随处可得。所以，孔子只有到了齐国，才有机缘享此《韶》乐大餐。

7.15　冉有曰："夫子为卫君乎？"子贡曰："诺；吾将问之。"入，曰："伯夷、叔齐何人也？"曰："古之贤人也。"曰："怨乎？"曰："求仁而得仁，又何怨？"出，曰："夫子不为也。"

本章难点是"为卫君乎"，要点是"求仁得仁"。整章内容很有趣味，也很耐人琢磨，后世解读也五花八门。显然，这是孔门的两个弟子在私下里议论老师，以及打探老师心思，那么第一个问题是，这两个弟子为什么要这样议论？

卫国历史上多次迁徙，在孔子之时，卫国在今河南濮阳一带。孔子周游列国十四年，在卫国的时间前后有八年之久，当然这八年不是连续的，而是断断续续的，但无论怎么说，孔子能在卫国盘桓八年，总是有些特殊原因的。现在的人说不清楚两千五百多年前的事，就是当时的孔子弟子也弄不明白，孔子在卫国到底是为了什么？所以，本章的难点是"夫子为卫君乎"的"为"做何解？最直接的解释就是"为了"，那么这句话就当解释为"老夫子是为了卫国的国君吗？"就犹如今天所说的"为了祖国、为了人民、为了明天"之类的。但从整章的内容看，这样的解释明显不通。那么，第二种解释，把"为"解释为帮助，孔子长住卫国，是为了帮助卫国国君，从孔子儒家的本质看，能帮助国君推行儒家主张实现理想抱负，这是说得通的，但问题是，卫国国君是否采纳孔子的高见，接受孔子的帮助，这似乎与历史又不相符。客观说，孔子周游列国之时，是需要卫君这样的地方诸侯的接济的，至于这些地方实力派愿不愿意接受孔子的教诲反倒鲜有其说。所以，把"为"解释为帮助，也有点牵强。第三种解释，"为"作赞同、认可解，意为"老夫子很赞同很认可当下的卫君吧？"杨伯峻先生即持此说，认为当时卫国国君父子不相让，为抢夺君位，不惜骨肉相残，所以，子贡以伯夷、叔齐兄弟相让、视君位如敝屣的历史典故来问孔子，以此试探孔子对卫君的态度是赞同还是反对。当然从孔子那里得到的答案是否定的。子贡问得很含蓄，孔子答得也很含蓄，孔门此类问答，体现出特有的中国式智慧，也给后世解读留有太多可以想象的空间。

接下来的第二个问题是：孔子在卫国这么久，究竟为了什么？这肯定也是当年孔子弟子们心中存疑的问题。我们知道，孔子在卫国有个好友蘧伯玉，也知道当时卫国的国君有个得宠的夫人南子召见过孔子，后世甚至因此演绎出一些孔子与南子的八卦故事，还有孔子弟子子路与卫国的特殊关系等等，但我认为这些都不是理由。南怀瑾先生认为，冉有是在问"老师真想做卫国国君吗？"这个解读真的别出心裁，前后贯穿起来，还颇能自圆其说。不过，这里涉及一个时代命题，就是在孔子之时，虽然礼崩乐坏，但还没有出现平民取代诸侯的现象，还是贵族政治，抢夺君位乱来乱去，也还只是贵族内部的乱斗，没有可能出现平民造反坐天下的思想，孔子和他的弟子更不可能有这种思想，所以，冉有此问很难说会是这个意思。王侯将相宁有种乎？这种思想是陈胜、吴广才开始有的。

我的理解是，孔子逗留在卫国如此之久，固然有各种因由或机缘巧合的原因，最重要的原因当从孔子自己的话来寻找答案，看《子路篇》："子曰：'鲁、卫之政，兄弟也。'"孔子背井离乡出走鲁国，已是无奈之举，但他对父母之邦鲁国的依恋和拳拳之心始终如一，留在卫国是为了实现对父母之邦的抱负，也是为了等待父母之邦的召唤。所以，从这个角度看，孔子是个伟大的爱国者。"命赐存鲁"的故事，更能说明这一点。《史记·仲尼弟子列传》载，孔子在卫国时，获悉齐国要攻打鲁国，齐国大军压境，已是千钧一发，孔子看到自己的祖国就要遭受齐国侵略，心急如焚，就派子贡去游说，子贡凭三寸不烂之舌，居然化解了鲁国的危机而且搅动了整个时局，司马迁对子贡纵横捭阖的外交才能称赞有加："故子贡一出，存鲁、乱齐、破吴、强晋而霸越。子贡一使，使势相破，十年之中，五国各有变。"

有趣的是，不仅仅是子贡这个弟子在孔子身处卫国时为孔子的父母之邦鲁国立下盖世奇功，此章发问的弟子冉有，也正是在卫国时，被孔子派回去为鲁国效力，而且，也恰恰是冉有在鲁国立了大功，为孔子赢得了声誉，顺势说服鲁国的统治者从卫国迎回孔子，结束了孔子十四年的流亡生涯。

"求仁而得仁，又何怨？"这是孔子对伯夷、叔齐的赞誉，也是对孔子自己坚守"仁"的信念，不计荣辱与否的生动写照。

7.16 子曰："饭疏食饮水，曲肱而枕之，乐亦在其中矣。不义而富且贵，于我如浮云。"

此章与本篇第十二的"富而可求"章可以互参，表明孔子对于富贵的态度。前章说富若不可求，就从己所好，这里又进一步展开，孔子说："吃粗粮喝冷水，弯着胳膊当枕头睡，个中亦有乐趣。不道义的富和贵，对于我就如浮云。"孔子不排斥富贵，而且也愿意求富贵，但不是不择手段的，而是有原则前提的，那就是"义"的标准，这才是儒家的核心价值观。这一价值观标准是贯穿孔子整个思想的，也是贯穿整部《论语》

的。《论语》里多处提到儒家对于"义"和"利"的鲜明立场，如《里仁篇》："子曰：'君子喻于义，小人喻于利。'"

本章为什么没有直接放在十二章之后呢，而是放在十五章之后？从表面上看，如果十二章之后紧接着本章内容，应该是很自然很连贯的，但偏偏放在十五章之后，且十五章内容似乎与富贵的话题不搭界，有点东一榔头、西一棒槌的感觉。但仔细推究，这样的编辑正是编纂者的特别用心处，十五章关于伯夷、叔齐的内容，恰恰是孔子对于富贵与义的态度的最真实的体现，帝王乃富贵之极者，伯夷、叔齐弃帝王之富贵而坚守道义之举，不正是孔子在本章中所明确表达的内容吗？前后呼应，最后以"不义而富且贵，于我如浮云"，一语道破。所以，读《论语》一定要前后连贯着读，这样才能更全面准确地把握本意。

如今，网络用语"神马都是浮云"，是对传统文化从形式到内容的调侃与否定，看似新鲜时髦无甚大害，其实这是自坏文明长城的危险之举，如果道义都成了浮云，那么，还有什么可以值得最后珍惜必须坚守的呢？文以载道，切不可对自己的优秀文化任意阉割！

7.17　子曰："加我数年，五十以学《易》，可以无大过矣。"

《易》是中华民族最古老的经典，是远古文明的高度浓缩，向来被认为是中华文明的源头，是经典的经典，是最高的智慧。传说最初是由伏羲开创"先天八卦"，又由周文王演化为"后天八卦"，而孔子则总其成，增加了"十翼"，完成了整个易学体系。所以，易学中有所谓"人更三圣，世历三古"之说。可以想见孔子与《易》关系非同寻常。

本章的字面意思很简单，也很好理解，孔子说："若能让我多活几年，五十岁开始学《易》的话，就可以避免大的过错了。"这话是孔子五十岁之前说的，还是五十岁之后说的，对此后世有不同的意见，一般认为当在孔子五十岁之后。也有后学把此句"大过"与六十四卦里的"大过"卦相联系，泽风大过，上兑下巽，兑为泽为水，巽为风为木，水过大了，泽就灭木了。所以，《大过》卦的《象》曰："泽灭木，大过。君子以独立不惧，遁世无闷。"

　　且不管到底是什么时候说的，但五十岁才可以开始学《易》，这似乎成了后世的定论，大概《易》太深奥，需要丰富的人生经验积累和体悟，只有到了五十岁左右，才具备这样的人生阅历和大智慧，也只有这个时候才是学《易》最佳年龄。高怀民认为，这与孔子"五十而知天命"有关。[①]孔子如此，何况他人？但从本章语句上体会，孔子似乎在五十岁的时候还没有开始学呢！所以，他才会感慨自己早该在五十岁的时候就开始学《易》。《史记·孔子世家》："孔子晚而喜《易》，序《彖》《系》《象》《说卦》《文言》。读《易》，韦编三绝。曰：'假我数年，若是，我于《易》则彬彬矣。'"

　　《易》是儒家最早的六部经典之一，孔子以前的《易》的传承，除了伏羲和周文王两个代表性的人物之外，很难找到系统性的有根据的材料，司马迁说孔子"删《诗》《书》，订《礼》《乐》，修《春秋》，而对于《易》，孔子的态度是"喜"而后"序"。一个"喜"字看出孔子对于《易经》的态度，所以，对于《易经》的爻辞、卦辞和卦象属于经的三部分，孔子不曾"删、订、修"，只有对它们的赞，这个赞表现在《易传·系辞上下》《文言》《彖传上下》《象传上下》《说卦》《序卦》《杂卦》，后世称之为"十翼"，誉为犹如十只翅膀添加到原《易经》上，使《易经》变得更加神乎其神了。后来连同这十翼的内容也变成了《易经》的一部

　　①　高怀民：《先秦易学史》，桂林：广西师范大学出版社，2007年，第194页：孔子的"五十以学易，可以无大过矣"之言，与"五十而知天命"是相关的，"知天命"是"学易"后思想的由人道更进入天道境界，所以孔子由"学易"而"知天命"，是他一生思想上的大进步。

分，经传合一了。

孔子是真正意义上的易学开创者，正是孔子把原本属于卜筮的《易经》，转化为具有丰富辩证思维的中华哲学体系，由此构筑起中华文明充满理性智慧的坚实大厦。胡适说："孔子学说的一切根本，依我看来，都在一部《易经》。"①

孔子对于《易经》的贡献可谓大矣！孔子同时也是善于利用《易》进行占卜的高手，古文献记载中有几则关于孔子占卜解卦的故事。《史记·仲尼弟子列传》中记载，孔子的弟子商瞿，结婚多年不生育，商瞿的母亲很急，甚至不同意儿子被派外出当使节，希望守在家里早生孙子，孔子劝她老人家别急，说商瞿四十岁后就可以当爹而且还会有五个儿子，后来果然如孔子所言。《论衡·卜筮》中的故事更生动形象："鲁将伐越。筮之得'鼎折足'，子贡占之以为凶。何则？行用足，故谓之凶。孔子占之以为吉，曰：'越人水居，行用舟不用足，故谓之吉。'鲁伐越，果克之。"意思是说，鲁国准备讨伐越国，战前子贡占卜得《鼎》之"蛊"卦，九四爻动，其爻辞为："鼎折足，覆公𫗧，其形渥，凶。"子贡认为行用足，今足折了，是凶兆也。而孔子认为是吉兆，越人水居，行用船，而不用足，所以是吉。鲁伐越果然取得了胜利。今日之《易》可远推孔子，孔子传《易》，脉络清晰，颇有可考。《史记·仲尼弟子列传》："孔子传易于瞿，瞿传楚人𫘤臂子弘，弘传江东人矫子庸疵，疵传燕人周子家竖，竖传淳于人光子乘羽，羽传齐人田子庄何，何传东武人王子中同，同传菑川人杨何。何元朔中以治《易》为汉中大夫。"

不过，也有对本章内容作完全不同解读的，原因在于古文鲁《论语》中本章的原文是："加我数年，五十以学，亦可以无大过矣。"易与亦，一字之差，句读自然不同，意思更是迥异了。钱穆先生主"亦"说，但

---

① 胡适：《中国哲学史大纲》，北京：中华书局，2013年，第58页。

解读未免牵强，今不取。

7.18 子所雅言，《诗》《书》执礼，皆雅言也。

孔子用的雅言，既规范又标准，正如《诗》《书》所用语言以及正式场合礼仪用语，这些都是标准的雅言。我们知道，汉字是世界上最成熟最完备而且一直沿用至今的文字之一，是构成中华文明的重要特色之一。汉字在实际使用中的一个特殊现象，便是书面语言与口头语言的差异性比较大。尤其在受西方文化影响以前，中国的书面用语与口语是有较明显区别的，特别是经典中的用语，端庄典雅，言简意赅，富有书面文体抑扬顿挫之美，是真正大雅之言。本篇的篇名是"述而"，孔子述而不作，不标新立异，对于优秀的传统，只是坚定地支持，对于雅言也是如此。口语的变化是比较快的，从孔子以来到现在，口语已经不知道变化多少了，试想，如果孔子复活到当下，很可能听不懂周围人说的话，但正是由于书面用语这种雅言的存在，它的传承相对稳定，演变有迹可循，使我们现在的人基本上都能读懂一般的古文，包括孔子当年传授的六经，其中的一些经典词句，还成为现代的常用成语、名言警句。

当然，本章也可以理解为，孔子用雅言，只是在诵读《诗》《书》，举行礼仪活动之时，而在日常生活起居活动中，也并不是"之乎者也"的文绉绉，而是与当时的平常人一样，是怎样的口语，便如何说，没有故作姿态地装深沉。当不会吃顿饭来句"饮食哉"，上个厕所又来句"更衣也"。

有人解释雅言就是当时标准普通话，普通话是相对方言而言的，标准用语一般还是书面用语，所以，雅言指当时的书面语言可能更贴切。

7.19　叶公问孔子于子路，子路不对。子曰："女奚不曰，其为人也，发愤忘食，乐以忘忧，不知老之将至云尔。"

　　大家都听说过"叶公好龙"的故事，但很少有人知道这个叶公居然与孔子有过交集。孔子周游列国，曾途经叶公的管辖地，叶公对孔子产生了某种兴趣，就向孔子弟子子路打探孔子，问孔子是个什么样的人，子路没有回答他。但子路还是如实向孔子做了汇报，孔子就说"你怎么不知道这样说呢：孔子他这个人呀，发愤好学常常忘了吃饭，快乐起来就忘记了所有的忧愁，甚至都不知道自己正在逐渐地变得衰老，如此而已。"通过叶公之问，以孔子的自我表白方式来描写孔子，这是孔门弟子刻画人物的手法之一。子路为什么不好应对呢？有说子路这样做是出于对老师的尊重，弟子不能妄评先生，也有说孔子博大精深，犹如神龙现首不现尾，子路三言两语无以概括，干脆不语。其实这里就是想让孔子自己评说自己，这是编纂者的用意，所以此处"子路不对"才符合总的逻辑。
　　据考证，这个叶公，不姓叶，而姓沈，称他叶公，是因为他当时正在叶地当地方长官。《论语》中，叶公共出现共三次，另外两次记载在《子路篇》。叶地时属楚国，孔子周游列国时去楚国途经之地。叶读"摄"音，今河南叶县南三十里处有古叶城。
　　孔子周游列国，西行不入秦，北行遇黄河而返，最南端到负函城，这负函城就在今河南信阳境内。叶县在信阳之北的平顶山市内。

7.20　子曰："我非生而知之者，好古，敏以求之者也。"

　　本章紧接上章，内容就好理解了，孔子坦承自己不是生而知之的天才，而是个爱好历史、勤于钻研的普通人而已。

孔子曰："生而知之者上也，学而知之者次也；困而学之，又其次也；困而不学，民斯为下矣。"① 由此可以看出，在认知的层面上，孔子认为，人可以分为四种：第一种人是生而知之的，第二种是学而知之的，第三种困而后学的，第四种是困而不学的。第二种人最多，孔子把自己归于第二种人，也就是平凡的普通人。但不管是天生的还是后学的，最后获得的真知是一样的。《中庸》引孔子的话说："或生而知之，或学而知之，或困而知之，及其知之，一也。"孔子最看不起的下等人，不是穷苦老百姓，而是困而不学之徒，这种不学无术之徒才是最可怜最让人瞧不起的。

7.21 子不语怪、力、乱、神。

这是弟子们对孔子在言论方面的概括性描述。这句概括看似简练有余高度不够，其实却是寓意深刻。它用排除法把孔子的言论内容做了一个原则性的界定，表现出极高的语言艺术水准。

孔子时代离现在两千五百多年，在那样一个时代，能有如此高度理性的人，环顾世界文明史，孔子恐怕是唯一的一位。孔子的这一特性，受到了后世学者哲人的极高赞誉：

"在伟大的人类导师中，孔子几乎是唯一一个没有看到神示的、唯一一个不说自己是收到某一神圣力量的使者的、唯一一个任何时候都不声称受到来自上天的启示的人。"（〔美〕房龙《人类的故事》）"中国最古老、最有权威的典籍《五经》……之所以值得尊重，被公认为优于所有记述其他民族起源的书，就因为这些书中没有任何神迹、预言，甚至

---

① 《论语·季氏篇》。

丝毫没有别的国家缔造者所采取的政治诈术。"（〔法〕伏尔泰《风俗论》上册）"我认真读过他的全部著作，并做了摘要，我在这些书里只找到最纯洁的道德，而没有丝毫江湖骗子的货色。"（〔法〕伏尔泰《关于"百科全书"的问题》）孔子这一不语，深刻地影响到整个中国文明史。尽管中国漫长的封建社会乃至今日，有许多迷信的现象，但整个中华文明，从来就没有偏离文明理性的大方向，没有走向宗教极端，避免了宗教极端主义有可能造成的劫难。今天，当世界许多地方因为极端主义的肆虐给当地人民带来无尽灾难的时候，再来理解《论语》这段话，我们由衷地以中国有个孔夫子而无比地自豪和庆幸！

庄子说："六合之外，圣人存而不论。"人的认识总有局限性，孔子的伟大之处恰恰是正确地认识到这个局限性，所以，孔子对于自己暂时把握不准的，或者难以理解的现象，不是蛮横地否定或盲目地肯定，而是存疑，存疑的最好办法就是"不语"。所以，孔子并没有否认自然和社会现象中存在的怪、力、乱、神，只是由于不愿解释或一时解释不了，而以存疑的态度"不语"，这才是真正的理性。尽管西方世界有人把孔子当作儒教的教主，但在中国，从来就不认为孔子的儒学是与佛教、基督教相同的宗教，因为孔子本人就从来没有把自己打扮成一个教主，从来不装神弄鬼，始终强调自己只是个普通的凡人。这才是真正的平凡中的伟大！

7.22　子曰："三人行，必有我师焉：择其善者而从之，其不善者而改之。"

整部《论语》几乎都是经典名句，而其中妇孺皆知的经典名句，就包括本章的"三人行，必有我师焉"。不过，虽然这句很流行，但后面的"择其善者而从之，其不善者而改之"却很少人能接得上。其实这两句话前后连起来才是完整的意思。人们往往把"三人行，必有我师焉"当作谦虚好学来解读，其实，孔子的核心思想是告诉人们，要懂得以人为师，以人为镜，通过他人作为自己的参照或者从他人与他人的对比参照中，找出好的值得学习的一面，警惕并改进不好的一面。物以类聚，人以群分，作为社会动物的人，懂得如何从对他人的观察中去反观自己、提升自己，这是自我完善的重要途径，也是《论语》开篇所谓"学"的重要内容。

7.23　子曰："天生德于予，桓魋其如予何？"

孔子说："老天爷赋予我这个品德，桓魋能拿我怎样呢？"本章理解起来有难度，首先为什么孔子会自我感觉老天爷赋予他这个品德？其次为什么桓魋要为难孔子？先说说桓魋是何许人。据《史记·孔子世家》记载，孔子周游列国，到了宋国，有一次带着弟子在大树下演习礼仪，桓魋使坏难为孔子师徒，带着一班人马故意把大树砍了，甚至想借机杀掉孔子，十分霸道恶毒。弟子们催促孔子赶紧撤离宋国，孔子镇定自若，并说出了这番话。

桓魋本名向魋，乃宋桓公后代，故又称桓魋，就如鲁国的鲁桓公后代被称为"三桓"一般。按说，孔子也是宋国的贵族后裔，其十一世祖先弗父何是宋国第五代国君宋湣公的长子，根据宗法制，他应继承国君之位。但宋湣公不传子而传弟，引起次子鲋祀叛乱。鲋祀杀掉湣公之弟炀公，欲使弗父何即位，弗父何让位于鲋祀，赢得令名。推算起来，桓魋与孔子还是远亲，也在宋国任司马，不礼遇孔子，却找茬迫害孔子，个中缘由不好探究，但显然可以肯定，这位司马在宋国比较跋扈，为孔子所不齿，孔子不会巴结讨好他，他对孔子更没有好心情，故此有伐树驱赶之举。

孔子面对此情此景，表现得很泰然，认为自己肩负着上天赋予的弘道使命，桓魋的干扰破坏怎能奈何得了他。也有认为，孔子在无奈之时，以天生之德自慰自勉，这是处乱世之中的圣人自存之道。

《论语》难解，难就难在没有前因后果、前情后景的介绍，猛不丁地冒出一句话来，令后来者不得不扎进历史堆中去了解语境背景，有时甚至类似的历史痕迹都找不到，而只能强解，所以，各种解读不尽相同，甚至大相径庭者亦有之，《论语》内容编选过于简练是重要的原因。本章内容，幸有《史记》等作辅助，经史互参之必要，由此可见。

有人认为，孔子弟子司马牛即司马桓魋之弟，司马牛以此恶兄为耻，不视其为兄弟，故而发出"人皆有兄弟，我独亡"的忧伤自叹，这也引出了子夏的名句"四海之内，皆兄弟也"，此内容可参见《颜渊篇》。

7.24　子曰："二三子以我为隐乎？吾无隐乎尔。吾无行而不与二三子者，是丘也。"

孔子说："你们这几个学生认为我对你们有所隐瞒吗？我没有什么可以隐瞒的，我所做的一切都是向你们敞开的，这就是我孔丘的为人！"

我们不知道这段话的具体场景语境，可以推想应该是孔子与几个弟子在一起，可能有弟子对孔子产生某种怀疑，孔子进行了一番自我表白。君子坦荡荡，师生之间，还是坦诚好。这也是孔子的为师之道。

7.25　子以四教：文，行，忠，信。

孔子从四个方面教导学生：文化知识、社会实践、忠诚、守信。

这不是四门必修课，而是四个相互关联的方面，学了文化知识，不能纸上谈兵，要通过实践检验提升，是学而时习的要求，而人在社会上的言行举止，必须忠诚守信。所以，孔子的这四教，教的就是人的安身立命之道。孔子是伟大的老师，他的教育思想很丰富，核心是育人而非传授某种技艺，所以如果弟子问具体的技艺，对此类弟子，孔子一般给予差评，比如樊迟学稼、卫灵公问阵之类的。这文、行、忠、信也不是具体的技艺，是君子的修为。孔子曾提到过孔门四个门类，十个杰出弟子，这四个门类分别是"德行、言语、政事、文学"，但这也不能简单列为孔子教导学生的四门课程，而只是从学生的修为和特长的角度来大致分类。真正能对应具体课程的，当属六艺，即"礼、乐、射、御、书、数"，这是属于具体技艺方面的教学课程，属于"术"的范畴，所以也称小六艺。《诗》《书》《礼》《易》《乐》《春秋》这六经，乃是儒家之所谓六艺，属于"道"的范畴，因此也称大六艺。孔门弟子所谓贤者七十二人就是指身通大小六艺的弟子，孔子本人当然是精通六艺之术的大家。

7.26　子曰："圣人，吾不得而见之矣；得见君子者，斯可矣。"子曰："善人，吾不得而见之矣；得见有恒者，斯可矣。亡而为有，虚而为盈，约而为泰，难乎有恒矣。"

孔子说："圣人，我还真没有幸运能见到；如果能见到真正的君子，就很不错了。"孔子又说："善人，我也见不到啊，能见到坚持做善事的就可以了。明明没有却假装有，明明空虚而假装充盈，明明贫困却装作豪富，能坚守善的本性真的很难！"

本章提及三类人，圣人、君子、善人。圣人相对于凡人，君子相对于小人，善人则相对于恶人。所以，对于善人，可以概要地理解为志仁而无恶者。在整部《论语》中，圣人、君子出现次数多，从多个方面有过阐述，唯有"善人"相对少见，共有五处，另四处分别是："子张问善人之道。子曰：'不践迹，亦不入于室。'"① "子曰：'善人为邦百年，亦可以胜残去杀矣。'诚哉是言也！"② "子曰：'善人教民七年，亦可以即戎矣。'"③ "周有大赉，善人是富。"④ 综合这五处"善人"，大体可以理解为，所谓善人，就是本性善良又乐于做善事的人，圣人和君子应该都属于善人，而且是大善人。刘备说："勿以善小而不为，勿以恶小而为之。"毛泽东说："一个人做点好事并不难，难的是一辈子做好事。"所以，孔子说："难乎有恒。"

7.27　子钓而不纲，弋不射宿。

上一章刚说到"善人"，这章就以孔子的具体事例来印证什么才是善。孔子钓鱼而不用网捕鱼，射飞鸟而不射归巢之鸟，这样的举措，在古代社会，是圣者仁心的表现。中国古人早就认为天生万物皆有命，人只是万物之一，不能贪得无厌、竭泽而渔、杀鸡取卵，所以，打猎砍柴都要有节制顺天时，要让万物得以生息。孔子大爱无疆，由此可见一斑。有人认为孔子这样做符合周礼的要求，而不是他的博爱精神的体现，那么，至少说明周礼也蕴含了这样一种精神。所以，《千字文》概括周文王的恩德是"化被草木，赖及万方"。张居正解读为："盖于取物之中，而寓爱物之意，圣人之仁如此！古之圣王网罟之目，必以四寸，田猎之法，

---

① 《论语·先进篇》。
② 《论语·子路篇》。
③ 同上。
④ 《论语·尧曰篇》。

止于三驱，皆以养其不忍之心，而使万物各得其所也。"①

"钓而不纲"一般更常用的是"钓而不网"，与"弋不射宿"构成常用的成语。

7.28　子曰："盖有不知而作之者，我无是也。多闻，择其善者而从之；多见而识之；知之次也。"

孔子强调"知之为知之，不知为不知"，明明不知还妄作，孔子说他不是这种人。孔子一直坦诚自己是学而知之的，不是生而知之的，孔子学习就是多闻多见，处处留心皆学问，但也不是盲目地不问青红皂白地全盘接收，是择善而学，博闻强记，虽然这比生而知之的人在认识上次了一等，但总比不知而妄作者要好得多。孔子述而不作，强调的是不要自以为是的妄作。此句是孔子对"学而知之"的再次强调。

7.29　互乡难与言，童子见，门人惑。子曰："与其进也，不与其退也，唯何甚？人洁己以进，与其洁也，不保其往也。"

此章内容讲了一个小故事，说一个叫互乡的地方，名声不好，这里的人很难与人交流，外人也不愿与当地人交流，但这里有一个少年，要求见孔子，孔子就很耐心地接待了，弟子们颇感疑惑。孔子说了一番道理："鼓励他进步，而不是纵容他不思进取，难道这样不好

①　（明）张居正：《张居正讲解〈论语〉》，北京：中国华侨出版社，2008年，第109页。

吗？人家既然有心改过自新，就应该鼓励他自新，不要总盯着人家过去的缺点。"

7.30　子曰："仁远乎哉？我欲仁，斯仁至矣。"

紧接着上一章的逻辑，这里引孔子的话："仁难道远不可及吗？我只要往仁的方向努力，就能越来越接近于仁的目标。""仁"是孔子儒家学说的核心思想，《论语》关于"仁"的论述很多，本章，孔子是从实践的角度来谈"仁"，即《中庸》的"力行近乎仁"，与上一章的"与其进也，不与其退也"，原则精神是一致的，联系《子罕篇》"子曰：'譬如为山，未成一篑，止，吾止也。譬如平地，虽覆一篑，进，吾往也'"，则更能透彻地理解仁之远近，只在自己对仁的态度和方式。

《大学》云："心诚求之，虽不中，不远矣。"求仁得仁，何远之有？孟子曰："万物皆备于我矣。反身而诚，乐莫大焉。强恕而行，求仁莫近焉。"[1]

7.31　陈司败问："昭公知礼乎？"孔子曰："知礼。"孔子退，揖巫马期而进之，曰："吾闻君子不党，君子亦党乎？君取于吴，为同姓，谓之吴孟子。君而知礼，孰不知礼？"巫马期以告。子曰："丘也幸，苟有过，人必知之。"

本章讲的是孔子闻过则喜的故事。

---

[1]　《孟子·尽心上》。

　　陈司败到鲁国时向孔子请教，问："鲁昭公是否知礼？"孔子说："知礼"。孔子离开后，陈司败对孔子学生巫马期悄悄进言说："我听说君子是不搞小圈子的，难道君子也搞小圈子？鲁昭公娶吴国公主做夫人，这公主与鲁君是同姓，称为吴孟子。鲁昭公都这般做了，如果像他这样还被认为知礼，那么还有谁不知礼呢？"弟子巫马期就将这话转告孔子，孔子说："我孔丘很幸运，一旦有过错，就有人知道并指出。"

　　本章内容理解并不难，有几个知识点需要明白：鲁国与吴国的王族都是姬姓，鲁国是周公封地，周公是周文王姬昌的儿子姬旦，吴国是吴太伯的封地，吴太伯是周文王的大伯父。中国自古就有同姓不通婚的习俗，这一习俗也成为周礼的内容之一。鲁国以礼仪之邦著称，而昭公却明知故犯，所以，陈司败拿这个来说事。孔子当然知道昭公这样做是违背礼制的，但出于为尊者讳的考虑，孔子还是说他"知礼"。陈司败好不容易找到孔子的不足处，就拿这个在孔子弟子面前奚落孔子。孔子听到弟子的汇报后，不但不生气，反而感到庆幸，这透露出孔子的谦逊和闻过必改的自觉。

7.32　子与人歌而善，必使反之，而后和之。

　　孔子于声乐、器乐深有研究，从文献记载足可推知。此处说孔子与人合唱歌曲，如果觉得对方唱得好，一定要请对方再唱一遍，然后孔子还和唱。这反映出孔子对唱歌的喜爱，同时也说明孔子的好学与善学。本篇前面还有"子于是日哭，则不歌"，"子在齐闻《韶》，三月不知肉味"，这些都说明孔子对音乐的喜好和精通。

7.33　子曰："文，莫吾犹人也。躬行君子，则吾未之有得。"

孔子说："文化知识方面，我与他人差不多。做个身体力行的君子，我还很有差距。"这里也体现出孔子的自谦和自省。

7.34　子曰："若圣与仁，则吾岂敢？抑为之不厌，诲人不倦，则可谓云尔已矣。"公西华曰："正唯弟子不能学也。"

孔子说："若说到圣人和仁者，我实在不敢当。若说是好学而不厌倦，教诲他人而不知疲倦，勉强可以算是吧。"弟子公西华说："先生这种精神正是弟子们难以学到的。"

孔子谦而又谦，从不以"圣""仁"自诩，更不语怪、力、乱、神，迥然不同于那些通天教主们。尽管后世对孔子不断褒封加谥，但真实的孔子却是特别谦卑的一个学者。李零先生《去圣乃得真孔子》，给我们展现了一个真实的孔子，在孔子自己，从来就不曾想披上圣衣。《论语》从多个角度，为我们呈现出一个真实的孔子。

7.35　子疾病，子路请祷。子曰："有诸？"子路对曰："有之；《诔》曰：'祷尔于上下神祇。'"子曰："丘之祷久矣。"

孔子有一次生病，比较严重，弟子子路就请示要向天地祈祷保佑孔子早日康复。孔子问子路："有这回事吗？"子路回答说："有，《诔文》上还写着：'为你向天神地祇祈祷。'"孔子说："我祈祷已经很久了。"

孔子的言外之意是，人得病向天地神祇祈祷是没有用的，所谓向天地祈祷是要求人们日常的行为举止要对得起天地良心，孟子表述为："俯仰不愧于天地。"从无愧于天地的角度说，孔子一直是如此要求自己的，因此说他自己祈祷很久了。这是委婉地批评子路，也体现了孔子的鬼神观，求神不如求己。

7.36　子曰："奢则不孙，俭则固。与其不孙也，宁固。"

孔子说："奢侈就显得不够谦逊，俭朴就显得寒碜，与其让人觉得不逊且傲慢，不如让人看上去因俭朴而寒碜。"

试想想看，在一群人中，最让人讨厌的不是那些寒酸的人，恰恰是那些趾高气扬、骄横跋扈的人。孔子对人性的透彻分析，两千多年，丝毫没有过时。

7.37　子曰："君子坦荡荡，小人长戚戚。"

孔子说："君子胸怀坦荡，小人却总是心中愁闷犯嘀咕。"君子与小人是相对应的，通过这种强烈对比，可以看出两者的截然不同。《论语》中，此类对照性的内容多处可见，尤其针对君子与小人。

7.38　子温而厉，威而不猛，恭而安。

孔子温和又严肃，威仪却不凶猛，恭敬而又安泰。

这是弟子对孔子形象及仪态的描述，没有高矮胖瘦，但却让人产生无限的想象，这样一位持中守正的先生，从里到外仿佛都在诠释着什么才是中庸之道。本章可联系《子张篇》一起揣摩孔子给人的感觉究竟是怎样的："子夏曰：'君子有三变：望之俨然，即之也温，听其言也厉。'"

怎样才算是威而不猛呢？"君子正其衣冠，尊其瞻视，俨然人望而畏之，斯不亦威而不猛乎？"①

---

① 《论语·尧曰篇》。

泰伯篇第八

题解:《论语》二十篇,以人物命名的共有十篇,这十篇中,属于弟子或孔子同时代的人物是八篇,另外两篇即泰伯、微子。这两个人物都是誉满天下的大人物,是儒家倡导道德至上的历史楷模。而吴泰伯尤其特殊,他主动让贤,断发文身,开发江南,居然赢得东南半壁,堪称奇迹。

8.1 子曰:"泰伯,其可谓至德也已矣。三以天下让,民无得而称焉。"

孔子说:"吴泰伯,他可以说是达到道德的最高境界了,先后三次把天下谦让,老百姓没有得到他什么却无比地称颂他。"

吴地原属于蛮莽之所,吴泰伯不但以周之天下谦让,更是凭自己的能力开创了吴地文明的新篇,引领蛮莽之所迈入同时代文明发达的体系中,其功德于吴地之人更是无以称焉!

关于吴泰伯，可以联系《述而篇》的"陈司败问昭公知礼乎"这一章的相关介绍。

春秋战国之时，为了争夺天下、攫取最高统治权，臣弑君、子弑父的现象屡屡发生，搞得天下乌烟瘴气，民不聊生，所以，孔子特别提出几个本可享有天下却偏偏谦让不就的人物，如泰伯、伯夷、叔齐这样让天下而不居的楷模，并对他们予以极高的赞誉，以此鞭挞时弊。子曰："能以礼让为国乎？何有？不能以礼让为国，如礼何？"[①]这句话也可以看作对本章的一个注解。

8.2　子曰："恭而无礼则劳，慎而无礼则葸，勇而无礼则乱，直而无礼则绞。君子笃于亲，则民兴于仁；故旧不遗，则民不偷。"

一个人若能做到"谦恭、谨慎、勇敢、正直"，就很不容易了，但如果没有"礼"作为精神内核的话，那么，谦恭反倒让自己过于劳累，谨慎就显得太胆小，勇敢却成了逞强作乱，正直反倒变得尖刻。孔子从不同的层面强调礼的作用，正如《学而篇》有子的名言："礼之用，和为贵……知和而和，不以礼节之，亦不可行也。"礼是规范，也是一种调节的手段，确保恰到好处，避免过犹不及。孔子指出四个方面礼的作用后，接着说："大人君子们若能保持对亲人的友爱孝悌之道，就可以带动广大民众培养仁德；不要遗忘曾经效力过的老部下老朋友，那么，民众也不会对自己的亲朋好友薄情寡义。"

综合本章内容分析，孔子是在委婉地批评某些大人君子们，指出他

①《论语·里仁篇》。

们看似恭、慎、勇、直，但还缺乏礼的自觉。孔子希望他们能遵礼守礼，就算是对自己的亲戚故旧能以礼相待，对广大民众而言，都是很好的表率示范。

8.3 曾子有疾，召门弟子曰："启予足！启予手！《诗》云：'战战兢兢，如临深渊，如履薄冰。'而今而后，吾知免夫！小子！"

孔子说过"参也鲁"，曾子在孔门弟子中显然是那类特别谨慎老实本分的弟子代表。本章关于曾子老年病中的一段记载，其中最著名的是三个成语："战战兢兢，如临深渊，如履薄冰。"

曾子因病而召集门弟子们到跟前，让弟子帮自己抬抬手足，可以想见曾子此时已经老态龙钟，手脚不利索了，还病得不轻，但他却不糊涂，依然处处留心，时刻反省，所以他在弟子们帮助自己举手投足之间，联想到《诗经》的这句话，有感而发，告诉弟子们，直到他如此垂垂老矣时，他才明白怎样避免犯大错，人的一生都要慎而又慎，你们这些后生小子要谨记啊！语重深长，令人动容！这里既体现了曾子自省的功夫，也反映出曾子诲人不倦的为师之道。

孔子教诲弟子时常常引用《诗经》的内容，还曾教导儿子孔鲤说"不学诗，无以言"，可见《诗经》在孔门中的地位及其教化的功用，弟子们也习惯用《诗经》与孔子应答。比如，子贡曾引用《诗经》"如切如磋，如琢如磨"，应答孔子的"贫而乐，富而好礼"；子夏也曾引用《诗经》"巧笑倩兮，美目盼兮，素以为绚兮"请教孔子。曾子深谙孔子的教育之道，教育自己的门弟子也好引用《诗经》，从中也可窥见儒家的师承传统。

"启予足，启予手"之"启"，杨伯峻先生采王念孙说，认为当作"视"解。也有认为，曾子以孝著称，此处强调的是身体发肤受之父母岂敢毁伤的孝道，曾子让弟子们看看他到这把年纪四肢依然完好无伤，意指守孝道当如此这般爱惜身体，如此云云。通读全文，似乎还是"启"的原意更贴近，病人手脚不利索，要求弟子帮忙活动活动似也合乎情理。

8.4　曾子有疾，孟敬子问之。曾子言曰："鸟之将死，其鸣也哀；人之将死，其言也善。君子所贵乎道者三：动容貌，斯远暴慢矣；正颜色，斯近信矣；出辞气，斯远鄙倍矣。笾豆之事，则有司存。"

这章也是关于曾子病中的记载，应该与前章的时间差不多，但不是同一个场合。孟敬子是鲁国大夫仲孙捷。曾子年老病重，大夫孟敬子来探视他，同时也顺便向曾子请教如何做个好的领导者。曾子说出了一句千古名言："鸟之将死，其鸣也哀；人之将死，其言也善。"苦口婆心，肺腑之言，真诚与恳切溢于言表。接着，曾子教导孟敬子说，要想成为一个好的领导者，应重视三个方面：注意自己的神情不可轻慢，这就避免别人对你的粗暴和怠慢；严正自己的脸色，这就比较能取得别人的信任；说话语气文雅贴切，可以避免鄙陋粗野减少错误。这三点，其实都是日常待人接物时的言谈举止，位高权重在上位者，最容易得意忘形，忽视这些看似细枝末节的东西，而曾子则把它们上升到道的高度，所谓于细微处见精神。曾国藩教导弟妹及子侄们的函件中，粗看尽是些鸡毛蒜皮的小事，却正说明他深得儒家妙味，曾氏老祖此处已开其先矣。《礼记·冠义》说："礼义之始，在于正容体，齐颜色，顺辞令。容体正，颜色齐，辞令顺，而后礼义备。以正君臣，亲父子，和长幼。君臣正，父子亲，长幼和，而后礼义立。"曾子没有直言孟敬子忽视礼义的修养，其实却委婉地批评了孟大夫在礼义方面的缺失。

　　既然孟敬子是虚心来求教的，那么，曾子指出这三点之后，又附带一句，说："诸如祭祀如何摆放笾豆之类的具体杂务，尽可放手让那些专职人员去干，你作为一个大夫，提升自己的修养就行了。"笾是竹器，豆是木器，合称笾豆，都是祭祀用品，此处代指繁琐小事，孟敬子这样位高权重的大夫，应该考虑的是国之大事要事。《大学》说，"物有本末，事有终始，知所先后，则近道矣"，本末倒置则背道日远，突出本章的中心思想——"君子所贵乎道者三"。

　　8.5　曾子曰："以能问于不能，以多问于寡；有若无，实若虚，犯而不校——昔者吾友尝从事于斯矣。"

　　本章比较难懂的一句是"犯而不校"，其他几句都比较好理解。"犯而不校"，"犯"是被动语，直译就是被别人冒犯而不计较，说明一个人修养达到了很高的境界。以能问于不能，以多问于寡，有若无，实若虚，强调的是人要谦虚好学，不要自满自夸，这"有若无，实若虚"很有老子的道家味道，其实求道得道之人都是倡导如此的，所以，大道无别。曾子这里大概是给自己的学生讲课，回忆当时自己求学的情景，说过去我和我的那帮同学们向孔夫子学的就是这一类的道理。也有说此处"昔者吾友"是专指颜回，曾子的意思是说，过去他的好友颜回曾经是这样践行的。

8.6　曾子曰："可以托六尺之孤，可以寄百里之命，临大节而不可夺也——君子人与？君子人也。"

本章和下一章都是曾子的名言，意思相近，前者说怎样的人才算真正的君子，后者说，如何才称得上"士"。在曾子看来，真正的君子是能够承担起君王托付身家性命和国家前途命运的、面临危难而矢志不移的人物，这样的人才是真君子呀！历史上有一些君王托孤寄命的故事，比如刘备白帝城向孔明托孤。

8.7　曾子曰："士不可以不弘毅，任重而道远。仁以为己任，不亦重乎？死而后已，不亦远乎？"

承上一章的内容，曾子说："立志做一个志士仁人，不能不弘大自己的毅力，因为任重道远，以'仁'作为自己的毕生使命，难道不重大吗？至死方休，难道不够久远吗？"

先前曾子给人的感觉总是谨小慎微，唯唯诺诺，似乎柔弱有余而阳刚不足，但这两章却展露出曾子的血性，反映了作为孔门高徒一代大儒的真性情。从这里也可以看出儒家杀身成仁、舍生取义的英雄浪漫主义的一面。这一点，对中国历史上的知识分子是有着特别重大影响的，我们从方孝孺、王阳明、顾炎武、曾国藩等这些著名儒生的身上，不难看到孔、孟、曾的影子，而现在则日渐缺失，这是很大的悲哀。

以上连续五章都是曾子的言论，是《论语》里连续记载曾子之言最集中的地方，虽然《论语》二十篇中并没有一篇以曾子命名，但从这里可以推想曾子在孔门中的特殊地位及曾门弟子在编纂《论语》一书中的影响力。

8.8　子曰:"兴于《诗》,立于礼,成于乐。"

本章可与《述而篇》"志于道,据于德,依于仁,游于艺"相参照,都是孔子讲自己是如何修为的。中国号称是诗的国度,是礼仪之邦,这与孔子对于诗和礼的高度重视和大力推崇有莫大的关系。孔子关于诗的言论,在《论语》里有多处记载,如"《诗》三百,一言以蔽之,曰:'思无邪'",[①] "小子何莫学夫《诗》?《诗》,可以兴,可以观,可以群,可以怨"。[②] 诗讲究赋、比、兴,所谓兴,简单理解就是有感而发,所以读诗作诗都是化解心情、抒发情志的,中国古代文人甚至帝王将相基本都会作诗。

"立于礼"正如孔子教导儿子"不学礼,无以立"一样,在社会上要立足,不能不学礼,所以在《论语》的最后一章,孔子还特别强调:"不知礼,无以立也!"

在孔子看来,乐具有总结提升的功用,通过"乐"可以完成自己的所学所思,也难怪孟子用"金声玉振"来形容孔子的集大成。曲阜孔庙第一座牌坊即"金声玉振"坊。孔子于音乐的成就斐然,《论语》多有提及。

《史记·乐书》:"乐者,音之所由生也,其本在人心感于物也。""礼以导其志,乐以和其声,政以壹其行,刑以防其奸。礼乐刑政,其极一也,所以同民心而出治道也。""知乐则几于礼矣,礼乐皆得,谓之有德。"《礼记·经解》:"广博易良,乐教也。"孔子所言,兴诗,立礼,成乐,圣人自修之道也!

---

① 《论语·为政篇》。
② 《论语·阳货篇》。

8.9　子曰："民可使由之，不可使知之。"

在《论语》里孔子有两句话最受后世诟病，或者说引起争议最多的，此章是其一，另一处更有"名气"，即"唯女子与小人为难养也"。[①]

这句话通俗理解，就是说，对于役使广大老百姓，可以让他们服从指挥，跟着走，但不可以让他们知道为什么要如此这般。所以，这被后世认为是典型的愚民政策，孔子是在给统治阶级出谋划策如何剥削老百姓。

也有认为此番理解有违孔圣人本意，原文断句应该是这样："民可使，由之；不可使，知之。"或断为："民可，使由之；不可，使知之。"这两种断句法，意思差不多，意即如果老百姓听话好使就顺着他们的心意好了，如果不好使唤，就要先开导他们，告诉他们为什么要这么做，也就是让他们提高认识统一思想。这似乎也说得通。

但一般认为还是"民可使由之，不可使知之"更符合原意，其实孔子此处说的不过是一个客观事实，商鞅也说过类似的话"民不可与虑始，而可与乐成"。绝大多数老百姓都是集体无意识的，让他们知其然就可以了，一定要求他们知其所以然，反倒是强人所难，于事无补，以致一事无成。领导者要认识到这点，所以从决策的角度一定要慎重，要充分考虑老百姓的接受能力和民意基础，而不是盲目决策，更不可因自己的决策不当而迁怒责罚老百姓。正所谓有什么样的政府就有什么样的国民，而不是有什么样的国民就有什么样的政府。

---

① 《论语·阳货篇》。

8.10　子曰："好勇疾贫，乱也。人而不仁，疾之已甚，乱也。"

孔子说："尚勇的人若厌恶贫困，就会作乱。对不仁的人，痛恨他过甚了，也会引发乱象。"这与孔子一贯提倡的过犹不及的中庸思想是一致的，前面孔子说过"勇而无礼则乱"，厌恶贫困急于脱贫致富的人也易铤而走险违法乱纪，所以，孔子特别倡导"安贫乐道"，颜回就是安贫乐道的楷模。

任何一个社会一个时代，总有仁者和不仁者，对于那些没有仁德的人，我们难免哀其可怜，也容易恨其不争。但不仁者其实更需要全社会的耐心引导、帮助与矫正，若谴责讨伐过当，这类人很可能会走向反面，仇视社会，采取破罐子破摔的极端行为，从而造成灾难性的后果。

8.11　子曰："如有周公之才之美，使骄且吝，其余不足观也已。"

孔子梦周公，天下皆知。周公可说是孔子心目中最完美的形象，也是孔子心仪的导师，周公制礼作乐，孔子认为"周监于二代，郁郁乎文哉！吾从周"。[①]然而，孔子对周公的崇拜也不是盲目的，而是因为周公有着近乎完美的品德和伟大的功勋。在孔子看来，即使某人有周公这样卓越的才干和迷人的丰仪，假如他骄傲自大又吝啬自私的话，其他方面无论怎样也不值得一看了。周公一沐三握发，一饭三吐哺，谦虚谨慎，勤政爱民，不敢有丝毫地骄吝，况乎他人？孔子一贯讨厌骄傲自大的人，

---

① 《论语·八佾篇》。

也一直教导弟子们谦虚谦虚再谦虚，同样孔子也特别讨厌吝啬自私的人，尤其对于从政者，吝啬是绝对要避免的。孔子把吝啬比作从政者的"四恶"之一，子曰："不教而杀谓之虐；不戒视成谓之暴；慢令致期谓之贼；犹之与人也，出纳之吝谓之有司。"[①]

8.12　子曰："三年学，不至于谷，不易得也。"

孔子时代，学在官府，孔子首创私学，使得教育下移，一般普通民众有机会接触到原本为贵族阶层垄断的教育。贫民接受教育最直接最现实的需求就是希望通过教育进入上层社会。所以《论语》里会有子张学干禄之问、众弟子问如何从政如何成为君子的众多记载。古代官员的俸禄一般以谷物作为对价物，如多少石的官阶品级，就是指多少石谷物。从这里可以看出，官本位的思想对读书人而言是由来已久的，这固然为当今社会所诟病，但对中国历史而言，根深蒂固的官本位与士大夫阶层的长期稳定性，反倒维护了中国的传统文明，成为中华文明延绵不绝生生不息从未中断的最重要的原因之一。

8.13　子曰："笃信好学，守死善道。危邦不入，乱邦不居。天下有道则见，无道则隐。邦有道，贫且贱焉，耻也；邦无道，富且贵焉，耻也。"

《论语》里有多处提及邦有道、无道的问题，比如，孔子将侄女许配给南宫，就因看中南宫有一个重要的优点："邦有道，不废；邦无道，免

---

① 《论语·尧曰篇》。

于刑戮。"孔子还曾说自己与颜回可以做到"邦有道则现，邦无道则隐"等。所谓邦有道、无道，就是这个国家是否政通人和、政治清明，如果是就是有道，反之就是无道，无道之邦，非乱即危，在这种危乱的国度，既不适宜久居，也不适宜谋求发展。这是在危乱的春秋末期，孔子对学生的教诲，也是他自己的存身之道。但孔子从来都不是消极地躲避，冷眼地旁观，而是能正确面对客观时局，有所为，有所不为。隐是为了现，不为是为了有为。所以，孔子提出"笃信好学，守死善道"，无论天下有道无道，自己要坚定信心，要坚持学习，宁死也要坚守自己认为正确的道理。

本章的难点是如何理解"邦有道，贫且贱焉，耻也；邦无道，富且贵焉，耻也"。为什么有道则贫贱可耻？无道则富贵可耻？在孔子看来，如果国家政治安定，经济发展，那么，有道德有贤才的人就应该享有富裕体面的生活。如果一个国家遍地哀鸿，民不聊生，不考虑如何为国为民解倒悬于危局，却只顾自己谋利发财，甚至趁火打劫，大发国难财，在儒家看来这是很可耻的。可见，孔子并不反对富贵，也不倡导贫贱，而是强调个人的富贵和贫贱应该与时代和国家相结合，能够富贵却偏偏流于贫贱，当然可耻，当坚守清贫，却不甘于贫贱，以致不择手段谋富贵，当然也可耻。孔子的中庸之道，就是这样正反两方面都考虑到，才能得出最恰当的结论。

孟子曰："天下有道，小德役大德，小贤役大贤；天下无道，小役大，弱役强。斯二者，天也。顺天者存，逆天者亡。"[1]孟夫子此论，可以看作是对这章内容的一个很有哲理的解读。

《中庸》："子曰：'故君子和而不流，强哉矫！中立而不倚，强哉矫！国有道，不变塞焉，强哉矫！国无道，至死不变，强哉矫！'"朱熹说：

---

[1] 《孟子·离娄上》。

"国有道，不变未达之所守；国无道，不变平生之所守也。"①

8.14　子曰："不在其位，不谋其政。"

本句是妇孺皆知的名句，字面的意思很浅显易懂。若将本句放在《为政篇》，也许更合适些。通读《泰伯篇》，在《论语》二十篇中，该篇与《为政篇》最为接近，其实泰伯就是为政者的楷模，既有政德又有政绩还遗美于后世。为政者要勤政，但不能乱政，更不能乱权干政。权力要关进制度的笼子里，当谋不谋便是怠政，不当谋而乱谋，更是越权乱政。在人治社会，干政乱权的现象尤其严重，越是位高权重者，干政乱权之事越多，退而不休妄作者亦是不少。孔子曾位列三公高位，但他自我约束极严，同时也这样教导弟子们，这也是为政之要道。

中国文人有一个传统，所谓位卑不敢忘忧国，身处江湖之远，偏不忘庙堂之事。这似乎与"不在其位，不谋其政"有点相矛盾，其实中国的知识分子历来行为守分，思想则相对自由，即所谓"发乎情，止乎礼"。孔子这里强调的是在其位与不在其位的不同。《易传·系辞上》曰："列贵贱者存乎位。"时、位的重要性，是孔子研究《易经》的心得之一，所以"不在其位，不谋其政"，是孔子阅尽人事沧桑的特殊智慧。

8.15　子曰："师挚之始，《关雎》之乱，洋洋乎盈耳哉！"

孔子于音乐的精通和喜爱，在《论语》中多处可见。孔子欣赏音乐，比如闻《韶》乐三月不知肉味；孔子点评音乐，比如关于《武》《韶》之

---

①　（宋）朱熹集注，陈戍国标点：《四书集注》，长沙：岳麓书社，2004 年，第 26 页。

美；孔子以乐教，比如"兴于《诗》，立于礼，成于乐"，所以，称孔子是中国古代最伟大的音乐家一点也不为过。本章说的是孔子对一场音乐演奏的赞叹，这种类似古代交响乐的演奏，由"师挚"奏出首音开始，到《关雎》之章结束，美妙的音律，整个过程都洋溢在听众的耳畔。《关雎》就是《诗经》的首篇，这"师挚"当是鲁国的一个乐师名挚，他负责在演奏中发出首音，由此确定整个乐曲的高中低音。"乱"，即乐尾之章。《史记》："《关雎》之乱以为《风》始。"对音乐之美的形容是文学的难题却也是常见的题材，比如白居易的"大珠小珠落玉盘"，孔子这里用"洋洋乎盈耳"，与三月不知肉味的表现手法近似，都是对音乐的一种极致的赞美。

8.16　子曰："狂而不直，侗而不愿，悾悾而不信，吾不知之矣。"

孔子说："看似很狂傲却又不直率，看似很天真却又不老实本分，明明很无能却偏不守信用，这种人，我不知他到底为啥这样呢。"孔子对于那些装模作样的人很看不惯，但现实中却总是不乏各种伪装之徒，孔子很鄙视他们，也能一眼看穿这些人的真面目。真人面前不说假话，宵小之徒，又怎能逃过圣人的火眼金睛。做人还是本真的好。

8.17　子曰："学如不及，犹恐失之。"

学如逆水行舟，不进则退。对于一个废寝忘食、敏而好学、不知老之将至的人而言，孔子自己对于学习的渴望和坚持，堪称楷模。本章可视为孔子的自勉，也可视为对弟子们的教诲。《论语》的一大特点也是一大难点，是《论语》中的大量语境被隐去了。我们知道，任何一句话，都需要在一种语境下去理解，否则往往生出许多歧义甚至意思完全相反，《论语》之所以难读难解，语境的缺失与重构，是个关键因素。

8.18　子曰："巍巍乎，舜禹之有天下也而不与焉！"

从本章到接下来的连续三章，都涉及尧、舜、禹这几个儒家心目中最完美的古代帝君。"巍巍乎"，高大雄伟的样子，舜和禹拥有整个天下却不独自享有。这样的帝君，公天下而非私天下。天下为公，是儒家最重要的核心价值，仁、义、礼、智、信，都是服务于天下为公的。

8.19　子曰："大哉尧之为君也！巍巍乎！唯天为大，唯尧则之。荡荡乎，民无能名焉。巍巍乎其有成功也，焕乎其有文章！"

尧帝是中国第一个圣君，史记虽把黄帝列为第一，但黄帝神话传说的因素较多，尧帝是真正第一个接地气的圣君。"唯天为大，唯尧则之"，就是《易经·乾卦·文言》所云："夫大人者，与天地合其德，与日月合其明，与四时合其序，与鬼神合其吉凶。先天而天弗违，后天而奉天时。"尧帝，是立言立德立功的完美典范。

8.20　舜有臣五人而天下治。武王曰："予有乱臣十人。"孔子曰："才难，不其然乎？唐虞之际，于斯为盛。有妇人焉，九人而已。三分天下有其二，以服事殷。周之德，其可谓至德也已矣。"

舜帝和尧帝一样，都是完美无瑕的。舜帝有五个能臣，而实现天下大治。周武王说："我有十个能干的臣子。"孔子说："自古以来，人才难得，难道不是吗？从尧、舜到武王，这时是人才最兴盛的时候，可也只有十个人，其中还有一个女人，其实就九个人。天下若分成三份，周已占了两份，但他还是能以大事小，服从殷的统治。周的德行，可真是到了极致。"

本章其实有两层意思：第一层，人才难得，得人才者得天下；第二层，有了人才，得了天下，还要有好的德行。岳麓书院大门上有一幅名联："惟楚有材，于斯为盛。""于斯为盛"即源于此。

本章用"孔子曰"而非常见的"子曰"，朱熹理解为编者刻意这样记载，因为本章前面都是君臣之事，孔子处于君臣之际，就不能用"子曰"。可见编者的谨慎。

8.21　子曰："禹，吾无间然矣。菲饮食而致孝乎鬼神，恶衣服而致美乎黻冕，卑宫室而尽力乎沟洫。禹，吾无间然矣。"

前面分别赞美了尧帝、舜帝，这里特别赞美禹帝。孔子说："禹帝，我没有可批评他的。他自己的饮食非常俭朴，但对鬼神的祭祀却很丰盛，自己平时衣着很差，但在敬神祭拜时却能穿戴得很华美，自己所居住的房屋低矮简陋，但却能尽全力治理水患。对于禹帝，我真的挑不出他的毛病啊！"孔子所赞禹帝的这几点美德善行，宋人杨时概括为"薄于自奉，而所勤者民之事"。①

---

① （宋）朱熹集注，陈戍国标点：《四书集注》，长沙：岳麓书社，2004 年，第 123 页。

子罕篇第九

题解:《子罕篇》多有博喻处,譬如"执御""凤鸟""美玉""松柏""唐棣"等,盖圣人之道,可以意会而难言传者,唯有罕言不语或以喻促悟。圣人之教,微言大义,本篇为甚。

9.1 子罕言利与命与仁。

孔子很少言及"利""命""仁"。不言"利"或少言"利",比较好理解,毕竟是"小人喻于利"嘛!问题是,为什么说孔子还很少言及"命"和"仁"呢?特别是"仁",一向被认为是孔子思想理论的核心,《论语》一书就出现一百零九次之多,当是孔子言及最多的一个话题了。"命"也出现多次,比如"五十知天命""不知命无以为君子"等。为了解释这一困惑,有人从原文句读上来找原因,认为该句应读为:"子罕言利,与命与仁。"即是说,孔子很少言及利,但认同命和仁。把利、命、仁原本并列的关系,解读为非并列的对应关系。但即使这样句读,也难以说清，关键是"与"字该当作"和"解还是当作"赞同"解？

　　但一般都坚持认为，本句就应该理解为：孔子不仅仅很少言及"利"且也很少言及"命"和"仁"，因为"命"和"仁"都是高深的形而上的问题，非一般人所能理解，正如子贡曾言："夫子之文章，可得而闻也，夫子之言性与天道，不可得而闻也。"① 正因为很少言及这三个方面，所以，每有言及处都被弟子们特别地记载下来，反倒显得比较多。程颐说："计利则害义，命之理微，仁之道大，皆夫子所罕言也。"②

　　9.2　达巷党人曰："大哉孔子！博学而无所成名。"子闻之，谓门弟子曰："吾何执？执御乎？执射乎？吾执御矣。"

　　在一个称为达巷的地方，有人评议孔子说："好伟大的孔子啊！虽然学识渊博，却是博而不专，没有什么功名成就。"孔子听闻后，对弟子们说："我该专攻哪一项去博得功名成就呢？我去做车夫赶马车吗？还是去做个射手呢？我还是做个车夫吧。"自我调侃和解嘲，是圣人对泛泛之众误解的一种自我解脱。可以想见在孔子之时，懂他的人还真不多。但朱熹认为这里是孔子"闻人誉己，承之以谦"。其实，《论语》记载中，孔子面对此类誉里带嘲的遭遇有多次，孔子一般都以自嘲调侃自己，如："富而可求也，虽执鞭之士，吾亦为之"，"鸟兽不可与同群，吾非斯人之徒与而谁与？天下有道，丘不与易也"。

---

① 《论语·公冶长篇》。
② （宋）朱熹集注，陈戍国标点：《四书集注》，长沙：岳麓书社，2004年，第124页。

现在"大哉孔子"一词比较流行，最初的出处就源于此。宋人米芾把"大哉孔子"一词发挥到极致："大哉孔子，大哉孔子！孔子之前，绝无孔子，孔子之后，更无孔子。大哉孔子，大哉孔子！"但该词在此章带有贬义。

9.3　子曰："麻冕，礼也；今也纯，俭，吾从众。拜下，礼也；今拜乎上，泰也。虽违众，吾从下。"

《八佾篇》有林放问礼之本，孔子明确表达："礼，与其奢也，宁俭；丧，与其易也，宁戚。"可以看出，就礼而言，在物质层面，孔子主张从轻；而在精神层面，孔子主张从重。本章是对"礼之本"的又一回应。

9.4　子绝四：毋意，毋必，毋固，毋我。

孔子没有四种倾向：不主观臆断，不绝对化，不固执，不自以为是。《易》曰："知进退存亡而不失其正者，其唯圣人乎？"从另一面可以看出圣人的不凡。

9.5　子畏于匡，曰："文王既没，文不在兹乎？天之将丧斯文也，后死者不得与于斯文也；天之未丧斯文也，匡人其如予何？"

畏者，围困也。孔子周游列国，其实很艰辛，可不是游山玩水饱览风光。有一次，孔子与弟子们来到了一个叫作"匡"的地方，结果被匡地百姓围困了。他们围困孔子的原因居然是一场误会，原来匡地的百姓受到过阳虎的迫害，阳虎是鲁国权臣季氏的管家，且与孔子长得有点像，匡地人就把同样来自鲁国的孔子错当成阳虎围困起来，想报仇雪恨。《史记·孔子世家》："阳虎曾暴于匡，夫子貌似阳虎，故匡人围之。"孔子被围困之后，一方面想法子如何突围解困，派得力学生找当地军队来帮忙，一方面安慰学生，同时也安慰自己。孔子说："周文王之后，文明的承续不是在我们这里吗？老天爷如果要毁掉这种文明，那么后来者就无法继承享有这一文明。如果老天爷不想毁掉这一文明，那么这些匡人们又能奈何我们怎样？"孔子知天命，由此可以看出他对自己的使命非常自信。当然，也有认为，孔子遇到困难的时候，只能无奈地把命运寄托在老天爷身上，这是知识分子的无能和自欺欺人。不过，孔子到底还是从容地脱危解困了。《先进篇》也有"子畏于匡"之事，可与本章互参。

河南省长垣县内有匡城，据推测可能即是孔子当年被围困处。

9.6　太宰问于子贡曰："夫子圣者与？何其多能也？"子贡曰："固天纵之将圣，又多能也。"

子闻之，曰："太宰知我乎？吾少也贱，故多能鄙事。君子多乎哉？不多也。"

太宰问子贡说："孔夫子是个圣人吗？为什么这般多才多艺呢？"子贡说："老天爷有意让他成为圣人，而他本人确实也多才多艺。"孔子听到后，说："太宰真懂我吗？我从小贫寒，所以能干很多粗鄙的活。君子大人们有我这样多的人生经历吗？是不多的呀。"鲁迅《孔乙己》一文中，孔乙己说："不多不多！多乎哉？不多也。"让这句原本没有多少含义的话变成了现代人妇孺皆知的名句。

9.7　牢曰:"子云:'吾不试，故艺。'"

试者，用也。牢是何许人，有说是孔子弟子，有说不是，且不管他吧。一个叫牢的人，转述孔子的话:"孔子说:'我没有被执政当局任用，所以反倒学了很多本领。'""不试"指没有被当局任用。古代知识分子，大多是学成文武艺，售与帝王家。进入体制内，如子张所谓干禄者，是大多数知识分子的追求。然而任何事总有两个方面，正因为没有进入体制内，所以比较自由，也能按照自己的意愿去学习生活。比如，科场失败反倒成就了宋应星、李时珍、曹雪芹之辈。

朱熹将本章与上章合为一章。

9.8　子曰:"吾有知乎哉? 无知也。有鄙夫问于我，空空如也。我叩其两端而竭焉。"

孔子深谙求学之道，"学而不思则罔"。孔子说:"我有什么知识吗? 还真的没有呢。曾有个种田老夫问我，我也是空空的，但我从正反两方面来分析推敲，尽可能地帮他得出正确的认知。"

9.9　子曰:"凤鸟不至，河不出图，吾已矣夫!"

"凤鸟至，河出图"是一种祥瑞之象，传说舜帝在位时，有凤来仪，伏羲之时，黄河龙马负图而出。《易传·系辞上》:"河出图，洛出书，圣人则之。"古人认为，此等祥瑞之兆都是圣明帝君在世之象。孔子借此意指自己所处之世不遇圣君，一生的理想抱负无法实现，无限失落。这也是孔子天命观的表现，虽然知其不可而为之，但个人之命难与世争，圣人也有无奈时。

9.10　子见齐衰者、冕衣裳者与瞽者，见之，虽少，必作；过之，必趋。

孔子践行礼乐制度，于日常行止中可见一斑。"齐衰者"，孝服在身者也，"冕衣裳者"，穿戴礼服礼帽者也。中国古来就有死者为大为尊的传统，礼敬重孝在身者，意味着对死者的凭吊和对家属亲人的同情及慰问，所以即使戴孝者年龄比孔子小很多，若见到他们，孔子也会作色以迎，路过他们身边就小步快走，对"冕衣裳者"亦然。"作""趋"都是古礼的表现，坐而起谓之"作"，小步快走谓之"趋"，如孔鲤"庭趋"。瞽者，瞎子也，即残障人士。对残障者以特别的礼敬，这也是中国文化的一个好传统。近几年，有所谓小品表演者，模仿残障人士逗乐，既有违普世价值也违背了中国的好传统。

9.11　颜渊喟然叹曰："仰之弥高，钻之弥坚。瞻之在前，忽焉在后。夫子循循然善诱人，博我以文，约我以礼，欲罢不能。既竭吾才，如有所立卓尔。虽欲从之，末由也已。"

"喟然叹"者，发自内心的感叹也！天下师徒之楷模莫过于孔子与颜回。颜回这一千古名叹，曾让后世多少师徒们扼腕叹息。孟子说，得天下英才而教之乃人生三大乐事之一，颜回遇名师如此，孔子得贤徒亦如此，岂非天地之造化？

且看颜回如何由衷而发：

颜回说："仰望着孔子，感觉他越加高远难及，越钻研他就越觉得他坚深不可测。看着好像自己已经赶到前头去了，忽然之间却又被甩在了后面。孔夫子善于以渐进的方式诱导学生。他丰富我的知识开阔我的视野，又用礼来规范我的言行，我想停止不前也不可能了。我竭尽所有的才能，好像已经能有所独立了。可再想由此向前，却又不知从何入手了。"

本章既充分地展现了颜回对孔子的无限敬仰之情，也透露出颜回高超的语言表达才能，有感而发的肺腑之言，却能如此文采飞扬，绝非一般弟子所能为，孔门第一名至实归！

9.12　子疾病，子路使门人为臣。病间，曰："久矣哉，由之行诈也！无臣而为有臣。吾谁欺？欺天乎！且予与其死于臣之手也，无宁死于二三子之手乎！且予纵不得大葬，予死于道路乎？"

孔子有一次生病比较重，子路就让弟子们装扮为家臣准备后事。病稍好些，孔子说："这一病可是好久啊，由的做法是一种欺诈呢！我没有资格享有臣子来治丧，却偏让弟子们装着家臣的样子。我欺骗谁去呢？难道欺骗老天吗！再说，我也宁愿死在你们这些学生手中，也不愿死在家臣手中。况且，我即使没有风光的盛大葬礼，难道我会死在道路上无人管吗？"

本章告诉我们，孔子一点也不做作，就是一个平实的参透生死的智者，对生死很坦然，绝不会去做自欺欺人的事，与弟子们的深厚感情也一览无余。可参阅《述而篇》"子疾病，子路请祷"一章，与本章意思相近。

9.13　子贡曰："有美玉于斯，韫椟而藏诸？求善贾而沽诸？"子曰："沽之哉！沽之哉！我待贾者也。"

子贡问："如有一块美玉，是该把它包裹在匣子里藏起来，还是等好价钱把它卖出去呢？"孔子说："卖了它，卖了它，我等着好的买家呢！"

《易传·系辞下》："其旨远，其辞文，其言曲而中，其事肆而隐。"子贡此段问话，深得"曲而中"之妙。作为弟子，向老师提问，特别是涉及老师自身出入取向的问题，既要含蓄又要明了，子贡做到了，不愧是高超的言语科大师。

9.14　子欲居九夷。或曰："陋，如之何？"子曰："君子居之，何陋之有？"

孔子想到九夷之地去居住。有人说："那样的荒远之地，太鄙陋了吧，怎么可以呢？"孔子说："只要有君子居住，就不会鄙陋（因为君子可以改变它，使它变得不再鄙陋）。"

有考证说九夷指的是淮夷，是散居于淮河、泗河之间的商奄遗民。但似乎也可理解为九夷是泛指中原之外边远不开化之地，因为中国历史很早就有南蛮、北狄、西戎、东夷之说，又有夷夏之别。孔子大概觉得中原一带已经礼崩乐坏，乱得无可救药了，偶尔生发出居九夷的念头，正如"道之不行，乘桴浮于海"的感叹一样，都是对中原一带文明堕落的悲愤之念。

唐人刘禹锡名篇《陋室铭》结尾："孔子曰：何陋之有？"

9.15　子曰："吾自卫反鲁，然后乐正，《雅》《颂》各得其所。"

《诗经》由《风》《雅》《颂》三部分组成，孔子说"《雅》《颂》各得其所"，显然孔子对《诗经》进行了认真地整理校订。"自卫返鲁"说明，孔子完成这项使命是周游列国回到鲁国后，当在孔子六十八岁以后。"然后乐正"，这个"乐正"是否就是指孔子整理订正《乐经》呢？因为汉以后就没有人看到过《乐经》，所谓六经，其实是五经。又，这里的"乐"是否为《雅》《颂》而配的乐呢？这个"乐"与《诗经》是一体的，还是分开的？如果《诗经》里就已经包含了《乐经》的内容，那么，历史上是否真的出现过独立的《乐经》呢？这是中国历史上学术大公案之一。

孔子晚年的一大贡献就是整理古代文献，并修订《春秋》。

9.16　子曰："出则事公卿，入则事父兄，丧事不敢不勉，不为酒困，何有于我哉？"

《学而篇》孔子就说过："弟子入则孝，出则弟，谨而信，泛爱众，而亲仁，行有余力，则以学文。"这是《弟子规》的总则，是对青少年的要求。本章，孔子以反问的语气来检讨自己："在外从事公务对待国君大臣，在家孝敬长辈，为人操持丧事不敢不勤勉，不被酒所困，这些事我做得如何呢？"

有人据此认为孔子的主要谋生职业是为人操办丧事，所以孔子于

"丧事不敢不勉"，但仅凭这一句就断定孔子的职业，未免太牵强。古代事死如事生，为别人操办丧事是很严肃、很慎重、很认真的事，所以，孔子检讨自己"丧事不敢不勉"是很自然的，并非职业使然。当时有无专职为人操办丧事谋生的一种职业，还没有强有力的史料支撑。有人认为，丧事一般都是家族之事、乡党之事，外族人或非本乡党之徒，是不能随便参与治丧的。孔子学识渊博，德行高尚，弟子众多，社会各阶层的朋友肯定也不少，乡党熟人也不在少数，所以，孔子受邀或自然参加的葬礼就比较多，在葬礼上，孔子尽心尽力提供葬礼方面的指导或帮助也就顺理成章了。

"不为酒困"这句让人浮想联翩：孔子与酒的关系到底如何？孔子的酒量如何？《乡党篇》说孔子："唯酒无量，不及乱。"两处综合而观，孔子是比较喜欢饮酒的，酒量也很大，且自我控制力很好，不酗酒醉酒，更不因酒而误事。琴、棋、书、画、诗、酒、花，中国传统文人的喜好，从孔夫子那里就开始显出端倪了。

9.17　子在川上，曰："逝者如斯夫！不舍昼夜。"

孔子和老子有一个共同的爱好，就是观水论道。老子从水的善柔、善下之中发现了柔能克刚、虚而不盈的大道，而孔子在川流不息、一去不复返的流水中，感悟到时间一去不复返，人生苦短，任重道远。时光分秒不停地消逝，河水也在昼夜不停地流淌而去，孔子怎能不生发些许感慨！毛泽东词《水调歌头·游泳》巧妙地以此为典，嵌入到词句中："子在川上曰：逝者如斯夫！"这一句由此家喻户晓，广为流传。孔子诞生地尼山孔庙有一建筑"观川亭"，即取自此典。

9.18　子曰："吾未见好德如好色者也。"

天生万物，有阴有阳，阴阳相吸，天下至理。男女相悦，本于好色使然也。告子曰："食色，性也。"① 子曰："饮食男女，人之大欲存焉。"② 是故，好色者众，本能也，好德者寡，自修也。能自修而不为本能所左右者，才是圣人。从必然王国到自然王国，从人的动物性到自修为社会人，这是人类的伟大，也是最难处。"发乎情，止乎礼"，孔子不反对好色，但不以好色而害德，这是孔子的人性体现。

"佛言：爱欲莫甚于色。色之为欲，其大无外，赖有一矣。若使二同，普天之人，无能为道者矣。"③

9.19　子曰："譬如为山，未成一篑，止，吾止也。譬如平地，虽覆一篑，进，吾往也。"

《易经·乾卦》："九三：君子终日乾乾，夕惕若，厉，无咎。九四：或跃在渊，无咎。《文言》曰：君子进德修业。忠信，所以进德也；修辞立其诚，所以居业也。知至至之，可以言几也。知终终之，可以存义也。是故居上位而不骄，在下位而不忧。故乾乾因其时而惕，虽危无咎矣。上下无常，非为邪也；进退无恒，非离群也。君子进德修业，欲及时也，故无咎。"本章可以说是乾卦的九三、九四两爻的最好解释。正如孔子所言："仁远乎哉？我欲仁，斯仁至矣"，"力行近乎仁。"

---

① 《孟子·告子上》。

② 《礼记·礼运》。

③ 《佛说四十二章经》。

　　9.20　子曰："语之而不惰者，其回也与！"

　　9.21　子谓颜渊曰："惜乎！吾见其进也，未见其止也。"

　　这两章都是讲颜回如何勤于践行孔子的教诲，孔子对颜回的赞许及对颜回早逝的哀叹。师傅领进门，修行在各人。颜回之所以能成为孔门三千弟子中最优秀者，天资聪慧是一个方面，更重要的是他勤奋，永不停息地前进。

　　以颜回为例，承接前面"譬如为山，譬如平地"章，逻辑严密有序。

　　9.22　子曰："苗而不秀者有矣夫！秀而不实者有矣夫！"

　　孔子这句话的意思，一般认为是承接上一章，同样是对颜回早逝的惋惜和哀悼。但我总觉得此话套在颜回身上，有点难理解。难道在孔子看来，颜回属于苗而不秀、秀而不实者吗？立言、立德、立功，颜回虽然不幸早逝，但至少也算得上立言、立德了。

　　"苗而不秀""秀而不实"成为后世常用的成语。

　　9.23　子曰："后生可畏，焉知来者之不如今也？四十、五十而无闻焉，斯亦不足畏也已。"

　　孔子自承好古之人，后世把孔子当作保守复古派的代表，其实孔子的历史观是坚信未来胜于过往的，否则他就不可能提出"大道之行，天下为公"的宏伟理想。孔子对于人的看法也一样，认为后来者将超越前者，其实这是人类发展的基本规律。孔子能辩证唯物地看问题是难能可贵的。总的来说是后生可畏，但就单个个体而言，一个人到了四五十岁的时候，即孔子所谓的不惑、知天命的年龄段，是最能出成就的阶段，如果这个阶段还没能有什么值得称道的地方，那么这个人一辈子也就不可能有什么大作为了。孔子对人的不同年龄段的表现有非常独到的认识，《论语》中有数处记载：

子曰："年四十而见恶焉，其终也已。"①孔子曰："君子有三戒：少之时，血气未定，戒之在色；及其壮也，血气方刚，戒之在斗；及其老也，血气既衰，戒之在得。"②子曰："幼而不孙弟，长而无述焉，老而不死，是为贼。"③

9.24　子曰："法语之言，能无从乎？改之为贵。巽与之言，能无说乎？绎之为贵。说而不绎，从而不改，吾末如之何也已矣。"

《论语》的最后一章结尾是"不知言，无以知人也"，可见"知言"在孔子看来是多么地重要。所谓"法语之言"是指应该效法的有原则性的话，这样的话，能不听从吗？既然遵守原则，就要把不符合原则要求的地方改进，这才是真正地听从效法。巽者，顺也，凡人都喜欢听恭维话，听到恭维话，当然心中喜悦，但还是要好好分析。只顾好听高兴，却不分析说话者的用意和真假，听到正确的意见也不真心改进，这样的人，就没办法教导他了。

---

① 《论语·阳货篇》。
② 《论语·季氏篇》。
③ 《论语·宪问篇》。

9.25　子曰："主忠信，毋友不如己者，过则勿惮改。"

　　《学而篇》有"子曰：'君子不重则不威，学则不固。主忠信。无友不如己者，过则勿惮改。'"《论语》中，类似这样的重复有好几例，为什么编者如此编撰，不得而知，不过，凡重复出现的内容，我们可以理解为是编撰者有意突出的内容，不应简单推断为错简。

9.26　子曰："三军可夺帅也，匹夫不可夺志也。"

　　三军者，大军也，匹夫者，凡夫也。大军可能被敌夺帅，但凡夫却却不能强迫他改变志向。儒家高度重视自我修养，人人可为尧、舜，就是一般普通的个体，他的精神意志也可以通过不断修养而达到不可战胜的境界。

9.27　子曰："衣敝缊袍，与衣狐貉者立，而不耻者，其由也与？'不忮不求，何用不臧？'"子路终身诵之。子曰："是道也，何足以臧？"

　　人穷志短，衣敝人丑，这是世俗的眼光。孔子提倡富而好礼，贫而乐道，这是儒者的要求。子路以追随孔子得道为乐，可谓"心中有道人自华"，所以，子路即使穿着破衣烂衫与穿着狐皮裘衣的人站在一起，子路也一点不以为可耻。孔子赞许他，说能做到这样子的也只有子路了。正如《诗经》所说："不嫉妒，不贪求，为什么不好呢？"子路难得受孔子表扬一回，就老是把《诗经》这句"不忮不求，何用不臧"挂在嘴边。

看到子路这样，孔子就批评他，说："总是这样挂在嘴边，也不好啊。"孔子对于子路，总是先扬后抑，这大概也是因人施教之故。

9.28　子曰："岁寒，然后知松柏之后凋也。"

这是一句常被引用的名言。以松柏后凋来比喻面对困难经历磨炼才显出真精神。路遥知马力，日久见人心，国难识忠臣，家贫出孝子，诸如此类，都是一个意思。

《荀子·大略篇》云："君子隘穷而不失，劳倦而不苟，临患难而不忘细席之言。岁不寒，无以知松柏；事不难，无以知君子。"

9.29　子曰："知者不惑，仁者不忧，勇者不惧。"

"智、仁、勇"三者合一，是孔子心目中理想的君子素养，孔子特别推崇这三者，认为这才是真正的君子之道。这三个成语构成的名句，《论语》中出现两处，另一处见《宪问篇》："子曰：'君子道者三，我无能焉：仁者不忧，知者不惑，勇者不惧。'子贡曰：'夫子自道也。'"还有一处相类似："司马牛问君子。子曰：'君子不忧不惧。'"[1]

儒家人格的塑造，底线是"弗畔"，[2]高要求是智、仁、勇。这一高要求，深刻影响了中国历史上的知识分子，所以，看似弱不禁风的书生，却往往有杀身成仁舍生取义的大智大勇，如虞允文、文天祥、顾炎武等。即使到近代，梁启超1914年在给清华学生演讲中，还以《君子》为题，

---

① 《论语·颜渊篇》。
② 《论语·颜渊篇》。

直接引用这几句话，可见其影响之深。《中庸》对此更是加以极大的发挥："知、仁、勇，三者天下之达德也。""子曰：'好学近乎知，力行近乎仁，知耻近乎勇。知斯三者，则知所以修身；知所以修身，则知所以治人；知所以治人，则知所以治天下国家矣。'"

9.30　子曰："可与共学，未可与适道；可与适道，未可与立；可与立，未可与权。"

孔子弟子众多，交友亦广，对人性的认识，比一般人深刻得多。同学之间，朋友之间，师生之间，乃至君臣夫妻之间，能如何相处，该如何相处，总是因人而异。世间最常见莫过于可以共患难，不可共享乐。朱元璋大杀功臣，便是可以共打天下，但不可共坐江山，江山只能是他朱家的。孔子这里主要还是针对弟子之间或自己与弟子之间而论。比如，孔子与颜回，就可以共学，亦可以适道，还可以共立，当然也可以行权，因为彼此已经达到了共同的高度和圣境。"子谓颜渊曰：'用之则行，舍之则藏，惟我与尔有是夫！'子路曰：'子行三军，则谁与？'子曰：'暴虎冯河，死而无悔者，吾不与也。必也临事而惧，好谋而成者也。'"①孔子与颜回和子路的对话，可作为对本章的一个注解。

9.31　"唐棣之华，偏其反而。岂不尔思？室是远而。"子曰："未之思也，夫何远之有？"

引用《诗经》来教导学生或说明什么问题，是孔子擅长的方式，也

----

① 《论语·述而篇》。

可能是当时社会的一种习惯，所以，孔子说："不学《诗》，无以言。"这里，孔子引用的诗句，可能是古逸诗。"唐棣的花啊，婀娜多姿，怎不令人想念呢？只是家离得太远了。"孔子说："还不是真的想念啊，若真的想念了，还怕什么远呢？"这其实就是孔子说的"仁远乎哉？我欲仁，斯仁至矣"，"知之者不如好知者，好之者不如乐之者"，若以此为乐，则何远之有？程颐说："圣人未尝言易以骄人之志，亦未尝言难以阻人之进。但曰'未之思也，夫何远之有？'此言极有涵蓄，意思深远。"

"偏其反而"不好理解，"偏"通"翩"，当是描写花的姿态，姑且解为"婀娜多姿"。

乡党篇第十

题解：关于本篇，朱熹特意做了一番篇名解，指出该篇之意蕴。《四书集注》："杨氏曰：'圣人之所谓道者，不离乎日用之间也。故夫子之平日，一动一静，门人皆审视而详记之。'"尹氏曰："甚矣，孔门诸子之嗜学也！于圣人之容色言动，无不谨书而备录之，以贻后世。今读其书，即其事，宛然如圣人之在目也。虽然，圣人岂拘拘而为之者哉？盖盛德之至，动容周旋，自中乎礼耳。学者欲潜心于圣人，宜于此求焉。"朱熹的这个题解实际上也是两段引文，通过这两段引文，可以看出，本篇其实是关于孔子日常容色言动的内容。为什么要把这些日常的言行举止作为独立一整篇记载于《论语》之中呢？是因为圣人最平常的"动容周旋，自中乎礼"，而越是此类平常家居、日间琐事，反倒有亲临其境、如孔子在眼前的具体真切感。而这正是理解孔子、学习孔子最具体而微的地方。所谓读其书，即其事，知其人，通其道也！

本篇"中乎礼"的内容，适于孔子之时，于当今时代多有变迁，绝大多数内容已经失去存在的意义，今人也难以真正理解一些具体的细节，所以，本篇的解读，我只对个别依然有现代价值的地方给以关注。

10.1　孔子于乡党，恂恂如也，似不能言者。其在宗庙朝廷，便便言，唯谨尔。

乡党者，即今之所谓故乡、家乡。过去社会，是以族群为基础的社会，所谓乡党就是本族老少爷们乡里乡亲聚集的处所。孔子在家乡的言谈和在朝廷政务场所的言谈是完全不同的两种方式。在家乡父老面前，孔子谦卑恭顺，好像不善言语，但在宗庙朝廷，却很善于辩论，不过也很严谨。通俗说，本章意指孔子从不在父老乡亲面前显摆自己博学多识，但对于国家政事，就会据理而论，不畏豪强。这看似简单，其实很难做到，稍有点成就或略有见识，往往喜欢在家乡父老面前表现表现，古往今来，莫不如此，于此细微处见圣人之精神不同于常人也。

10.2　朝，与下大夫言，侃侃如也；与上大夫言，訚訚如也。君在，踧踖如也，与与如也。

近年来，大量的宫廷影视作品中，有关宫廷礼仪、出班列朝、诸臣私议、君臣问答之类的场景很多，有些作品比较接近历史记载，有些纯粹就是臆测胡编。本章是孔子时代宫廷礼仪的一个真实写照，记载的是孔子作为一个臣子，在朝堂上的表现，有国君在场的时候是怎样的，国君不在场，孔子与上大夫是如何交谈的，与下大夫是如何交谈的。总之，孔子在朝堂之上的一举一动都符合自己的身份要求及礼的规范。汉以前的朝仪，大抵遵循周礼的规范，汉刘邦登天子位后，由儒生叔孙通主持创立了一套朝堂礼仪，这套礼仪影响直到帝制结束。

10.3　君召使摈，色勃如也，足躩如也。揖所与立，左右手，衣前后，襜如也。趋进，翼如也。宾退，必复命曰："宾不顾矣。"

本章说的是孔子受国君之命，接待外宾时的举止。周礼中，对于外宾的接待是有一套规范的。孔子在接待外宾时，严格地执行了礼的规范，履行了外交使命。显然，在孔子看来，外事无小事。

10.4　入公门，鞠躬如也，如不容。立不中门，行不履阈。过位，色勃如也，足躩如也，其言似不足者。摄齐升堂，鞠躬如也，屏气似不息者。出，降一等，逞颜色，怡怡如也。没阶，趋进，翼如也。复其位，踧踖如也。

从孔子如何入公门，如何走过国君所在位子，到如何出公门、下台阶、再回到原位，这一系列的动作举止，详细记载了孔子在受鲁公召见之时的中规中礼。"公门"指鲁国国君主持朝政召见臣工之所。后世称"公门"泛指公务机关。

"立不中门，行不履阈"依然是现代的礼仪行为规范，到一个地方，不要站在门的正下方，过门槛时，不要踩踏门槛。现在大多住公寓，门已不像古代的门，门槛更是少见了。但我们小时候在农村，老人教导我们的规矩，还有"立不中门，行不履阈"这一套东西。

10.5　执圭，鞠躬如也，如不胜。上如揖，下如授。勃如战色，足蹜蹜如有循。享礼，有容色。私觌，愉愉如也。

圭是一种玉器，类似于后世的笏板。臣子上朝，双手执圭，圭可以看作是一种身份的标志、一种信物。后世由圭演变为笏，笏的作用主要是将拟在朝堂汇报的问题要点书于其上，起提示作用，以便朝政问答。但西方有学者认为，中国历史上这种臣子上朝双手执笏，是帝王预防臣子朝堂行凶的巧妙手段，因为双手执笏，就无法同时执兵器利刃。在人人执笏的朝堂上，即使有个别图谋不轨者为行刺之便而手中无笏，那也容易被及时发现并加以预防。西方人看待中国文化总是别出心裁。

10.6　君子不以绀緅饰，红紫不以为亵服。当暑，袗絺绤，必表而出之。缁衣，羔裘；素衣，麑裘；黄衣，狐裘。亵裘长，短右袂。必有寝衣，长一身有半。狐貉之厚以居。去丧，无所不佩。非帷裳，必杀之。羔裘玄冠不以吊。吉月，必朝服而朝。

孔子的穿戴是中华民族的标准穿戴，眼下所谓汉服、唐装之类，其实都难以代表汉族服饰。如果说，孔子文化代表了中国历史的主流正宗文化，那么，孔子的衣冠服饰，就应该是最能代表中国汉民族的衣冠服饰。

10.7   齐，必有明衣，布。齐必变食，居必迁坐。

斋戒期间，孔子对自己的要求，从穿着到饮食起居都要不同于平时常态，以示诚敬。

10.8   食不厌精，脍不厌细。食饐而餲，鱼馁而肉败，不食。色恶，不食。臭恶，不食。失饪，不食。不时，不食。割不正，不食。不得其酱，不食。肉虽多，不使胜食气。唯酒无量，不及乱。沽酒市脯，不食。不撤姜食，不多食。

本章在《论语》中并无特别深意，但却特别有名。中国人以食为天，饮食文化是中华文化的重要组成，也是对世界文明的特殊贡献。以圣人之尊，孔子的饮食习惯对后世影响巨大，而本章的详细记载，对研究孔子的饮食观念又提供了重要的史料依据。特别是"食不厌精，脍不厌细"早已成为饮食文明最常见、常用的成语。可以说，孔子对于饮食卫生和质量要求还是很高的，对于变质变坏的食材是坚决拒绝的，讲究按时饮食，要求色香味俱全，这些也都符合现代饮食健康卫生的理念。孔子没有故作高深，但他却能认识到正确的合理的饮食对于个体生命健康的重要性，而且身体力行之。两千五百多年前孔子的饮食观念和实践，依然契合现代的饮食科学。中国古人早就认识到病从口入，因此要把握好日常饮食，就能赢得健康。人生七十古来稀，在孔子那个时代，孔子能活到七十三岁，堪称高寿，这样的高寿与孔子良好的日常饮食习惯关系甚大。

这里有个小细节需要注意："不时，不食"，孔子这里主要指没有到吃饭的时间不吃饭，每日三餐在时间上要有规律。但也有人把这一内容扩大理解为不要吃反季节的东西，因为反季节的产品都是违背天时的。当然，我们也可以理解，所谓"不时，不食"，还意味着反对吃零食等。这里还特别提到孔子的酒量及对酒的态度。自从夏禹意识到酒多误事甚至可能有乱政亡国的危险开始，历代关于酒的故事不少，亡国之君好饮酒，似乎也是中国古代社会的常态，从夏桀到商纣莫不如此。但孔子对酒并没有提出特别的警惕或防范，而且他的酒量还相当大，只是能很好地把握度，即所谓"唯酒无量，不及乱"。《论语》中提及酒的地方有两处，另一处说孔子"不为酒困"。[①]还有人从"不撤姜食，不多食"这句中，推断孔子可能有胃寒之恙。

总之，本章记载，透露出有关孔子本人许多个性化的信息。也有人据此认为孔子是圣人，也是美食家。

10.9　祭于公，不宿肉。祭肉不出三日。出三日，不食之矣。

孔子时代，祭祀是大事也是常事，祭祀常有大牢、中牢、小牢，祭祀后的牛、羊、猪肉，要及时馈赠到相关人员家中。孔子位列朝臣，自然也少不了经常收到这样的祭肉。收到祭肉后，当天就要享用吃掉，不能过夜。祭肉存放不能超过三日，过了三天，这个祭肉，孔子就不吃了。这里所谓的"三日"不仅仅是考虑肉质是否变坏的问题，孔子强调不宿肉，是突出对祭祀品的态度。

---

① 《论语·子罕篇》。

10.10　食不语，寝不言。

吃饭就一心一意吃饭，睡觉就老老实实睡觉，不能边吃饭边说话，要睡觉了还喋喋不休、言语不停。"食不语，寝不言"实在是很好的作息习惯。这看似简单，其实很难做到，尤其是现代人。

10.11　虽疏食菜羹，瓜祭，必齐如也。

"瓜"作"必"解，意指每有时鲜必祭祀。虽然这样的祭品很简单，但依然必诚必敬。

以上三章，朱熹把它们并入"食不厌精"一章中。

10.12　席不正，不坐。

"席不正"既是指桌椅板凳没有摆端正，也是指席中位次不当，该坐主位却坐偏位，该坐偏位却坐主位。座席分长幼尊卑，这是中国古已有之的，也是礼的重要表现形式之一，现在中国北方一带，尤其在孔子家乡曲阜，遗风犹醇。

宋人谢良佐说："圣人心安于正，故于位之不正者，虽小不处。"[1]

10.13　乡人饮酒，杖者出，斯出矣。

---

[1]　（宋）朱熹集注，陈戍国标点：《四书集注》，长沙：岳麓书社，2004年，第137页。

10.14　乡人傩，朝服而立于阼阶。

这两章在《四书集注》中被合为一章，也是记孔子在乡党之事，与本篇第一章类似。在家乡与父老乡亲们一起喝酒，酒席完后退场，要等年长的先退场，孔子才退场。乡里人举行一种叫"傩"的活动时，孔子要穿朝服，站在东面的台阶上，以示诚敬。"阼阶"即东面的台阶，主人所立之地。也有认为，"傩"是一种驱鬼求平安的民俗，而宗祠里恰恰是供祖宗灵位神鬼栖身之所，孔子穿着朝服，站在宗祠台阶前，是为了护佑它们不受"傩"的影响，那么"阼阶"则被解读为宗祠前的台阶。

10.15　问人于他邦，再拜而送之。

本章可结合《学而篇》："子禽问于子贡曰：'夫子至于是邦也，必闻其政，求之与？抑与之与？'子贡曰：'夫子温、良、恭、俭、让以得之。夫子之求之也，其诸异乎人之求之与？'""再拜而送之"便是温、良、恭、俭、让的体现。

10.16　康子馈药，拜而受之。曰："丘未达，不敢尝。"

季康子是孔子晚年时期鲁国的主要当权者，正是这个康子在孔子弟子冉求的推动下，把在外漂泊十四年之久的孔子迎接回鲁国。晚年的孔子在鲁国享有国老的礼遇。孔子有一次病了，康子送给他药物，孔子很恭敬地下拜并接受了这个礼物。但孔子又说："我对这个药的药性不了解，不敢尝用。"康子所馈赠之药推想是很名贵的，孔子对药物的态度很值得现代人参考，不能因为名贵之药就可以随便吃，也不能因为赠药之人的身份特殊就盲从。这个事例透露出孔子的独立人格和理性至上。

10.17　厩焚。子退朝，曰："伤人乎？"不问马。

孔子家的马厩失火了，孔子从朝堂回到家后，家人告知发生火灾，孔子问："有没有人员受伤的？"没有问马的情况。

本章的文字内容很浅近，但意蕴深刻。仁者爱人，在灾难面前，孔子首先想到的是人的生命安全，而不是马匹、房屋、财产等是否受损。可见，孔子认为人的生命安全是高于一切的，哪怕是看管马厩的仆人，他们的生命同样是最宝贵的。所以，后人常常引用孔子的这一事例，来证明孔子的人本主义和人文精神。

10.18　君赐食，必正席先尝之。君赐腥，必熟而荐之。君赐生，必畜之。侍食于君，君祭，先饭。

10.19　疾，君视之，东首，加朝服，拖绅。

10.20　君命召，不俟驾行矣。

以上三章，都是记载孔子如何践行臣子之礼的。儒家特别重视君臣大义，《八佾篇》中有两章，可以与此三章互参。"子曰：'事君尽礼，人以为谄也。'""定公问：'君使臣，臣事君，如之何？'孔子对曰：'君使臣以礼，臣事君以忠。'”这前后内容连贯起来读，就比较好理解这三章的用意了。

10.21　入太庙，每事问。

参见《八佾篇》之："子入太庙，每事问。或曰：'孰谓鄹人之子知礼乎？入太庙，每事问。'子闻之，曰：'是礼也。'"

10.22　朋友死，无所归，曰："于我殡。"

10.23　朋友之馈，虽车马，非祭肉，不拜。

孔子教导弟子如何交友，《论语》中此方面内容不少。这两章记载的是孔子本人如何对待朋友的。若有朋友死了，没人办理后事，孔子就说："由我来负责安葬吧。"朋友馈赠的礼物，即使车马这样的贵重礼物，如果不是祭肉，那么虽受之也不下拜。前面记载，康子馈赠孔子药物，孔子是"拜而受之"，药物不是祭肉，但孔子拜而受，那是因为康子的身份与朋友不同。这两个事例，体现的是孔子与朋友交往"止于信、止于礼"的原则。

10.24　寝不尸，居不客。

与上面的"食不言，寝不语"类似，都是记载孔子日常家居时的一些习惯细节。所谓"寝不尸"，就是睡觉姿态不像僵尸一样；"居不客"，即平常居家不像有客人来访一样。

10.25　见齐衰者，虽狎，必变。见冕者与瞽者，虽亵，必以貌。凶服者式之。式负版者。有盛馔，必变色而作。迅雷风烈必变。

本章值得注意的是"迅雷风烈必变"，朱注认为是"所以敬天之怒"。

10.26　升车，必正立，执绥。车中，不内顾，不疾言，不亲指。

这章讲的是乘车的礼仪规范。范祖禹说，这体现了孔子"君子庄敬，无所不在"。①

10.27　色斯举矣，翔而后集。曰："山梁雌雉，时哉时哉！"子路共之，三嗅而作。

本章最是难解，各种解读五花八门，许多学者认为此处极可能有错简或漏简。字面上大概的意思是：鸟儿看到人的神色不好，就会马上飞起结群而视。孔子由此感慨地说："看那山梁上的雌雉，真懂得时宜啊！真懂得时宜啊！"子路听到孔子这番感叹后，就遥对雌雉拱手致敬，鸟儿惊奇地望了几下，就飞走了。

① （宋）朱熹集注，陈戍国标点：《四书集注》，长沙：岳麓书社，2004 年，第 139 页。

钱穆先生却认为本章别有深意:"此章实千古妙文,而《论语》编者置此于《乡党篇》末,更见深义。孔子一生,车辙马迹环于中国,行止久速,无不得乎时中,而终老死于阙里。其处乡党,言行卧起,饮食衣着,一切以礼自守,可谓谨慎之至,不苟且、不鲁莽之至。学者试取庄子《逍遥游》《人间世》与此对读,可见圣人之学养意境,至平实,至深细,较之庄生想象,逖乎远矣。然犹疑若琐屑而拘泥。得此一章,画龙点睛,竟体灵活,真可谓神而化之也。"①

本篇的最后,我想引用南怀瑾《论语别裁》的话来做个总结。南先生如是说:

现在讲这一篇书很难讲,要想讲得好,除非由人扮演出一个孔子,拍成电影。但能担任这个角色的演员则很难,就像电影上的耶稣,很少出现他的正面,很难传神。有一个笑话,以前有一个老迁夫子,认为一个人只要做到《论语》里面一两句话,就终身受用无穷。当下就有一个年轻人说,我就做到了两句,老夫子马上改容相敬,立刻请教他做到了哪两句,年轻人说"食不厌精,脍不厌细",我就完全照做了。这只是一个笑话。这些生活上的描写,都放在《乡党篇》中,这是说孔子的生活习惯,代表了他学问的精神,表示他的言行一致,这是《乡党篇》的第一个观念。而第二个观念,在以前看不出这篇的道理,现在我们看到年轻人,穿衣服不会穿,讲话不会讲,吃东西不会吃,走路也不会走,才知道《乡党》这一篇,把孔子的生活形态记下来,的确有道理。还有第三点,我们可以看到的,孔子是讲仁、讲孝、讲忠的,这也就反映出春秋战国时代,

---

① 钱穆:《论语新解》,北京:生活·读书·新知三联书店,2002年,第270页。

社会的人心太坏，不忠不孝、不仁不义的人太多了。同样的一个道理来看《乡党》，为什么把孔子的生活形态记载得这么多？就是那个时代的青年和现在一样，生活的礼仪不知道，有学问的不一定处得合适，待人处世之间，什么立场应该什么态度？应该怎样说话？都不知道。就是现在，一般人以为美国人生活形态很随便，其实他们的上流社会、领导阶层，还是端端正正地打领带，服装整齐，还是非常讲礼。所以真正的学问，还是要自己用智慧去发掘。

总之，万事都从做人开始，一个人生，无论做什么事业——做官、经商、做学者、做平民，都是要做人。事业的升沉成败，各有变化不同。但无论如何，总要做人。《乡党》一篇，记载孔子如何做人。后世的人们，敬重他的成就便尊称他所谓"圣人"。人人都可成圣，只看自己如何做到圣人的成就。①

---

① 南怀瑾：《论语别裁》，上海：复旦大学出版社，1999 年，第 923—924 页。

先进篇第十一

题解：本篇主要以孔子点评众弟子内容为主，有单独点评的，也有几个连在一块互相参照着点评。点评的角度、场景不一，但却能鞭辟入里，一语中的，足见孔子对诸弟子的了解之深。所谓知弟子者莫如师，师生之情，为师之道，跃然纸上。

11.1　子曰："先进于礼乐，野人也；后进于礼乐，君子也。如用之，则吾从先进。"

本章的难点是为什么"野人"先进于礼乐，而"君子"反倒后进于礼乐？杨伯峻解读为，先学礼乐后做官当是贫寒子弟，属于"野人"，而那些所谓君子，都是世袭贵族，天生就是做官的，所以，这些人是先做官后学礼乐。儒家主张"学而优则仕"，如果选用人才，当然是用先学礼乐后做官的贫寒子弟。郭克煜等人所著的《鲁国史》采傅斯年说，认为，孔子所谓的"先进""后进""君子""野人"的意思是"那些先到了开化程度的，是乡下人；那些后到了开化程度的是'上等人'。如果问我何所取，则我是站在先开化的乡下人一边。"在傅看来，这里所谓的"野人"，乡下人，即为殷的遗民。鲁国原为商奄旧地，周代鲁国的统治者是西部来的周人。所以，鲁国有大量的殷遗民，殷俗甚浓，以殷俗为礼乐（开化程度）论，当然是野人在先，而周人在后。但周人以主人君子的地位出现，故而"君子"反倒后进于礼乐了。若按傅氏之说，则孔子"从先进"似乎是因孔子也是殷人后裔而更加怀旧的缘故。

现在说的"先进分子、落后分子"，虽然最初来源于此，但褒贬分明，而古之"先进"与"后进"，其实只是闻道时间先后而已。

11.2　子曰："从我于陈、蔡者，皆不及门也。"

11.3　德行：颜渊，闵子骞，冉伯牛，仲弓。言语：宰我，子贡。政事：冉有，季路。文学：子游，子夏。

朱熹把这两章合为一章，而杨伯峻等则分为两章。合为一章的理由是，朱熹认为孔子前面说到自己周游列国在陈、蔡受难，那些弟子眼下都不在身边，"故孔子思之，盖不志其相从于患难之中也"。那些弟子是谁呢？就是接着下来的所谓孔门四科十哲。但有一个问题是，这十个弟子中有些很可能没有追随孔子到过陈、蔡，比如子游、子夏，这些晚辈弟子，由于当时年龄小，不大可能陪同孔子去周游列国。孔子周游列国凡十四年，据《史记·仲尼弟子列传》载，子夏、子游分别比孔子小四十四岁和四十五岁，孔子开始周游时，他们才十岁左右，很难想象这么小的孩子就追随孔子浪迹天涯了。另有研究认为，冉有当时在做季氏的总管，也没有跟随孔子到陈、蔡。《礼记·乐记》载："武王克殷及商，未及下车，……封帝舜之后于陈。"陈国封地在今河南东部和安徽亳州的西北部一带，是舜的后裔，由武王所封，都城宛丘（今河南淮阳附近），后为楚国所灭。蔡国在今河南驻马店上蔡县一带，是武王五弟蔡叔（姬度）的封地。周公辅政时，蔡叔曾参与"三监"之乱。蔡国后为楚国所并。陈、蔡在当时是小国，但国君爵位高，公、侯、伯、子、男五个等级中，属于公、侯一级的诸侯。

这四科十哲一章，很像是概括性的话，是孔子自己对诸弟子的点评还是编撰者所为，难有定论。而且如曾子、子张等都不在其列，所以，又有概而不全之嫌。但由于有这样的一章内容，就产生了后世俗称的孔门十大弟子。孔庙大成殿有四配十二哲配享从祀，这十个都在其中。

孟子曰："宰我、子贡善为说辞，冉牛、闵子、颜渊善言德行。""昔者窃闻之：子夏、子游、子张皆有圣人之一体，冉牛、闵子、颜渊则具体而微。"[1] 孟子之言，可为本章补益。

李零先生认为："孔门四科，德行是立德，言语、政事是立功，文学是立言。"[2]《左传》有言："太上有立德，其次有立功，其次有立言，虽久不废，此之为不朽。"[3] 孔子对弟子的评议，也许同样考虑了这三立的标准。

这里需要特别说说子夏，后世一般认为子夏是"传经之儒"，而曾子是"传道之儒"。作为"传经之儒"的子夏，有一部《子夏易传》传世。《四库全书》经部第一种，就是《子夏易传》，但都认为这是伪托子夏之名，或是汉代人的易学著作。既然《史记·仲尼弟子列传》中明确记载了孔子传《易》于弟子商瞿，为什么不伪托商瞿而伪托子夏呢？高怀民对此做过一番深入的分析研究，认为商瞿和子夏有可能是同一个人，一般以为子夏

---

① 《孟子·公孙丑上》。

② 李零：《思想地图：中国地理的大视野》，北京：生活·读书·新知三联书店，2016年，第99页。

③ 《左传·襄公二十四年》。

姓卜名商，字子夏，但高怀民认为，所谓卜商，有可能是指善于卜筮的名叫"商"的人，比如师旷、师襄，不是他们真的姓"师"。[①]

11.4   子曰："回也非助我者也，于吾言无所不说。"

上章概括性地点出十位弟子，接下来就是逐一展开，分别评述颜回、闵子骞、子路等。本章可参阅《为政篇》："子曰：'吾与回言终日，不违，如愚。退而省其私，亦足以发，回也不愚。'"从《论语》涉及的颜回内容看，颜回没有像子张、子贡一般对孔子常常有些矫情似的诘问，更没有像子路那样，不讲究时间地点和方式，想对孔子说什么就说什么。颜回总是对孔子的教导感到无比信服而心中喜悦，"仰之弥高，钻之弥坚"，亦即《中庸》所谓"回之为人也，择乎中庸，得一善，则拳拳服膺而弗失之矣"。

11.5   子曰："孝哉闵子骞！人不间于其父母昆弟之言。"

孝子闵子骞，在二十四孝里排名第六，故事名曰"芦衣顺母"。说的是闵子骞母亲早逝，父亲娶了个后妈，后妈生了两个儿子，后妈给亲儿子用棉絮做棉袄，而给闵子骞用芦花做冬衣，看上去很厚，实际上一点也不御寒。冬天里，闵子骞帮着父亲赶车，因体冷手僵，连赶车的鞭子都拿不稳。父亲生气，一鞭子抽打到他身上，结果把芦花给露了出来，父亲才知道原委，要休了这后妈。闵子骞说："母在一子寒，母去三子单。"后妈听到后，很后悔并改正了错误。二十四孝图有诗赞曰："闵氏有贤郎，何曾怨晚娘？尊前贤母在，三子免风霜。"

---

①　高怀民：《两汉易学史》，桂林：广西师范大学出版社，2007 年，第 16—18 页。

孔子之时，闵子骞就以孝著称，在那个以孝为先的时代，闵子骞能有此美誉，可谓不易，关键是，人们对他父母兄弟给他的称赞没有异议，这特别难得。"远之则有望，近之则不厌。"①一个人是真孝还是假孝，父母兄弟最有发言权，而父母兄弟也难免会因"亲者讳"，言不由衷，所以，孔子这里特别提到别人对此无异议，这才是难能可贵，也只有这样，才算得上是真正的孝。

《韩诗外传》曾载有孟尝君请学于闵子骞的故事，闵子骞早于孟尝君两百来年，显属杜撰。但闵子骞作为孝的代表人物，影响甚大，今济南尚有"闵子骞路"。

本章有一个特别值得注意的现象，孔子称谓弟子，从来都只称其名，而不称其字的，而此处是连姓带字一起称呼"孝哉闵子骞"，很不合常理。比如孔子称呼"贤哉回也"，不会称呼"贤哉颜渊"。那么为什么会出现这一现象呢？有两种解释，一种认为孔子此处所称是直接引述当时人们对闵子骞的称呼，并不是孔子自己对弟子的习惯称呼；另一种认为，这《先进篇》内容，很可能是闵子骞的弟子所编撰，所以出现这样的笔误，而且这篇中，后面还出现了"闵子"的称谓。

11.6　南容三复白圭，孔子以其兄之子妻之。

参见《公冶长篇》："子谓南容：'邦有道，不废；邦无道，免于刑戮。'以其兄之子妻之。"此处又再次强调"以其兄之子妻之"。可见孔子为侄女选婿的认真负责。孔子之所以把侄女许配给南容，南容三复白圭是又一个重要缘由。所谓"白圭"，是指《诗经》中的："白圭之玷，尚可磨

---

① 《中庸》。

也；斯言之玷，不可为也。"推想，南容当是个言语特别谨慎之人，他反复念叨这几句诗句，借以时常提醒自己。孔子认为南容能这样要求自己，是个真君子，所以，把侄女许配给他。南容是贵族子弟，在孔子看来，越是贵族子弟，越应该懂得谨慎自保，南容符合孔子择侄婿的标准。

11.7　季康子问："弟子孰为好学？"孔子对曰："有颜回者好学，不幸短命死矣，今也则亡。"

11.8　颜渊死，颜路请子之车以为之椁。子曰："才不才，亦各言其子也。鲤也死，有棺而无椁。吾不徒行以为之椁。以吾从大夫之后，不可徒行也。"

11.9　颜渊死。子曰："噫！天丧予！天丧予！"

11.10　颜渊死，子哭之恸。从者曰："子恸矣！"曰："有恸乎？非夫人之为恸而谁为？"

11.11　颜渊死，门人欲厚葬之。子曰："不可。"门人厚葬之。子曰："回也视予犹父也，予不得视犹子也。非我也，夫二三子也。"

以上五章都是关于颜回之死的内容。孔子谈及颜回之死，哀痛惋惜之情无以言表，无论对上还是对下抑或对于同辈之人，其对颜回的钟爱和哀戚之情都是本自内心而毫不掩饰的。圣人之情，无外乎真诚。而圣人之所以常人不可及，盖亦在此。即使哀痛至极，仍不忘其礼，任何时候都能中道不悖，发乎情，止乎礼，于颜回之死可见孔子之所以为圣人者。有人认为孔子不够厚道，一方面说自己如何如何疼爱颜回，把颜回捧上天，一方面自己却死要面子，舍不得用自己的破车换个外椁，让颜回的葬礼显得体面点，孔子的这种假惺惺，还不如子路这帮同学来得真实。其实，这种观点恰恰对孔子缺乏更深刻的认识，是以俗人之心度圣人之腹。

《礼记·檀弓》载："颜渊之丧，馈祥肉，孔子出受之，入，弹琴而后食之。"

11.12　季路问事鬼神。子曰："未能事人，焉能事鬼？"曰："敢问死。"曰："未知生，焉知死？"

子不语怪、力、乱、神，但弟子难免还是要问，子路就是这样的一个弟子。不过孔子的回答很巧妙，也很平实。子路问对待鬼神，孔子告诉他要先懂得如何待人；子路问死，孔子告诉他，如果生的道理都没明白，又如何懂得死是怎么回事？《孝经》说的"事死如事生，事亡如事存"其实都是基于对自身存在的认识而自然延伸的。孔子强调的也正是这种认识的前提基础。

11.13　闵子侍侧，訚訚如也；子路，行行如也；冉有、子贡，侃侃如也。子乐。"若由也，不得其死然。"

这像是一个场景的直观描述。闵子骞、子路、冉有、子贡四个弟子陪在孔子身边，四个弟子的形态表现各有不同。闵子骞在孔子一旁，温和恭敬，子路一派刚强之气，冉有和子贡显得快乐而温和。孔子看到这样的场景，感到心中喜悦。但却冒出一句："由这个人呀，将来死得会比较惨。"确实，子路后来死得很悲壮，是被剁成肉酱的。可见，孔子是有某种观相知人的前知眼光的。

参见《乡党篇》之"朝，与下大夫言，侃侃如也；与上大夫言，訚訚如也。"侃侃如也，訚訚如也，是古人形容说话形态的专用语。

又，本章将闵子骞称为"闵子"，而其他篇章都是闵子骞，据此，有学者认为，《论语》的编撰者亦当有闵子的门人弟子。

11.14　鲁人为长府。闵子骞曰："仍旧贯，如之何？何必改作？"子曰："夫人不言，言必有中。"

鲁国重新改造府库。闵子骞说："就按以前的就可以了，难道这样不行吗？为什么一定要改造呢？"显然闵子骞认为原有的府库够用了，不必再劳民伤财，这体现了他务实爱民的思想。所以，孔子表扬子骞说："他这个人平时不怎么说话，一旦说出来，很中肯，一语中的。"

11.15　子曰："由之瑟奚为于丘之门？"门人不敬子路。子曰："由也升堂矣，未入于室也。"

孔子六艺授徒，弟子各怀才艺，子路看似赳赳武夫，却也能调琴鼓瑟。有一次，孔子听到子路弹奏瑟，显然颇有些问题，孔子就说："由的这个弹瑟技艺，怎么会出自我孔丘的门下呢？"听老师这么一说，孔门的其他弟子就有点看不起子路，孔子说："由的技艺也算是入门了，但只是没有深入到更精进的程度。""升堂入室"成语即出于此。孔子批评子路很直白，但也很爱护他，随时教导他。《论语》关于孔子与子路师徒的对手戏，又多又精彩。比如"子见南子"等。

《孔子家语》载："子路鼓瑟，有北鄙杀伐之声。"好像孔子批评子路所鼓瑟的内容不当，但从本章字面理解，可能还是指弹奏技艺方面的不足。

11.16　子贡问："师与商也孰贤？"子曰："师也过，商也不及。"曰："然则师愈与？"子曰："过犹不及。"

师指颛孙师，即子张，商指卜商，即子夏。子贡问孔子："老师，你认为子张与子夏他们俩，哪个更贤能？"孔子说："子张显得有点过头了，子夏却又显得有点不足了。"子贡就接着问："那么子张更好些？"孔子说："太过了和不够份，都是缺陷。"本章意思浅显，关键在"过犹不及"，这四个字堪称对儒家中庸之道最贴切的概括。过犹不及，强调的是要恰到好处，这也就是中庸之道的"喜怒哀乐之未发，谓之中，发而皆中谓之和"。

11.17　季氏富于周公，而求也为之聚敛而附益之。子曰："非吾徒也。小子鸣鼓而攻之，可也。"

孔子对于弟子的批评从来都是威而不猛的，但这次例外，居然号召弟子们鸣鼓攻之了，可见老人家愤怒到极点了。是什么让孔子如此发怒呢？原来是弟子冉有帮着季氏聚敛财富！因为聚敛财富必然以盘剥百姓为前提，孔子痛恨的是自己的弟子居然忘记了自己的平日所教，失去了仁者爱人的立场，而依附豪门权贵。孔子这是在清理门户，不是基于师徒个人恩怨，而是告诉所有弟子，立身行道不能走偏了路。

孟子曰："由此观之，君不行仁政而富之，皆弃于孔子者也。"①

11.18   柴也愚，参也鲁，师也辟，由也喭。

古人用词精当，点评人物一字足矣。高柴愚笨，曾参鲁钝，子张极端，子路粗野。本章前面没有"子曰"，但这样的点评臧否诸位弟子，显然出自孔子本人之口，而非其他弟子，更非编撰《论语》者所能为。

11.19   子曰："回也其庶乎，屡空。赐不受命，而货殖焉，亿则屡中。"

孔子说："颜回的修养可说是近乎道了，可却总是贫困。子贡不拘成命，却财源滚滚，猜测行情每每都很准。"通过颜回与子贡的对照，可以看出修道与理财不是呈正增长的，可能相反，所以要安贫乐道。求道之人，要有"食无求饱，居无求安"的精神。现在，许多人把儒家的精神与发财致富联系起来，其实有违儒家精神实质。儒家是"仁者以财发身，不仁者以身发财"。②

---

① 《孟子·离娄上》。
② 《大学》。

11.20　子张问善人之道。子曰："不践迹，亦不入于室。"

所谓"善人"，朱熹说是"质美而未学者"，类似于璞玉而尚未雕琢。那么，子张问善人之道，其实就是问如何使人成为善人的道。孔子说："不学习如何去遵循圣贤的足迹（榜样），就不能登堂入室达到理想的目标。"没有规矩，不成方圆，质地虽好，不取法圣贤，难有所成。

11.21　子曰："论笃是与，君子者乎？色庄者乎？"

孔子说："总是自许言论笃实的人，是否就是真君子呢？还是表面是而实非呢？"孔子曾说"巧言令色，鲜矣仁"，言论笃实也要考虑无巧言令色之嫌呀！

孔子曾自我批评，说自己"以言取人，失之宰予；以貌取人，失之子羽"。[①]

11.22　子路问："闻斯行诸？"子曰："有父兄在，如之何其闻斯行之？"冉有问："闻斯行诸？"子曰："闻斯行之。"公西华曰："由也问闻斯行诸，子曰，'有父兄在'；求也问闻斯行诸，子曰，'闻斯行之'。赤也惑，敢问。"子曰："求也退，故进之；由也兼人，故退之。"

---

① 《史记·仲尼弟子列传》。

子路问："听到后就要马上去实践吗？"孔子说："家里有父兄在，怎么能这么急着说干就干呢？"冉有问同样的问题，孔子说："听到了当然就要马上去实践。"公西华很困惑，就问孔子，两个同学问同样的问题，为什么孔子给他们的回答截然不同呢？这问同而答异又是为什么？孔子说："冉求性缓，进取性不够，所以就鼓励他进；子路过勇过急，就有意让他缓缓。"

孔子因材施教，因弟子的不同性格而施教，这进退之间，足见圣人之教。

11.23　子畏于匡，颜渊后。子曰："吾以女为死矣。"曰："子在，回何敢死？"

孔、颜是千古师生的表率，本章可谓又一明证。危难之际，牵挂在心，不离不弃，大难不死，惊喜交集。问答之间，已然超乎俗世远矣。

孔子周游列国时，曾途经匡这个地方，因鲁国的阳虎曾暴虐过匡地，而孔子长得与阳虎相像，又恰好也是从鲁国而来，所以，匡地的人就把孔子当作阳虎囚禁了。[①]

古人文章惜字如金，一个"畏"字，就包括了多层意思。"畏"者，惧极也。盖孔子于匡地严重受困以致有畏惧之状云，可见当时情势之危急。可与《子罕篇》"子畏于匡"章互参。

---

①《史记·孔子世家》载："过匡，颜刻为仆，以其策指之曰：'昔吾入此，由彼缺也。'匡人闻之，以为鲁之阳虎。阳虎尝暴匡人，匡人于是遂止孔子。孔子状类阳虎，拘焉五日。"

11.24　季子然问："仲由、冉求可谓大臣与？"子曰：
"吾以子为异之问，曾由与求之问。所谓大臣者，以道事君，
不可则止。今由与求也，可谓具臣矣。"曰："然则从之者
与？"子曰："弑父与君，亦不从也。"

忠臣和奸臣，比较通俗易懂，而本章提出"大臣"和"具臣"两个
概念，就不是很好理解了。孔子认为大臣是"以道事君，不可则止"，
一般臣子很难达到这样的高度，大部分臣子不过是"具臣"而已，也就
是能勤于政务，不渎职不失职，就很不错了。所以，孔子对以"政事"
著称的子路和冉有，只许以他们为"具臣"，认为他们还够不上大臣的
标准。但具臣也是有底线的，犯上作乱、杀父弑君的大逆不道的事是绝
对不会做的。

11.25　子路使子羔为费宰。子曰："贼夫人之子。"子
路曰："有民人焉，有社稷焉，何必读书，然后为学？"子
曰："是故恶夫佞者。"

这又是一出孔子与子路的对手戏，很有趣。子路派子羔去费县当主
管。孔子说："你这不是害人子弟吗？"看来子羔是很不适合担任这个
职务的。子路却说："只要有老百姓、有社稷在，何必先读书然后学做
官呢？"孔子说："所以我讨厌巧言善辩的人。"孔子强调学而优则仕，
而子路却认为只要有当官的机会，就赶紧先上位，孔子当然很严厉地批
评他。

子羔，即高柴，孔子前面就已经说过"柴也愚"，一个愚笨的人，

子路却偏偏安排他这样重要的职务，这不是害人是什么呢？现在一些人，总认为不管有无能力，说你行你就行，你就可以为官治人，其实，这对不能胜任的人，是莫大的伤害，也是对事业的伤害。有德无才不行，有才无德也不行，何况无德无才呢？明知高柴同学比较愚笨，子路却将他委以重任，这当然不可取。

11.26　子路、曾晳、冉有、公西华侍坐。

子曰："以吾一日长乎尔，毋吾以也。居则曰：'不吾知也！'如或知尔，则何以哉？"

子路率尔而对曰："千乘之国，摄乎大国之间，加之以师旅，因之以饥馑；由也为之，比及三年，可使有勇，且知方也。"夫子哂之。

"求！尔何如？"对曰："方六七十，如五六十，求也为之，比及三年，可使足民。如其礼乐，以俟君子。"

"赤！尔何如？"对曰："非曰能之，愿学焉。宗庙之事，如会同，端章甫，愿为小相焉。"

"点！尔何如？"鼓瑟希，铿尔，舍瑟而作，对曰："异乎三子者之撰。"子曰："何伤乎？亦各言其志也。"曰："莫春者，春服既成，冠者五六人，童子六七人，浴乎沂，风乎舞雩，咏而归。"夫子喟然叹曰："吾与点也！"

三子者出，曾晳后。曾晳曰："夫三子者之言何如？"

子曰："亦各言其志也已矣。"

曰："夫子何哂由也？"曰："为国以礼，其言不让，是故哂之。""唯求则非邦也与？""安见方六七十如五六十而非邦也者？""唯赤则非邦也与？""宗庙会同，非诸侯而何？赤也为之小，孰能为之大？"

夫子与弟子言志，在《论语》及其他一些书籍记载中有数处，最著名者当属此。其原因在于本章的记载形象生动且让人遐想无限，该章曾被编入现代中学语文课本中，由此而广为人知。孔子曾与颜回、子路言志，那次，孔子说自己的志向是"老者安之，朋友信之，少者怀之"。[1]而这里，孔子说"吾与点也"，孔子的志向居然是：春夏之际，带着书童和好友，在河里游游泳，在岸边吹吹风，一路唱着歌回家！仙风道骨，跃然纸上。

从本篇言志中，可以看出几个弟子的鲜明个性：子路依然自负而快人快语；冉有内敛，但不失其自信；公西华彬彬有礼，仿佛天生就是司仪官；曾点更像是个道家人物，无欲无求，只想归于自然、享受自然之美乐。

子路、冉有、公西华所言之志，都在邦国诸侯，可见孔门弟子其志皆不在小且各有所长，治国平天下是儒家教育的自然发挥。但这是不是人生的最终归宿呢？孔子的一句"吾与点也"告诉了后人，答案在这里！王阳明在他的《月夜二首》中写道："铿然舍瑟春风里，点也虽狂得我情。"先圣、后圣，其心通契也。

---

① 《论语·公冶长篇》。

颜渊篇第十二

题解：本篇以颜渊命名，而内容以论仁、问政为主，有颜渊问仁、仲弓问仁、司马牛问仁，有子贡问政、景公问政、子张问政。颜渊为孔门第一高徒，而仁为孔学之核心，政为孔学之所向，内容宏富，意趣高标，足见本篇的分量。若《论语》以《乡党篇》分上下卷，则下卷十篇中，本篇最重。

12.1　颜渊问仁。子曰："克己复礼为仁。一日克己复礼，天下归仁焉。为仁由己，而由人乎哉？"颜渊曰："请问其目。"子曰："非礼勿视，非礼勿听，非礼勿言，非礼勿动。"颜渊曰："回虽不敏，请事斯语矣。"

关于仁的问题，《论语》里多处涉及，孔子曾说"人而不仁，如礼何？"颜回是孔门第一高徒，天资悟性自非其他弟子所能企及，如樊迟问仁、司马牛问仁等，孔子所答皆不同，颜回问仁，孔子的回答是"克己复礼"，因为孔子知道颜回的领悟力，也对颜回寄予厚望，所以孔子指出，克己复礼，才能天下归仁。如何去践行仁德，还是要靠本人的自觉，而不是仰赖别人。

颜回对孔子一贯仰之弥高，钻之弥坚，听到孔子这番高屋建瓴的话，自然心中喜悦，更欲精进，所以，就希望老师能把"克己复礼"进一步展开。孔子就正好循循然善诱之："不合礼的就别看，别听，别说，别动。"这是要求颜回从视、听、言、动各个方面来规范自己。颜回还是一如既往，于孔子之言，无所不悦，表示说："我虽然不够聪明，还是很愿意按老师的教导去践行。"

《孝经》云："非先王之法服，不敢服；非先王之法言，不敢道；非先王之德行，不敢行。是故非法不言，非德不行。口无择言，身无择行。言满天下无口过，行满天下无怨恶。"若能克己复礼，在视、听、言、动各方面都中规中矩的话，能随心所欲不逾矩，那就是"仁"。

本章是《论语》最著名的章节之一。

孔子论仁，或体或用，或体用兼之。谢无量曾统计，凡见于《论语》和五经中的所谓仁体中所包之德目，即达四十八个之多。[1] 在仁体与德目之间，仁与礼的关系，可说是儒学最核心的关系之一，本章则是对这一关系的最经典的概括。

12.2　仲弓问仁。子曰："出门如见大宾，使民如承大祭。己所不欲，勿施于人。在邦无怨，在家无怨。"仲弓曰："雍虽不敏，请事斯语矣。"

---

① 谢无量:《中国哲学史》，上海：中华书局，1932年，第65页。

仲弓以"德行"著称，深得孔子器重。孔子曾说他"可使南面"，即堪做大官，有如君侯听政，这样的高度期许，是其他弟子所没有过的。这次仲弓向孔子请教一个大问题：什么是"仁"？孔子的回答还是因人而异，因为这个弟子有可使南面之德才，所以孔子说："平常出门就要像去会见高贵的宾客，管理百姓就要像亲临重大祭祀一般。自己不想要的，就不要强加给别人。在邦国中无所怨，在家族乡里也同样要无所怨。"仲弓说："我虽然不敏慧，愿意遵师所嘱去践行。"

"己所不欲，勿施于人"被认为是关于"仁"的最贴切的阐释，是忠恕之道具有可操作性的实践论，也被认为是处理当今世界人与人之间、国与国之间最有底线价值的"黄金定律"。据说，联合国总部就镌刻有这八个大字。《论语》中，这八个字出现过两次。另一次出现在《卫灵公篇》："子曰：'其恕乎！己所不欲，勿施于人。'"

12.3 司马牛问仁。子曰："仁者，其言也讱。"曰："其言也讱，斯谓之仁已乎？"子曰："为之难，言之得无讱乎？"

本篇的头三章，分别是颜回问仁、仲弓问仁、司马牛问仁。连续三个弟子问同样一个问题，但孔子所答各有不同，这既体现了"仁"的内涵极度丰富，也展现了孔子因材施教的教育实践。司马牛这个弟子比不得颜回和仲弓两位，对这两位高徒，孔子是从理论的高度来阐述"仁"，显然司马牛还达不到这样的认识水准。《史记·仲尼弟子列传》载，司马牛"多言而躁"，躁则不稳，言多必失，这可是人的大缺点。孔子这里巧妙地变换了一下概念，司马牛明明问的是"仁"，孔子回答的是"仁者，他说话缓慢"。司马牛又问："说话缓慢就可以称为仁吗？"孔子说："若能体会言出必践的成事之难，难道说话还不该缓慢吗？"正如樊迟问仁，孔子曰："仁者先难而后获，可谓仁矣。"①"讱"者，说话迟钝、缓慢也！

12.4　司马牛问君子。子曰："君子不忧不惧。"曰："不忧不惧，斯谓之君子已乎？"子曰："内省不疚，夫何忧何惧？"

司马牛问完"仁"之后，似乎意犹未尽，就接着问起了君子。孔子说："君子不忧愁不恐惧。"司马牛问："不忧愁不恐惧的人就可以称为君子吗？"孔子说："一个人自我反省而无可愧疚的地方，还有什么可忧惧的呢？"孔子前面就说过："知者不惑，仁者不忧，勇者不惧。"不忧不惧，既是仁者，又是勇者，当然堪称君子了。这里关键是"内省不疚"，无论智、仁、勇，到底还是自修内省的功夫。

12.5　司马牛忧曰："人皆有兄弟，我独亡。"子夏曰："商闻之矣：死生有命，富贵在天。君子敬而无失，与人恭而有礼。四海之内，皆兄弟也——君子何患乎无兄弟也？"

前章，孔子刚刚教导司马牛"君子不忧不惧"，这里，司马牛就开始"忧"了，结合前面孔子教育他"仁者，其言也讱"，可以看出这连续三章有关司马牛的内容，虽然不是发生在同一时间地点的，但其内在的逻辑关系是非常清晰的，足可推知《论语》编者的用心。

---

① 《论语·雍也篇》。

本章是司马牛与子夏两个同学间的对话，即所谓"弟子相与言"的内容。本章因为有"四海之内皆兄弟"这句名言而成为《论语》最著名的章节之一。其实"死生有命，富贵在天"也是名句，因前面有"商闻之矣"，所以，一般认为是子夏闻之于孔子，那么，这个"生死有命，富贵在天"的"知识产权"应该属于孔子，也因此有一些人从中窥探孔子的天命观。但这里很明显，"四海之内皆兄弟"这句让人心情愉悦的话，它的首创权属于子夏，正如"和为贵"属于有子，不能都算在孔子的头上。孔子当也不会猎弟子之美。

司马牛为什么羡慕别的同学都有兄弟，而他没有呢？其实，他有弟兄好几个，其中有一个兄长叫司马桓魋，这位老兄在孔子周游列国到宋国时还伺机迫害过孔子，这还不够，他还带着几个弟兄一起犯上作乱。唯有司马牛，跟着孔子学君子之道，所以司马牛感觉与亲兄弟们形同陌路，难免孤独忧伤。子夏当然知道司马同学的这个心结，就良言相劝，也是鼓励他，安慰他，言外之意就是你是君子，到处都会有兄弟的。

但关于此司马牛是否就是宋国司马桓魋的弟弟司马牛，学界也有不同看法，认为作为孔子弟子的司马牛与宋国的司马牛只是同名而已。杨伯峻先生即持此说。

12.6　子张问明。子曰："浸润之谮，肤受之愬，不行焉，可谓明也已矣。浸润之谮，肤受之愬，不行焉，可谓远也已矣。"

子张多言好问，司马牛多言而躁，这两位同学都是多言之徒，子张则更聪慧善思。我们这位子张同学问的问题往往别具一格，这次他问的是"明"。老子说："知人者智，自知者明。"而孔子对于"明"有独到的见解："点滴累积的谗言、切肤之痛的诬告，在你这里行不通，可算是明了，也可说是看得远了。"人世之间，最怕的是众口铄金、积毁销骨、温水煮青蛙，易让人不知不觉中跳坑上当。一个人真想洞察世事明了人心，就要有抵御"浸润之谮，肤受之愬"的能力。谮，谗也；愬，诬也。

12.7　子贡问政。子曰："足食，足兵，民信之矣。"子贡曰："必不得已而去，于斯三者何先？"曰："去兵。"子贡曰："必不得已而去，于斯二者何先？"曰："去食。自古皆有死，民无信不立。"

孔门弟子善学好问，问得最多的问题恐怕就是政治了。这里子贡又问政了。孔子说："政治的关键是国家有足够的粮食、良好的军备，取得老百姓的信任。"子贡说："若不得已，三个方面必须去掉一个，该去哪个呢？"孔子说："那就去掉军备吧。"子贡又问："万不得已还必须去掉一个，这剩下的两个去掉哪一个呢？"孔子说："去掉粮食吧。自古以来人都要死，但如果老百姓失去了信念也就失去了民心，这个国家就再也站不起来了。"只要民心不失，信仰犹在，那么失去的一切都可以慢慢再来。

大到天下国家，小到黎民百姓，"信"字尤为重要。孔子说："人而无信，不知其可也。"有子说："信近于义，言可复也。"君子重然诺，故"仁、义、礼、智、信"为儒家之"五常"，"孝、悌、忠、信、礼、义、廉、耻"为儒家之"八德"，这五常八德，不可以无"信"矣！

陈焕章著《孔门理财学》对本章内容做过重点分析，他说："在这段对话中，'食'一词包括全部的理财活动；'兵'一词，包含了所有的军事力量与武器装备；'信'一词包含了所有的宗教与伦理活动。""在'信'与'食'之间，孔子这样的伟大导师一定是宁愿选择信念，换句话说，他必定选择有信念的死，而不会选择没有信念的生。'食'是维系、团结社会组织的主要手段，而信念则是保持社会组织的决定性方面。"[①]

12.8　棘子成曰："君子质而已矣，何以文为？"子贡曰："惜乎，夫子之说君子也！驷不及舌。文犹质也，质犹文也。虎豹之鞟犹犬羊之鞟。"

卫国大夫棘子成说："真君子重本质就可以了，还需要什么形式文采呢？"子贡说："真是遗憾啊，夫子你能这样说君子吗？一言既出，驷马难追。外在的风仪与本质内容是合一的，本质内容也要通过外在形式来表现。如果外在的形式不重要，那么，去掉毛色的虎豹皮与犬羊皮有什么区别呢？"子贡是语言天才，出口成章且善喻。

前章，突出的是"去食""去兵"，留下最最本质的"民信"。而在通常情况下，不仅仅不能去食、去兵，还要文质具在，所以，本章就谈质与文的关系。孔子提倡的是"文质彬彬，然后君子"，子贡本章表达的思想是与孔子一致的。

我们习惯称孔子为"孔夫子"或"夫子"，本章"夫子"显然不是指"孔夫子"。其实"夫子"是尊称，棘子成是大夫，大夫也可称为"夫子"，盖其有所博闻焉。

---

① 陈焕章著，韩华译:《孔门理财学》，北京:商务印书馆，2017年，第85—86页。

12.9　哀公问于有若曰："年饥，用不足，如之何？"有若对曰："盍彻乎？"曰："二，吾犹不足，如之何其彻也？"对曰："百姓足，君孰与不足？百姓不足，君孰与足？"

哀公作为鲁国国君，遇到问题一般请教孔子的时候多，向孔子弟子请教的记载较少，不过二三人而已，哀公曾向宰我请教社礼，[①] 本章是哀公向有若请教关于财政收入的问题，可见有若在孔门中的影响力。此问或当发生于孔子去世后。

哀公问有若："年成不好，君用不足，怎么办？"有若问："执行什一税了吗？"哀公说："什二税，我还嫌不够，怎么还能是什一税呢？"有若说："如果老百姓富足了，国君还能不富足吗？如老百姓不富足，国家又安能富足呢？"

中国过去的税收主要是农业税，所谓"彻"，就是按收成的十分之一纳税。这种税率大概是中国的传统，也是农民所能承担税费的上限。如果税率提高到十分之二，那老百姓真的苦不堪言了，可统治阶级还嫌不足，是真正的大硕鼠！孔子对于那些不顾百姓死活，还醉生梦死聚敛财物的人深恶痛绝，所以，弟子冉有助纣为虐，帮季氏聚敛，被孔子痛骂，以致要把他逐出师门，让弟子们"鸣鼓而攻之"。[②] 从本章对话不难看出，有若是在婉转地批评鲁哀公。

有研究资料显示：1953 年至 1957 年新中国第一个五年规划期间，

① 《论语·八佾篇》。
② 《论语·先进篇》。

全国农业税平均税率为11.67%,1965年为7%,1975年为4.9%。①2006年1月1日开始，中国宣布全面取消农业税，这是中国几千年来绝无前例的伟大壮举！

12.10　子张问崇德辨惑。子曰："主忠信，徙义，崇德也。爱之欲其生，恶之欲其死。既欲其生，又欲其死，是惑也。'诚不以富，亦祇以异。'"

我们这位子张同学这次又问了一个新鲜的问题，类似问题樊迟同学也向老师请教过。②

子张问孔子该怎样去提升品德、分辨迷惑呢？孔子说："守住忠信这个主线，一举一动唯义是从，如此就可以提升品德了。受爱恶偏好所左右，就必然被迷惑。"

"诚不以富，亦祇以异"引自《诗经·小雅·我行其野》，一般认为此处是错简所致，与本篇内容不想干。此句大意是：如此这样对自己无益，不过让人感觉奇怪罢了。

"主忠信"在《学而篇》就出现过："主忠信。无友不如己者，过则勿惮改。"

12.11　齐景公问政于孔子。孔子对曰："君君，臣臣，父父，子子。"公曰："善哉！信如君不君，臣不臣，父不父，

---

①　张富良：《改革开放前中国共产党农业税政策的历史考察》，《中共党史研究》2006年第4期。

②　《论语·颜渊篇》载："樊迟从游于舞雩之下，曰：'敢问崇德，修慝，辨惑。'"

子不子，虽有粟，吾得而食诸？"

　　社会秩序混乱，民不聊生，孔子的救世药方先从"正名"开始，所谓正名其实就是名实相符，各安其分，君要像君，臣要像臣，父要像父，子要像子。如果君王没有君王的德行，臣子没能忠于职守，父亲没有为人父的责任和表率，子女不守孝道，这样的状态显然是没有希望的。所以，齐景公向孔子请教为政之道，孔子就以"君君、臣臣、父父、子子"应对。齐景公听后大为赞赏。但齐景公的境界也实在太低，一切的目的竟然是为了自己"食粟"，与孔子的本意相去远矣。

　　孔子一生曾多次到齐国谋发展，这次与齐君之间的问对，当是孔子三十五岁左右时到齐国。景公这次对孔子比较满意，竟然决定把一块土地分封给他，但却被晏婴阻止了。齐国与鲁国相邻，彼此有竞争关系，晏婴从齐国的利益出发，各为其主，阻挠对孔子重用也是情理之中。

　　12.12　子曰："片言可以折狱者，其由也与？"子路无宿诺。

　　孔子弟子中，子路是以"政事"著称的。古代的政事，是综合性的，既包括现在所谓的行政，也包括司法，还包括军事，所以，中国历史上的地方长官往往是复合型的人才。由于子路信守承诺，言出必践，来找子路断案的人都不敢对子路隐瞒，所以，子路就可以根据当事人的几句话就做出判决。"片言"不是指片面之言，而是寥寥数语的意思，"折狱"就是断案子。《易传·系辞上》曰："天之所助者，顺也；人之所助者，信也。履信思乎顺，又以尚贤也，是以自天祐之，吉无不利也。"孔子以子路的例子，阐明为政者的诚信对于治下百姓的影响是多么深刻！本章以子路作为官员臣子为例，上承上章的"君君臣臣"，下接下章孔子自己"听讼"，可见其中的内在逻辑关系。

12.13   子曰："听讼，吾犹人也。必也使无讼乎！"

孔子曾担任鲁国的大司寇，相当于现在的最高法院的首席大法官，做法官就难免听案、审案、断案。自古以来，原告与被告，都是各说各的理，听的人也觉得彼此似乎都有些道理，否则，如果一点理也没有，一般也不至于诉讼到官老爷那里讨个说法。做审判官的，既要有专业的审判知识，同时也会受到法、理、情的影响。自古以来法律都是极端理性的、冷冰冰的，孔子强调的是，即使自己是大法官，自己也难免与他人一样会受诉讼者的影响，不可能做到绝对的理性。所以，最好的办法，是避免发生诉讼、完全消灭诉讼。无讼是一种理想的社会状态，也就是孔子说的大同世界。

《大学》对这段话的解释是："无情者不得尽其辞，大畏民志，此谓知本。"朱熹理解是：圣人能明明德，自然有以畏服民之心至，故讼不待听而自明。我认为，朱熹的理解过于高推圣意，似不符《大学》所言之本意，更不符孔子的本意。本章原文看不出孔子自认为讼案一到他面前就会息讼，恰恰相反，孔子也如常人，不能不为讼案屡屡发生所恼，所以希望"治未病"，消除产生诉讼的隐患，即防患于未然。在《四书集注》里，朱熹引范氏、杨氏语，倒贴近本意。范氏曰："听讼者，治其末，塞其流也。正其本，清其源，则无讼矣。"杨氏曰："子路片言可以折狱，而不知礼逊为国，则未能使民无讼者也。故又记孔子之言，以见圣人不以听讼为难，而以使民无讼为贵。"

12.14　子张问政。子曰:"居之无倦,行之以忠。"

在孔门弟子中,子张是有点另类的,所谓"堂堂乎张也"。子张与子夏、子游皆以"文学"著称,学问很高,对后世影响巨大,《论语》涉及子张的内容很多。在孔门弟子与孔子的问答中,子张之问,常常显出另类本色。比如"问干禄""问明""问崇德辨惑""问善人之道"等等,诸如此类,皆为其他弟子所不及。"问政",则是孔门弟子的常见之问。居之无倦,是指无论在办公期间还是在家燕居期间,心中念兹在兹,对于政务都不能有倦怠,即要勤政;言行都要本着忠于君上和治下的庶民,而不能失去本心。这是古代对公务员的基本要求,现在同样适用。

可对比《尧曰篇》:"子张问于孔子曰:'何如斯可以从政?'"

12.15　子曰:"博学于文,约之以礼,亦可以弗畔矣夫!"

本章在《雍也篇》已出现,此处是重复,不知是否因为重简所致。颜回曾由衷地赞美孔子教导自己"夫子循循然善诱人,博我以文,约我以礼",[①]博文约礼,是孔门育人的基本,弟子接受了这样的教育,至少可以做到"弗畔"了,即不给自己找麻烦,不给社会添乱子。这是儒家对人的基本要求。

---

① 《论语·子罕篇》。

12.16   子曰："君子成人之美，不成人之恶。小人反是。"

孔子说："君子应该欣赏、鼓励、帮助别人去追求进步，成全别人的美好愿望；规劝、防范别人走向邪恶。小人则相反。"君子之所以异于小人者多矣，是成人之美还是成人之恶，是区别君子与小人的重要标志。《易》云："善不积不足以成名，恶不积不足以灭身。"美恶之间，也是一个渐变的过程，所以孔子说："与其进也，不与其退也。"[①]

12.17   季康子问政于孔子。孔子对曰："政者，正也。子帅以正，孰敢不正？"

接下来这连续三章都是季康子向孔子请教治国理政之道。这个时间，当在孔子周游列国回到鲁国后，孔子已步入晚年，他一心用于整理古代文献、修订《春秋》、教导学生的事业上，并没有再亲自参与鲁国政事，但鲁国还是把他当作"国老"来看待，所以，此一阶段，季康子、鲁哀公这些大人物来问政较多。

无论是在传统的人治社会还是现代的民主法治社会，领导者的自律表率作用都是有重大示范意义的。尤其在传统社会，所谓"一言偾事，一人定国"，最高统治者的言行对一个国家社会往往具有非比寻常的影响。季康子作为鲁国的实际当权者，他向孔子请教为政之道，孔子自然很严肃认真地对他说："所谓政，就是正的意思，也就是正大光明、公正无私、行得正、坐得直。你自己若能带头走正道，谁还敢不

① 《论语·述而篇》。

走正道呢？"

　　孔子与哀公之间，也有类似的问答。《礼记·哀公问》载：孔子侍坐于哀公，哀公曰："敢问人道谁为大？"孔子愀然作色而对曰："君之及此言也，百姓之德也，固臣敢无辞而对。人道政为大。"公曰："敢问何谓为政？"孔子对曰："政者，正也。君为正，则百姓从政矣。君之所为，百姓之所从也。君所不为，百姓何从？"公曰："敢问为政如之何？"孔子对曰："夫妇别，父子亲，君臣严，三者正，则庶物从之矣。"

　　孟子也有类似的话："君仁莫不仁，君义莫不义，君正莫不正，一正君而国定矣。"①

　　12.18　季康子患盗，问于孔子。孔子对曰："苟子之不欲，虽赏之不窃。"

　　鲁国一个时期盗窃案件频发，负责治安的季康子遇到这样棘手问题，就又来向孔子请教了。孔子没有告诉他如何去破案，提高破案率，甚至也没有告诉他如何去防范，而是批评季康子："如果你自己不想要的东西，奖励他们去偷他们也不会去。"说白了，就是"己欲达而达人"，"己所不欲，勿施于人"。你季康子这些高高在上的大人们，贪得无厌，搜刮民脂民膏，聚敛不已，老百姓日不聊生，能不遍地是盗贼吗？

　　本章承上章义，为政关键是居上位者要"帅以正"。

----

　　① 《孟子·离娄下》。

12.19　季康子问政于孔子曰："如杀无道，以就有道，何如？"孔子对曰："子为政，焉用杀？子欲善而民善矣。君子之德风，小人之德草。草上之风，必偃。"

季康子这次还是问政，不过问的角度不一样，是问孔子为政该不该大开杀戒，而且开杀戒的理由是"杀无道，就有道"。这"无道"与"有道"是相对立的概念，在康子看来，要坚持"有道"就必须杀"无道"。这是极端的暴力主义，且不说到底谁有道，谁又无道，没有客观的标准，很难做到公正，错杀滥杀就在所难免，人类历史此类悲剧教训不可谓不深刻。前章说到"季康子患盗"，推想他是对于所谓的"盗"，想开杀戒予以震慑，还搞了个冠冕堂皇的杀人理由是"杀无道，就有道"。面对起了杀心的季康子，孔子告诫他："你若真想好好当政，还需要用杀的手段吗？你想往善的方向发展，老百姓自然向善看齐。大人们的品德犹如风，小老百姓的品德犹如草，风往哪边吹，草就往哪边倒。"

这连续三章的三问三答，突出地体现了孔子一贯的指导思想，他始终认为，凡是政治出现了问题，其根源都出在上层，而不在下面，这是儒家政治理论的根本特征之一，也是儒家民本思想的基本内涵。无论学生问政还是君子大人们问政，孔子所有的回答，都是对执政者提出种种要求，从没有对老百姓提出任何要求，这一基本理念，即使今天对我们也依然有重要的参考意义。

《易经·巽卦·象》曰："随风，巽。君子以申命行事。"巽为风，两风相随，谓之随风。君子以德化民，推行政令，犹如风吹草动，无往不胜。

12.20　子张问："士何如斯可谓之达矣？"子曰："何哉，尔所谓达者？"子张对曰："在邦必闻，在家必闻。"子曰："是闻也，非达也。夫达也者，质直而好义，察言而观色，虑以下人。在邦必达，在家必达。夫闻也者，色取仁而行违，居之不疑。在邦必闻，在家必闻。"

"邦"指诸侯之邦，"家"指大夫之家。子张问："士怎样才算是达？"孔子说："你所说的达是指什么？"子张回答说："在邦国必须闻名，在大夫之家也必须闻名。"孔子说："你所说的那是名气，不是达。所谓达，是那种品质淳朴、崇尚正义，善于察言观色，凡事以谦卑而从下。在邦国能达，在大夫之家也能达。而所谓有名气的人，其实是表面上一脸正气而实际所作所为却完全背离仁的要求还自以为是的人。这些人，在邦国有名气，在大夫之家也是有名气的。"

孔子强调的是名气背后的实质。所谓名气，有臭名有芳名，为了出名，无所不用其极者古今屡见不鲜，而今尤烈。名副其实，是孔子"正名"思想的基本指导原则，本章正好通过这一问一答，把正名的思想反映了出来。

司马迁很认同孔子的这一思想，比如他给吕不韦的评语就是"色取仁而行违"。[①]诸葛亮《出师表》："苟全性命于乱世，不求闻达于诸侯。""闻达"一词盖源于此。现在媒体上常见所谓某某"达人"，其实也就是"闻人"而已，与孔子所谓的"达人"相去远矣！

①《史记·吕不韦列传》载："孔子之所谓'闻'者，其吕子乎？"

12.21　樊迟从游于舞雩之下，曰："敢问崇德，修慝，辨惑。"子曰："善哉问！先事后得，非崇德与？攻其恶，无攻人之恶，非修慝与？一朝之忿，忘其身，以及其亲，非惑与？"

舞雩台位于沂河岸边，是鲁国祭天的场所，平时可能也是公众游乐的场所。《论语》中至少记载了两次孔子与弟子在舞雩台游学的情景，一次是孔子与几个弟子的言志，所谓"风乎舞雩"的故事，[①]另一次即本章"樊迟从游"。从《论语》关于樊迟的记载看，樊迟是经常陪伴在孔子身边的弟子，所以，他向孔子请教问题比较方便，而且常常是有感而发的问题。樊迟比不得颜回、子贡这些弟子，算不上很聪明，但孔子对他还是很耐心地教诲，总是不失时机对他耳提面命，足见孔子对他的关爱。[②]

本章可与本篇前面的"子张问崇德辨惑"一章互参。子张与樊迟问的几乎是完全一样的问题，但孔子的回答却不尽相同。孔子首先对樊迟能提出这样的问题予以肯定，善问，其实也是一种能力的表现，说明樊迟与子张相差不远了。"先事后得"就是"先劳后获"，这就是"崇德"。慝，指藏恶于心。如何才能"修慝"呢？努力去克服自己的缺点毛病，而不是去指责别人的不足，实际上就是要严于律己而宽以待人。如果因一时之愤怒而不顾自身之死活，还累及父母，就是被迷惑而不智。从孔子的这番教导可以推知，樊迟可能好冲动，有时说话不注意分寸，容易

---

① 《论语·先进篇》载："子路、曾皙、冉有、公西华侍坐。"

② 《论语·为政篇》载："孟懿子问孝。子曰：'无违。'樊迟御，子告之曰：'孟孙问孝于我，我对曰，无违。'樊迟曰：'何谓也？'子曰：'生，事之以礼；死，葬之以礼，祭之以礼。'"

说些过头话。

12.22　樊迟问仁。子曰："爱人。"问知。子曰："知人。"樊迟未达。子曰："举直错诸枉，能使枉者直。"

樊迟退，见子夏曰："乡也吾见于夫子而问知，子曰，'举直错诸枉，能使枉者直'，何谓也？"子夏曰："富哉言乎！舜有天下，选于众，举皋陶，不仁者远矣。汤有天下，选于众，举伊尹，不仁者远矣。"

前面，孔子刚表扬了樊迟善问，果然，樊迟又接着露了一手，连续两问，孔子成弟子之美，回答得也很巧妙，这一问一答，成就了千古名言：仁者爱人，智者知人。可惜，樊迟到底还是慧根不够，对老师这种特别简练的回答，有些吃不透，不过倒也老实承认自己不懂，没有装懂。孔子进一步告诉他所谓知人，就是"提拔正直的人置于不正直的人之上，能使不正直成为正直"。显然，樊迟还是没有领会，所以，樊迟从孔子那里出来后，见到子夏，就向子夏请教说："刚才我见到老师，向他请教什么是智，老师说'提拔正直的人置于不正直的人之上，能使不正直成为正直'，这是什么意思啊？"子夏说："老师这番话还真是富有深意啊！舜帝有天下，于众人之中选贤能之士，大家推荐皋陶，不仁的人就自然被疏远了。汤有天下，也是于众人之中提拔了伊尹，不仁的人也远离而去了。"所谓智者知人，就是不但要能辨别出贤愚善恶，而且要能以善治恶。"举直错诸枉"就是伸张正义，抑恶扬善。在《为政篇》哀公问政一章里，也有同样的内容。[①]

《大学》云："见贤而不能举，举而不能先，命也；见不善而不能退，退而不能远，过也。"

毛泽东说："仁像现在说的'亲爱的团结'。"[②] 郭沫若认为仁道是对"人的发现"，他说："每一个人要把自己当成人，也要把别人当成人，事实是先要把别人当成人，然后自己才能成为人。"[③]

12.23　子贡问友。子曰："忠告而善道之，不可则止，毋自辱焉。"

子贡问交友之道，孔子说："对朋友要忠告而且善于引导他，如朋友不认可不接受，就不要勉强了，免得自取其辱。"

《论语》中关于孔子谈交友之道的记载比较多，因为朋友是"五伦"之一，儒家是非常重视朋友关系的。《论语》开篇第一章就是"有朋自远方来，不亦乐乎？"与朋友交往，当然要以义为先，但关键还要掌握一个度。子游说"朋友数，斯疏矣"，[④] 也是度的问题。

子贡为人豁达，财大气粗，交友广，但缺点也突出，喜欢与不如自己的人交往，既好扬人之美善，又好揭人之短恶，所以，孔子如是教导之。

---

① 《论语·为政篇》载："哀公问曰：'何为则民服？'孔子对曰：'举直错诸枉，则民服；举枉错诸直，则民不服。'"

② 中共中央文献研究室编：《毛泽东书信选集》，北京：中央文献出版社，2003 年，第 132 页。

③ 郭沫若：《十批评书》，上海：群益出版社，1946 年，第 83 页。

④ 《论语·里仁篇》。

12.24　曾子曰："君子以文会友，以友辅仁。"

君子品德高尚，平日追求亦属文雅，所以君子之交，以切磋学问、砥砺品德为目的，故而曾子曰："君子以文会友，以友辅仁。""辅仁大学"取名即源于此。如今，社会娱乐化倾向越来越明显，交友之道更是五花八门，人以类聚，物以群分，欲不流俗，则需懂得择友，此曾子其教也！

子路篇第十三

题解:孔门弟子最著名者莫过于颜回,而最有个性者则非子路莫属。前有颜回篇,继之以子路篇,孔门弟子之多彩,由此可见一斑矣。

13.1 子路问政。子曰:"先之劳之。"请益。曰:"无倦。"

在前一篇中,相继有过子贡问政、子张问政、齐景公问政、季康子问政等。孔门中,最热心从政者莫过于子张和子路,这里子路也跃跃欲试开始问政了。孔子的回答很简单:"要率先垂范并亲力亲为。"子路问:"还有吗?"孔子说:"不要怕疲倦。"换句话说,孔子教导子路为政之道,就是要先百姓之劳而劳,且永不懈怠。说白了,就是以身作则,勤政爱民。这与孔子教导子张有相似处:"居之无倦,行之以忠。"子张与子路一样,都是急于用世者,夫子是以谆谆教导之。

13.2　仲弓为季氏宰，问政。子曰："先有司，赦小过，举贤才。"曰："焉知贤才而举之？"子曰："举尔所知；尔所不知，人其舍诸？"

这个在孔子看来"可使南面"的仲弓，已经做了季氏的大总管了，还向孔子请教为政之道。孔子说："要给手下的同僚们做好表率，不要计较他们的小过失，要举荐贤能的人。"仲弓问："那怎样才能知道是贤才而举荐他呢？"孔子说："就举荐你所了解的人中有贤能的人；你所不知道的人，若真有贤能，别人也不会舍弃不用。"为政之难，在选贤与能，故孔子如是云尔。

13.3　子路曰："卫君待子而为政，子将奚先？"子曰："必也正名乎！"子路曰："有是哉，子之迂也！奚其正？"子曰："野哉，由也！君子于其所不知，盖阙如也。名不正，则言不顺；言不顺，则事不成；事不成，则礼乐不兴；礼乐不兴，则刑罚不中；刑罚不中，则民无所措手足。故君子名之必可言也，言之必可行也。君子于其言，无所苟而已矣。"

本章涉及一个重大的命题即"正名"。对孔子正名的思想，不仅仅在孔子之时的子路会认为孔子显得迂腐，即使后世乃至今天，仍有不少人认为，这纯粹是书生之见，愚不可及。其实，这种看法，是对孔子的莫大误解，也可以说，是对儒家学说的真谛缺乏正确的认知。

孔子批评子路，其实也提醒后人，对正名思想不能简单化理解。胡适说："正名主义，乃是孔子学说的中心问题。"① 并认为孔子的正名主义是后世"名家学派"的源头。"正名主义"对后世影响深远。《荀子·正名篇》及董仲舒的《春秋繁露·深察名号篇》都可以看到此影响的痕迹。而一部《春秋》就是正名主义的范本。正名的核心，即辨是非，寓褒贬，化民成俗。先前的注家，常常把孔子的"正名"与当时卫国的特殊政局相联系，因为当时卫国太子蒯聩因遭受卫灵公宠妃南子之谗，被迫逃亡他国，卫灵公死后，蒯聩未能归国就位，蒯聩的儿子被扶上了君位，而流亡在外的原太子蒯聩也一直谋划如何归国夺权，由此产生了父子君臣的争斗，这种复杂的权位名分之争，严重影响了当时的卫国政局，后来的子路也因这场父子君臣的争斗而殉命。孔子的"正名"为先，或许是针对卫国当时的局面而言，但孔子"正名"的思想显然不局限于卫国之事，而是具有政治学和哲学意义上的普遍性的价值。

孔子的正名思想，最核心的就是在礼坏乐崩的时代需要拨乱反正。孔子的指导思想就是重新构建社会的礼乐制度，使统治者有一个统治管理社会的总抓手，有了这样的总抓手，则"君子名之必可言也，言之必可行也"。后世评议孔子，认为孔子有"托古改制"的思想，其实，孔子并没有隐讳自己的改制思想，他的改制思想就是"正名"。子路毕竟高度不够，完全不能理解孔子这一伟大思想的意义所在。当然这也难怪，对真理的认识需要一个过程，正如四十多年前改革开放之初的解放思想、拨乱反正的历程一样，也是在巨大的争议中艰难前行的。

正名不是一蹴而就的，是一个贯穿始终的过程，因为事物是发展的，"名"一定要随着事物的发展而不断丰富其内涵，才能达到"正"的要求，

---

① 胡适:《中国哲学史大纲》，北京：中华书局，2013 年，第 69 页。

否则，就是"名不正"。名正与名不正，用哲学的话说，就是是否实事求是，符合客观真理，是，就是名正，不是就是名不正。

所以，正确理解孔子的"正名"思想，必须从"形而上"的高度去认知，如果只是从"形而下"的层面去理解，就会犯子路这般肤浅的错误。

荀子曰："王者之制名，名定而实辨，道行而志通，则慎率民而一焉……如是，则其迹长矣。迹长功成，治之极也，是谨于守名约之功也。"①

13.4　樊迟请学稼。子曰："吾不如老农。"请学为圃。曰："吾不如老圃。"

樊迟出。子曰："小人哉，樊须也！上好礼，则民莫敢不敬；上好义，则民莫敢不服；上好信，则民莫敢不用情。夫如是，则四方之民襁负其子而至矣，焉用稼？"

樊迟这位同学，因为在孔子身边的机会多，问的问题也多，前面说过，他仅就什么是"仁"就先后问过孔子三次，这次，他问的却是浅近的种田的问题。孔子对种田应该是很懂的，孔子自己说过"吾少也贱，故多能鄙事"，这样的人生经历，孔子不可能对种田之事不了解。但孔子认为，他之所以兴学施教，绝不是教授某种具体的技艺，而是教为人师、为人长、为人君的道理。学有大道与小术之分，显然，孔子提倡学生要学大道，而不要务小术。

其实，本章涉及的是教育的根本性问题，教育究竟应该是传道解惑还是授术谋生？在孔子看来，受教育是求道的过程，而非简单地为了谋

---

① 《荀子·正名篇》。

生。君子谋道不谋食，忧道不忧贫，这是君子之学。樊迟所问非君子之学，孔子故此不答。近现代以来，关于大学教育是精英教育还是平民教育的话题，一直是有争论的。从孔子以来，直到晚清，中国的教育一直是精英教育的路线。大学教育的平民化，对于教育的普及有重要意义，但同时又出现了向世俗化甚至庸俗化异变的倾向。真正的成功的教育是应该引领社会、指导人生的，而不是简单地成为社会的附庸，教育虽然最终要服务于社会实践，但教育应该高于社会实践，这样才能引领社会不断前进。所以，伟大的教育家往往被誉为伟大的精神导师，导师的作用就是指明方向、引领未来。

本章的内容也成为极左人士攻击孔子轻视生产劳动的"历史罪证"，加之《微子篇》中还记载有荷蓧丈人调侃子路说"四体不勤，五谷不分，孰为夫子"这样的话，由此得出结论认为孔子是代表统治阶级而蔑视劳动人民的，其实这都是对孔子莫大的误解。子夏对孔子这一教育思想理解很透彻，子夏说："虽小道，必有可观者焉；致远恐泥，是以君子不为也。"又说："百工居肆以成其事，君子学以致其道。"① 子夏的这两句话，可以看作对孔子批评樊迟学稼的注解。

13.5 子曰："诵《诗》三百，授之以政，不达；使于四方，不能专对；虽多，亦奚以为？"

《论语》关于《诗》的论述很多，诸如"《诗》三百，一言以蔽之，曰'思无邪'""不学《诗》，无以言"等皆为孔子论《诗》，而且，直接引用《诗》中的句子也很多，比如"如切如磋，如琢如磨""唐棣之华，

---

① 《论语·子张篇》。

偏其反而"。古代经典中，比如《孝经》《礼记》等，引用《诗》的内容随处可见，可以想象，孔子时代对于《诗》的重视程度。

有一个学术问题，就是所谓"《诗》三百"，是孔子之前就已经流行的还是从孔子整理后才开始有三百篇之说的？《诗》在孔子之前就已经流行，这是没有什么争议的。孔子对《诗》进行过整理，也是不容怀疑的。《史记·孔子世家》："古者《诗》三千余篇，及至孔子，去其重，取可施于礼义，上采契、后稷，中述殷、周之盛，至幽、厉之缺……三百五篇，孔子皆弦歌之，以求合《韶》《武》《雅》《颂》之音。礼乐自此可得而述，以备王道，成六艺。"孔子自己也说："吾自卫反鲁，然后乐正，《雅》《颂》各得其所。"① 从三千多篇，精简到三百五篇，这是一个非常大的变化，而孔子整理后的《诗》，后来被称为儒家六经之一的《诗经》，是否在孔子生时就已经成为约定俗成的"《诗》三百"了？甚至连孔子自己都称其"《诗》三百"了？这似乎有悖于常理，特别在古代社会，能成为约定俗成并为社会公认的东西，需要一定的时间跨度，就算孔子真的把三千多篇精简整理为三百五篇，要流行开来，成为全社会的常识性内容，也当在孔子之后。既然孔子自己都说"《诗》三百"，那么可以推断"《诗》三百"当在孔子整理诗经之前就已经出现，所谓孔子整理诗经，其实是在"《诗》三百"的基础之上予以进一步完善。

六经中的《乐经》在汉代就散佚了，有人就认为，所谓《乐经》其实是包含在《诗经》里的，即司马迁所说的"三百五篇，孔子皆弦歌之，以求合《韶》《武》《雅》《颂》之音"，孔子为这三百五篇所整理谱写的曲子，就是《乐经》的基本内容。那么，《诗经》与《乐经》的关系，就当是词与曲的关系，遗憾的是，传下了歌词，却遗失了曲子。后人编辑《唐诗三百首》，也是仿照孔子当年整理《诗经》，因为《诗经》才三百五

---

① 《论语·子罕篇》。

篇，唐诗也就选三百首，以示不敢超越圣人。

孔子教育弟子学《诗》，并非像现在是将《诗》当作文学作品来品读，在孔子看来，《诗》是与培养执政外交能力直接相关的大学问，而不是风花雪月地附庸风雅。如果学《诗》不能如此致用，那么，在孔子看来，这样学《诗》就是白学，纵然能多背诵几首也毫无意义。

13.6　子曰："其身正，不令而行；其身不正，虽令不从。"

本章可与下面十三章互参："子曰：'苟正其身矣，于从政乎何有？不能正其身，如正人何？'"

《礼记·缁衣》："子曰：'下之事上也，不从其所令，从其所行。上好是物，下必有甚者矣。故上之所好恶，不可不慎也，是民之所表也。'"

言传不如身教，自身的表率作用，是无声的传教。言行不一，言过于行，都是人之大恶。所以，孔子说："君子欲讷于言而敏于行"，[①]"先行其言而后从之。"[②]

13.7　子曰："鲁、卫之政，兄弟也。"

鲁、卫两个诸侯国都是姬姓宗亲之诸侯国，鲁国开国之君是周公，即周武王的四弟姬旦，卫国开国之君是康叔，也是周武王之弟，比周公还小，名封。姬旦与姬封，本是亲兄弟，所以说鲁、卫之国是兄弟之国。

---

① 《论语·里仁篇》。
② 《论语·为政篇》。

但孔子这里说"鲁、卫之政，兄弟也"，主要是指这两国的政治局面很像兄弟。为什么说他们的政局像兄弟呢？因为孔子之时，鲁国和卫国，国内政治乱象丛生，彼此更像是难兄难弟，孔子说他们是一对兄弟，是表达对他们这种乱象的不满和批评。

13.8　子谓卫公子荆："善居室。始有，曰：'苟合矣。'少有，曰：'苟完矣。'富有，曰：'苟美矣。'"

孔子周游列国，在卫国逗留时间最长，认识卫国的朋友也比较多，孔子比较认可的几个朋友中就有卫国的蘧伯玉、孔圉（孔文子），还有这位公子荆。作为卫国的世家公子，居家过日子，不尚奢侈，而倡简朴，与当时卫国上层统治者奢靡浮华的风气形成对比。所以，孔子赞美他"善居室"，意在贬斥淫逸骄奢之徒。

称"卫公子荆"，是因为鲁国也有一个"公子荆"，以示区别。吴国季札称卫公子荆有君子之风，孔子称许他，也在情理。

13.9　子适卫，冉有仆。子曰："庶矣哉！"冉有曰："既庶矣，又何加焉？"曰："富之。"曰："既富矣，又何加焉？"曰："教之。"

管子名言："仓廪实而知礼节，衣食足而知荣辱。"《荀子·大略篇》云："不富无以养民情，不教无以理民性。故家五亩宅，百亩田，务其业而勿夺其时，所以富之也。立大学，设庠序，修六礼，明十教，所以道之也。《诗》曰：'饮之食之，教之诲之'。王事具矣。"

可见，先富而后教，是儒家的重要思想，也是中国古代思想家的基本立场，这一思想是唯物主义的，也是民本主义的。虽然，这里所谓的富，其实不过是指解决了温饱问题，还算不上富裕，正如孟子所说的"七十者衣帛食肉，黎民不饥不寒"，[①] 在这种前提下，才能"谨庠序之教，申之以孝悌之义"。[②] 孟子、荀子的先富后教的思想盖源于此。

在随同孔子周游列国的弟子中，冉有情况有点特殊，他中途因鲁国季氏之召而提前离开孔子返回鲁国了，后成为季氏的大总管，参与了鲁国的一系列重大活动。后来，季氏礼聘孔子回鲁，孔子终于结束了十四年的流亡生涯，冉有从中的推动作用是不可忽视的。

13.10   子曰："苟有用我者，期月而已可也，三年有成。"

期月即一年。孔子和他的许多弟子，都是以天下为己任，且都比较自信。这里就体现出孔子的自信，认为自己若能得以重用，一年就能看到不错的业绩，三年就可以有大的成就。正如孟子所言："夫天未欲平治天下也；如欲平治天下，当今之世，舍我其谁也？"

13.11   子曰："'善人为邦百年，亦可以胜残去杀矣。'诚哉是言也！"

孔子说："'善良的人治理国家连续达一百年，也可以实现和平，避

---

① 《孟子·梁惠王上》。

② 同上。

免残杀之状.'这句话还真不假啊。"孔子这是在引述别人所言,该语出自何处不得而知,但意思很清楚,要扭转社会的暴戾之气,不经过几代人的持续努力是难有所成的。所谓百年,则至少三代人,孔子身处春秋末年,社会动乱暴戾之气甚浓,积重难返,故时人有此言论。本章与上一章似乎有对应关系,上一章是"期月而已可也,三年有成",这一章就说要"百年",足见孔子之自信和抱负之远大。

朱熹注云:"胜残,化残暴之人,使不为恶也;去杀,谓民化为善,可以不用刑杀也。"

13.12　子曰:"如有王者,必世而后仁。"

本章接前两章,都强调治国安民之道需要时间,绝不是一蹴而就的。一般善良之人要一百年,即使孔子自己也至少要一年以上,三年才能见效。所以,孔子说,如有王者起,也至少要经历一代人才能使仁政得以全面推行。我们说,实现小康社会,需要好几代人的不懈努力,也是这个道理。

孟子曰:"以力假仁者霸,霸必有大国;以德行仁者王,王不待大。"[①]孔子所谓"王者",即孟子所谓"以德行仁者"也。

13.13　子曰:"苟正其身矣,于从政乎何有?不能正其身,如正人何?"

本章与第六章"子曰:'其身正,不令而行;其身不正,虽令不从'"

---

① 《孟子·公孙丑上》。

及《颜渊篇》"季康子问政于孔子。孔子对曰:'政者,正也。子帅以正,孰敢不正?'"两章可合参互训,更好理解。孔子一贯强调,统治者的自律和表率作用对于整个社会的导向意义是不可替代的,尤其在人治时代,儒家这样的政治指导思想是有相当的进步和积极意义的。即使在当今时代,无论东西方,统治者的道德楷模作用,都是不可忽视的积极因素。精英治国是人类社会的一个基本真理,能引领社会进步的一定是精英人物,而这样的精英人物在道德品行上也一定是值得称道的,这是儒家道德至上的必然结论。在物欲横流、道德缺失的时期,呼唤道德的回归,要从执政者开始,这未尝不是解决时代困局的一种有效路径。

"于从政乎何有?"这种"于某某何有"的表述手法,在《论语》中,多次出现,大概都可以理解为"对于某某又有何难呢?"执政者若能做到自身正直清明,那么对于治理国政又有何难呢?自己都做不到正直无私,又怎么能要求别人做到呢?

13.14 冉子退朝。子曰:"何晏也?"对曰:"有政。"子曰:"其事也。如有政,虽不吾以,吾其与闻之。"

本章再次出现"冉子"称谓,第一次出现是在《雍也篇》。在《论语》里,孔门弟子中被尊称为"子"的仅四人:有子、曾子、闵子、冉子。尽管后世认为,《论语》一书之撰成多得益于子夏、子张、子游此三子之徒,但前四子之徒必参与《论语》之编撰无疑,且或在其中发挥关键作用,尤其是有子、曾子之徒,或为主要编撰者。

本章反映的是孔子晚年的一个片段,仔细品味个中细节比较玄妙。作为弟子的冉有,这时已经是季氏的红人、鲁国的要人,他从朝堂上退下来,没有直接回家,而是先到孔子这里问安。那么,弟子退朝后,是否必须先向老师问安呢？这种问安是当时礼的要求吗？从文中看，这种问安当是常例性的，否则，孔子也不会说"何晏也？"即"这次怎么来晚了？"如果只是偶尔来问安，孔子这样问就无由了。显然，孔子是言外有意。冉有倒也坦白，说是有政务耽搁了。孔子说："是事务吧。如果真是政务，虽然用不着我了，我还是能有所听闻的。"这里可以看出，在孔子眼里，政务和事务是不同的，是有严格区分的，而冉有却把它们混淆了，所以孔子委婉批评他。但也有人认为，孔子可能不是简单地强调政务与事务之分，而是批评冉有背地里配合季氏筹划有违政治原则的事，比如冉有曾为季氏聚敛，冉有不能劝住季氏"旅于泰山"，冉有甚至赞成季氏去讨伐颛臾，这几件事《论语》都有记载，都是孔子所反对的，是违背孔子的政治理念的。孔子显然是在提醒冉有，也是在敲打他，不要以为老师这么容易糊弄。

孔子周游列国回到鲁国后，没有直接参政，但季氏曾对他说过："子为国老，待子而行。"所以，对于重大的政事，孔子是能及时获知的。书载哀公问政、季氏问政等，也都发生在这个时期。

13.15　定公问："一言而可以兴邦，有诸？"孔子对曰："言不可以若是其几也。人之言曰：'为君难，为臣不易。'如知为君之难也，不几乎一言而兴邦乎？"

曰："一言而丧邦，有诸？"孔子对曰："言不可以若是其几也。人之言曰：'予无乐乎为君，唯其言而莫予违也。'如其善而莫之违也，不亦善乎？如不善而莫之违也，不几乎一言而丧邦乎？"

孔子一生经历四位鲁君：襄公、昭公、定公、哀公。孔子担任官职的时间都在定公之时。本章定公之问，时间或在孔子为司寇之际。

孔子一向提倡谨言慎行，如"君子欲讷于言而敏于行"，"先行其言而后从之"，如此云云，比比皆是。《易传·系辞上》中，关于言行的说法，更代表了儒家的主张："君子居其室，出其言善，则千里之外应之，况其迩者乎？居其室，出其言不善，则千里之外违之，况其迩者乎？言出乎身，加乎民；行发乎迩，见乎远。"言行，君子之枢机，枢机之发，荣辱之主也。言行，君子之所以动天地也，可不慎乎？"，《大学》中，也有类似的说法："一言偾事，一人定国。"君无戏言，因君之言行直接关系国家命运，岂可儿戏？一言既然可以兴邦，当然也可以丧邦。兴衰存亡，天下国家系于一人之身，为君者其言可不慎乎？知为君之难者，故知治国之难，敢不勉乎？但知为君之乐者，骄奢淫逸之心日长，岂不殆乎？故此，君言善而国人莫违，则其国必兴；君言不善而国人不敢违，则其国必亡。国无诤臣，家无诤子，危乎殆哉！

13.16　叶公问政。子曰："近者悦，远者来。"

叶公好龙的故事妇孺皆知，但叶公问政于孔子的故事则鲜有人知。孔子周游列国曾抵叶公地界，叶公封地在叶邑，今河南叶县境内。叶公非姓叶，原名沈诸梁，字子高，本是楚庄王的曾孙。他问政于孔子，孔子告诉他："能让附近的百姓感觉到喜悦，能让远方的百姓来投奔你。"这话听起来平实，却是儒家最重要的政治理念之一。孔子、孟子、荀子都强调过这一观念，如："远人不服，则修文德以来之"，[1]　"近者悦服，而远者怀之"。[2]

---

① 《论语·季氏篇》。
② 《礼记·学记》。

13.17　子夏为莒父宰，问政。子曰："无欲速，无见小利。欲速，则不达；见小利，则大事不成。"

　　子夏在莒父这个地方做行政长官，向孔子请教为政之道。孔子说："不要急于求成，不要贪图小利。急于求成，反倒难以实现目标；贪图小利，就不能成就大事。"且不说历史无数次地证明孔子所言不虚，就以现代为政者言，急功近利的所谓政绩、竭泽而渔的发展模式，其所产生的恶果，时刻都在印证着孔子对子夏这番教导的普世意义。

13.18　叶公语孔子曰："吾党有直躬者，其父攘羊，而子证之。"孔子曰："吾党之直者异于是：父为子隐，子为父隐——直在其中矣。"

　　前面有叶公问政，这里叶公对孔子说："我们家乡有个很坦白直率的人，他的父亲偷了羊，儿子就去告发指证。"孔子很含蓄，没有说这样做该不该或对不对，只是说如何才是"直"。本章是《论语》中引发后世争议最多的内容之一，如"唯女子与小人为难养也"一样，也是孔子常被后人诟病的地方之一。那么，该如何正确全面地理解本章内容呢？
　　本章所说明的其实是感性与理性的不同，真正的感性的东西是发自内心油然而生的，也就是孔子所说的"直"，而父子之间的情感是最直接的感性的问题，父亲如果犯了错误，从情感的角度，让子女相信父亲所犯错误甚至向外人去指证父亲的错误，子女是很难做到的，这恰恰是情感的"直"的表现。《大学》云："好而知其恶，恶而知其美者，天下鲜矣。"让子女知父之恶又能举报之，这有悖人情，又不符合儒家孝道的本意。但孔子也不是只重感情不讲理性的人。理性是建立在感性的基础上的，"父为子隐，子为父隐"，是情感之直，这种"直"才是真正的率真之"直"。故此，孔子说"直在其中矣"。

西方学者罗素就认为："孔子宣扬的孝道有碍公共精神的发展。"① 这恰恰反映出中西文化的不同，中国是伦理主义的重情感的文化，西方是理性主义的法治文化。从不同文化的角度看待同样一个问题，结论却截然不同，这也是有趣的现象。

13.19　樊迟问仁。子曰："居处恭，执事敬，与人忠。虽之夷狄，不可弃也。"

我们的樊迟同学又向孔子请教什么是"仁"了。孔子说："无论在哪都要有谦恭的态度，做事一定要敬业认真，与人相交要忠厚。即使到夷狄之地，也不能放弃这些。"

《论语》中，樊迟问仁共有三处，第一处在《雍也篇》："子告之曰：'仁者先难而后获，可谓仁矣。'"第二处在《颜渊篇》："子告之曰：'爱人。'"本章是第三处，三次问同样一个问题，孔子所答各不同，何者？盖因时、因地、因事而异，但核心思想不变，仁者由己不由人。

---

① 〔英〕伯特兰·罗素著，秦悦译：《中国问题》，上海：学林出版社，1996年，第29页。罗素认为："孝道和族权或许是孔子伦理中最大的弱点，孔子伦理中与常理相去太远的也就在于此。家族意识会削弱人的公共精神，赋予长者过多的权力会导致旧势力的肆虐。"

13.20　子贡问曰："何如斯可谓之士矣？"子曰："行己有耻，使于四方，不辱君命，可谓士矣。"曰："敢问其次。"曰："宗族称孝焉，乡党称弟焉。"曰："敢问其次。"曰："言必信，行必果，硁硁然小人哉！抑亦可以为次矣。"曰："今之从政者何如？"子曰："噫！斗筲之人，何足算也？"

在《为政篇》中，子贡曾向孔子请教什么是"君子"，这里子贡又问孔子，什么样的人可以称为"士"，本篇后面还有子路也问同样的问题。那么，士与君子又有什么不同呢？《论语》中，关于什么是君子，说得比较多，什么是士，也不少，比如孔子说过"士而怀居，不足以为士矣"，[1] 子张也说过"士见危致命，见得思义"，[2] 曾子也说过"士不可以不弘毅，任重而道远"[3] 等之类的话。《微子篇》还提到"周有八士"。从这些关于"士"的论述中，可以得知，儒者心目中的士，不仅仅道德修养上乘，且为堪当急难险重之任而能建功立业者。

《荀子·哀公篇》载有孔子与哀公关于"士"的专门论述。孔子曰："人有五仪：有庸人，有士，有君子，有贤人，有大圣。""所谓士者，虽不能尽道术，必有率也；虽不能遍美善，必有处也。是故知不务多，务审其所知；言不务多，务审其所谓；行不务多，务审其所由。故知既已知之矣，言既已谓之矣，行既已由之矣，则若性命肌肤之不可易也。故

①《论语·宪问篇》。
②《论语·子张篇》。
③《论语·泰伯篇》。

富贵不足以益也，卑贱不足以损也，如此，则可谓士矣。"

孔子这里告诉子贡："行事只为一己之私而自觉可耻，代表国家出使，能完成君上所交给的使命，这样的人可以称为士。""行己有耻"，是自我的德道修养。"使于四方，不辱君命"则是指有事功，也即修养与事功的统一，才是合格的士。"行己有耻"，亦即《礼记·礼运》所云："货恶其弃于地也，不必藏于己；力恶其不出于身也，不必为己。"

孔门师徒之间的问答，正如《礼记·学记》所说的，是"善问者"和"善待问者"，所以问答逐层深入，"叩之以小者则小鸣，叩之以大者则大鸣"，故此子贡连续两个"敢问其次"，而夫子所答则犹如抽丝剥茧。学问之道，盖如此也。士当先国后家，故其次之士当是在宗族中被认为是有孝行的人，在家乡里是能尊敬长上的人。先国后家，然后才是自己，若以自己为中心，这已经是等而下之了，所以孔子说这样的人即使"言必信，行必果"也只是看上去是个言行一致的小人而已，但勉强还可以算是最次一等的士。至于说到当今的从政者是否算得上是"士"，在孔子看来，他们器量狭小见识短浅，根本算不上什么，连最次等的士也够不上。

有些人常好标榜自己"言必信，行必果"，比如蒋介石在西安事变后，面对群情激奋的抗战民众，发誓抗战到底，就说自己"言必信，行必果"，好像"言必信，行必果"是为人处事的最高标准似的。其实，在孔子看来，即使做到"言必信，行必果"也只是一个小人，还称不上士的标准，更别说是君子了。因为儒家从来都有一个中心，所有言行必须围绕并服务于这个中心，离开这个中心谈什么言必信、行必果，都失去了价值和意义，是故《礼记·学记》云："大信不约。"孔子说："君子之于天下也，无适也，无莫也，义之与比。"[①]孟子也说："大人者，言不必信，行不必果，

---

① 《论语·里仁篇》。

唯义所在。"① "义"就是这个中心，不符合或脱离"义"的"言必信，行必果"，不但毫无价值很可能还有害。杀人越货啸聚绿林者，往往也会表现出"言必信，行必果"，这样又有何益于社会？所以孔子把"言必信，行必果"列在士的最下层，与小人并用。

13.21　子曰："不得中行而与之，必也狂狷乎！狂者进取，狷者有所不为也。"

所谓"中行"，即正道。《中庸》曰："喜怒哀乐之未发，谓之中。"在孔子看来，若不能归于正道，也不可自甘堕落，可以做个狂狷之士。所谓狂狷，就是对世间浊流不同污，不合作。不合作有两种，一种是积极的以狂者姿态出现，是批评的不合作，另一种是消极的冷眼静观的姿态出现，是自我逍遥式的不合作。批评是为了进取，自我逍遥是有所不为。可见，孔子并不否定特定环境下的狂狷。这也与孔子一贯的思想相通，所谓"用之则行，舍之则藏"，"邦有道，不变塞焉，邦无道，至死不变"等，也有这么个意思。

13.22　子曰："南人有言曰：'人而无恒，不可以作巫医。'善夫！'不恒其德，或承之羞'。"子曰："不占而已矣。"

孔子这里引用了《易经·恒卦》九三爻辞里的一句话"不恒其德，或承之羞"。《论语》中，孔子论及《易经》只有两处，此为一处，另一

---

① 《孟子·离娄下》。

处即"加我数年，五十以学《易》，可以无大过矣"。[①]由于《论语》涉及《易经》仅此两处，且"五十以学《易》"这一章还被怀疑是汉时添加，则仅存此一处孤例，所以有人认为世之所传孔子与《易经》关系密切云云皆是虚构臆说。直到 1993 年郭店竹简出土后，发现有多条早期记载涉及孔子与《易经》的关系，今人又对所传孔子与《易经》的关系有了新的认识。

《中庸》云："人一能之，己百之，人十能之，己千之。果能此道矣，虽愚必明，虽柔必强。"这百之千之，就是恒，就是坚持不懈，不达目的决不罢休。无恒不专，这是自然的道理。而事实也确如此，凡是没有恒心的，鲜有成功者，所谓"事辍者无功，耕怠者无获"，不只是巫医需要如此。孔子时代的巫医，可不是贬义词，他们是有社会地位、有学识的专业人士，巫是最早的专业学者，是负责与鬼神天地对话的专职人士，古时巫和医不分，医源于巫，甚至有人认为儒者也源于巫。

本章由前后两句话构成，都是"孔子曰"，前一句包含两处引文，合成一句，意思还算贯通。但后面的一句"不占而已矣"与第一句之间，似乎找不到逻辑关系，第一句说的是"恒"的问题，虽然提到巫，但与"占"没有关系，第二句却独冒出"占"，很突兀。因为《论语》的这种省略语境的记载，让有些内容特别费解。也许夫子前后所言，皆为占卜之事？

13.23　子曰："君子和而不同，小人同而不和。"

君子与小人作为相对的主词，以对比句的形式，在《论语》里多次

---

①　《论语·述而篇》。

出现，比如："君子周而不比，小人比而不周"；"君子怀德，小人怀土"；"君子怀刑，小人怀慧"；"君子喻于义，小人喻于利"；"君子泰而不骄，小人骄而不泰"；"君子上达，小人下达"；"君子坦荡荡，小人长戚戚"；"君子求诸己，小人求诸人"。大量诸如此类强烈对比的句子，给读者产生的冲击力是不言而喻的。在这类对比句中，"君子和而不同，小人同而不和"大概可算是其中最著名也最被后世广为引用的一句。

"和"是儒家经典中一个重要的概念，比如"和为贵""和平""和谐"等等，《中庸》云："喜怒哀乐之未发，谓之中，发而皆中节，谓之和。中也者，天下之大本也；和也者，天下之达道也。"从《中庸》对"和"的解释看，"和"含有恰到好处、不偏不倚、守中的意思。和而不同，就是不为求同而失中正；同而不和，就是只为求同而不问偏倚。所以，君子和而不同，小人同而不和。由此引申，常被用到中国当代的外交上，就是"求同存异"，即团结一切可以团结的，交往一切可以交往的，利用一切可以利用的，但又不失初心本愿，信守道义底线。

13.24　子贡问曰："乡人皆好之，何如？"子曰："未可也。""乡人皆恶之，何如？"子曰："未可也；不如乡人之善者好之，其不善者恶之。"

天下第一难事莫过于如何识人知人。评判一个人，大家都说他好，他并不一定真好；大家都说他坏，他也并不一定真坏。众口一词的评价，原本就值得怀疑。所以，子贡问孔子说："满村子的人都认为他好，这个人是否就可以？"孔子说不可。子贡又问："满村子的人都讨厌他，这个人是否就不行？"孔子同样说不可。孔子还是中庸之道，他认为："这种一边倒的看法，不如整村子的好人喜欢他，整村子的坏人都讨厌他。"

如果整村子好人都喜欢他认可他，那么这个人一般差不到哪里去；如果整村子的坏人都厌恶的，那么，这个人也一定不可能是与坏人同流合污的人。这确实是知人辨人的基本手段，但是否就可以据此判断一个人的好坏？其实也不尽然，毕竟人是最复杂的，也是变化的，只能说这种正反两方面的分析更接近于真相而已。

孔子说："众恶之，必察焉；众好之，必察焉"，[①] "唯仁者能好人，能恶人"。[②]

13.25   子曰："君子易事而难说也。说之不以道，不说也；及其使人也，器之。小人难事而易说也。说之虽不以道，说也；及其使人也，求备焉。"

孔子说："对于君子，在他手下做事容易，但想取悦于他很难。要想取悦于他，不以正道，是不可能被取悦的。君子役使人，量材而用。小人难以服侍却容易取悦，取悦小人即使不以正道，小人也高兴，而小人指派人做事，却好求全责备。"将君子与小人作为对比，更能突出两者的本质不同，云泥之别。

李光地《周易折中》案："《论语》曰：'君子易事而难说也，说之不以道，不说也。' 其 '商兑' 之谓乎？" [③] 商兑，是经由商量决定所产生的喜悦。《易经·兑卦》九四："商兑未宁，介疾有喜。"

---

① 《论语·卫灵公篇》。
② 《论语·里仁篇》。
③ 余敦康解读：《周易》，北京：国家图书馆出版社，2017 年，第 464 页。

13.26　子曰:"君子泰而不骄,小人骄而不泰。"

泰者,安也,安然不躁可谓泰。朱熹说:"君子循理,故安舒而不矜肆。小人呈欲,故反是。"《大学》云:"君子有大道,必忠信以得之,骄泰以失之。"

13.27　子曰:"刚、毅、木、讷,近仁。"

"仁"是孔子思想的核心。关于什么是"仁",《论语》里有多处提及,这里是"近仁",就是接近于或基本相当于"仁"的意思。孔子认为,刚强、坚毅、质朴、不轻易言语,同时具备这四种品德的,就接近于仁了。仁,看似高不可攀,其实"我欲仁,斯仁至矣",这"刚、毅、木、讷,近仁",同理也。

13.28　子路问曰:"何如斯可谓之士矣?"子曰:"切切偲偲,怡怡如也,可谓士矣。朋友切切偲偲,兄弟怡怡。"

什么是士、什么是君子,是孔门弟子经常请教孔子的问题。前面已有子贡问士、子张问士等,子路这里又问同样的问题,但孔子的回答总是因人而异,圣人因材施教无处不在。子路的优缺点都很突出,最大的缺点就是急躁。前面孔子刚说"刚、毅、木、讷,近仁",而面对子路这样的弟子,请教如何才可称为士,孔子的回答不是鼓励他刚毅,而是教他懂得如何沉静温和下来。孔子说:"互相批评劝勉而能和顺相处,可以称为士。朋友之间诚恳批评勉励,兄弟和睦相处。"孔子的教导,正是针对子路的不足处。

切切，十分恳切；偲偲，好好劝勉；怡怡，和睦柔顺；如也，这般样子。

13.29 子曰："善人教民七年，亦可以即戎矣。"

13.30 子曰："以不教民战，是谓弃之。"

"即戎"就是上战场打仗。对征集的兵丁若不加以足够的训练就派上战场，无异于让他们送死。而在无义战的春秋时期，战事频仍，多少无辜的老百姓被统治者匆匆派上战场送死，所以孔子这里特别强调：即使是善人为政，也要教民七年，才可以培养出合格的战士。所谓养兵千日，用兵一时，至少也得三年时间才可以上战场。孔子又说"以不教民战，是谓弃之"，让没有经过必要训练的老百姓直接上战场，其实等于遗弃老百姓，不管他们的死活，是极端地不负责任。此两章意思相近，皆体现圣人爱民之心之诚，同时也突出儒家思想中民本思想的要义就是爱民为先。《论语》中与这两章意思相近的还有几处，如"善人为邦百年，亦可以胜残去杀矣"，[①]"不教而杀谓之虐"。[②]

----

① 《论语·子路篇》。
② 《论语·尧曰篇》。

宪问篇第十四

题解：原宪是孔门弟子中特立独行者，曾做过孔子家总管，与孔子的情感不一般，《论语》中共有两处涉及原宪，《史记》和《孔子家语》对他的记载稍详，都说是孔子卒后，原宪就隐居山野了，是孔门中以隐士而为后世所称者。《论语》后十篇，前有颜渊，次有子路，再有原宪，此三子者，或各有所喻也。

14.1　宪问耻。子曰："邦有道，谷；邦无道，谷，耻也。"

"克、伐、怨、欲不行焉，可以为仁矣？"子曰："可以为难矣，仁则吾不知也。"

原宪向孔子请教什么是"耻"。孔子说："国家清明合乎正道，这个时候可以拥有财富，谋求禄位；国家处于乱世，还拥有财富或谋求禄位，这就是耻。"孔子的个人荣辱观常常与国家社稷的命运联系在一起，如"邦有道，不废；邦无道，免于刑戮"，^①"邦有道，则知；邦无道，则愚"，^②"邦有道，危言危行；邦无道，危行言孙"。孟子曰："人不可以无耻，无耻之耻，无耻矣。"^③

原宪又问："不逞能、不自夸、不埋怨、不贪欲，这样可以算得上'仁'否？"孔子说："可以说是难能可贵了，但是否算得上'仁'，我不知道。"显然孔子心中的仁，不只是如此而已。

14.2　子曰："士而怀居，不足以为士矣。"

有为之士，志在四方，一旦怀居，则裹足不前，是以孔子说："士而怀居，不足以为士矣。""怀居"者，留恋居处者也。如春秋五霸之一的晋文公重耳，在逃亡之际，来到齐国，齐国给他美女华宅，他日渐沉湎其中而忘初志，幸有良臣相伴，强携而去，终成一代霸主。谚语："头陀不三宿空桑之下。"乐不思蜀，亦即怀居也。

14.3　子曰："邦有道，危言危行；邦无道，危行言孙。"

关于"邦有道、邦无道"之类内容，前面已有多处涉及。本章的难点是为什么邦有道，要危言危行？邦无道，又为什么要危行言孙？危，高峻也，危言危行，即其言正直，其行亦正直。孙者，逊也，危行言孙，即行正直而言谦卑。在政治不清明的无道之时，行为正直是没错的，但言语正直，仍有可能因言获罪。真话实话，固然无错，身处无道之世，

---

① 《论语·公冶长篇》。
② 同上。
③ 《孟子·尽心上》。

路人以目之际，阿谀奉承之风盛行，说真话讲实话也很容易惹祸。所以《中庸》说："居上不骄，为下不倍，国有道，其言足以兴，国无道，其默足以容。"夫子所言，皆君子处世安身之道也！

14.4　子曰："有德者必有言，有言者不必有德。仁者必有勇，勇者不必有仁。"

孔子说："有德行的人必然有名言，有名言的人，不一定就有德行。仁者一定有勇气，但有勇气的人不一定有仁爱。"桃李不言，下自成蹊，有德者纵使无语亦胜似有言。

14.5　南宫适问于孔子曰："羿善射，奡荡舟，俱不得其死然。禹稷躬稼而有天下。"夫子不答。

南宫适出，子曰："君子哉若人！尚德哉若人！"

南宫适是孔子的侄女婿。孔子赞许他："邦有道，不废；邦无道，免于刑戮。"可见，他是个既有才干又能伸能屈的人。南宫问孔子一个问题："为什么号称天下第一射手的后羿、擅长水战的奡，他们最后都不得好死，而大禹和后稷，他们自己种田却拥有天下？"孔子没有直接回答他。南宫从孔子住处出来后，孔子说："此人真是君子啊！一个崇尚道德的人！"这后面一句像是孔子的自言自语，其实也正是对南宫之问的答复。南宫可谓善问者，孔子所言，一语中的，尚德也！有德者方能得天下，羿、奡不可谓不强，然德行不够，反因强致祸。德不配位，必招其祸，古今一也。儒家尚德不尚力，南宫得之矣！故《中庸》载，子路问强，夫子不许焉。

14.6　子曰："君子而不仁者有矣夫，未有小人而仁者也。"

孔子说："君子中有不仁德的人，小人中没有有仁德的人。"这话听上去有些难理解，既然是君子，又怎会不仁呢？宋人谢良佐说："君子志于仁矣，然毫忽之间，心不在焉，则未免为不仁也。"好像是君子之所以也会有不仁之举，只是毫忽之间不经意所致，而小人则无论何时何地，都是不仁的。或曰，此处之所谓君子者，乃指在位君子，非指有德者君子。在位者，当然有不仁者。

14.7　子曰："爱之，能勿劳乎？忠焉，能勿诲乎？"

孔子说："如果你真的爱他，能不让他经历劳苦的锻炼吗？如果你真的忠诚于他，难道能不好好地教诲他吗？"

本章可谓文简而旨远。这对于当下孩子的教育尤其具有启发意义。不劳不累不教诲，万千宠爱在一身，致使不少孩子好吃懒做，任性偏狭，极端自我，听不得半句逆耳之言，吃苦耐劳全无，抗压能力极差。正是由于这种溺爱有余，教诲不足，导致不少家庭子女教育的失败。而我们的先人则早已知晓这一道理，《国语·鲁语下》云："夫民劳则思，思则善心生；逸则淫，淫则忘善，忘善则恶心生。"故曰：爱之，能勿劳乎？苏轼曰："爱而勿劳，禽犊之爱也。忠而勿诲，妇寺之忠也。爱而知劳之，则其为爱也深矣。忠而知诲之，则其为忠也大矣。"《战国策·触龙说赵太后》的故事也可以作为本章的一个注解：在秦国攻打赵国的危急关头，赵国需要齐国的援军，而齐国提出的条件是让赵国的公子长安君做人质才肯出兵相救。掌权的赵太后因为溺爱幼子长安君，舍不得让长安君做人质，而且发下毒誓，拒绝劝谏。赵国的左师触龙以巧妙的家常话开始，最终劝谏成功，让赵太后欣然同意以长安君做人质换来援军。触龙劝谏成功的要诀即在于告诉赵太后怎样的爱才是对子女的大爱："父母之爱子，则为之计深远"，为什么诸侯显贵们的子孙多祸呢？"岂人主之子孙则必不善哉？位尊而无功，奉厚而无劳，而挟重器多也。今媪尊长安君之位，而封之以膏腴之地，多予之重器，而不及今令有功于国，一旦山陵崩，长安君何以自托于赵？老臣以媪为长安君计短也，故以为其爱不若燕后。"当时赵国的贤者子义就由此感慨地说："人主之子也，骨肉之亲也，犹不能恃无功之尊，无劳之奉，而守金玉之重也，而况人臣乎！"

14.8　子曰："为命，裨谌草创之，世叔讨论之，行人子羽修饰之，东里子产润色之。"

《论语》之难读，难在鲜有语境者，无语境则难免失之于揣测。幸有史可参，或稍能补其失。本章读来有点突兀，必结合历史事件方能领悟。《左传·襄公三十一年》载："郑国将有诸侯之事，子产乃问四国之为于子羽，且使多为辞令，与裨谌乘以适野，使谋可否，而告冯简子使断之。事成，乃授子大叔使行之，以应对宾客，是以鲜有败事。"这则记载是关于郑国如何高度重视及积极应对与其他诸侯国交往的外交大事的，这样就确保了郑国在外交事务中少有败绩。本章的内容也是说的郑国外交之事。郑国对外交文书的起草、讨论、修饰及润色，都由郑国一流的人才层层把关，孔子对此予以充分的肯定。孔子的言外之意，就是对待国事不可不慎重，而国事的成败其实就在于对人才的重视与否。故此以郑国外交之事为例尔。

裨谌、世叔、子羽、子产，此四人皆为郑国贤能之士，子产最为著名。

14.9　或问子产。子曰："惠人也。"

问子西。曰："彼哉！彼哉！"

问管仲。曰："人也。夺伯氏骈邑三百，饭疏食，没齿
无怨言。"

前章刚提到子产，这里接着就有人问孔子子产如何，孔子说："子产
是个能给人带来恩惠的人物。"在孔子看来，子产"有君子之道四焉：其
行己也恭，其事上也敬，其养民也惠，其使民也义。"[①] 此处，孔子特别
强调子产惠人的一面，朱熹说："盖举其重而言也。"

那人又问子西这个人物如何？孔子说："他呀！他呀！"至于他到
底怎么样，孔子没有说，只能让听者自己去感觉了。从前后语句连贯
分析，大概孔子对子西这个人物有所保留，所以不予正面置评。关于
子西，有人考证，春秋历史上有三个子西，一个是郑国子西，是郑子
产的同宗兄弟；另两个子西在楚国。至于此处指的是哪个子西，不可考。
若连贯上文，当指郑国子西的可能性为大。"彼哉！彼哉！"或为当时
的常用语。

那人又问管仲如何？孔子说："这管仲可是了不起的人物啊！把伯
氏在骈邑三百户的采邑剥夺了，伯氏只能吃粗菜淡饭，但到死都没有对
管仲有怨言。"管仲能让一个被惩处者一辈子无怨恨，说明管仲处事公
道在理。《论语》中，有几处孔子及弟子对管仲的评价，此处孔子以一

_____

[①]《论语·公冶长篇》。

个小事例来说明为什么管仲是个了不起的人物，小中见大，更有说服感染力。

14.10　子曰："贫而无怨难，富而无骄易。"

贫富现象是人类社会的一个普遍存在的矛盾现象，自古至今，都逃避不了。在孔子时代，贫富还是很悬殊的。儒家重视精神修养，但也绝不是虚无主义，不是精神至上，而是理性主义的。尽管在《论语》首篇中，孔子就提出"富而好礼，贫而乐道"的理念，但这只是对受儒家教育有德行修养的特殊人群而言的，是一种理想的状态，而不是普世性的。从普世性的价值判断，人贫难事多，贫贱夫妻百事哀，这都是人间的真实，因而"贫而无怨难"。"富而无骄易"是相对"贫而无怨难"而言的，要始终保持富而无骄，其实也不易。所谓"温饱思淫欲"，何况富贵而骄呢？

14.11　子曰："孟公绰为赵魏老则优，不可以为滕、薛大夫。"

孟公绰为鲁大夫，孔子知其人短于政事，而长于家臣之事，故如此说。知人善任，唯才是用，人之才具各有不同，枉其才而用之，则为弃人也。孔子善于用人也，于孟公绰之论可知。

"孔子所严事：……于鲁，孟公绰。"[1] 则孔子曾师事之也。

---

[1] 《史记·仲尼弟子列传》。

14.12　子路问成人。子曰："若臧武仲之知，公绰之不欲，卞庄子之勇，冉求之艺，文之以礼乐，亦可以为成人矣。"曰："今之成人者何必然？见利思义，见危授命，久要不忘平生之言，亦可以为成人矣。"

子路问过君子，问过士，这里又问什么是成人。从这些提问中，可以推想子路对于自身的期许。此处子路所问之成人，当然不是指年龄满十八岁的成年人。子路之所谓成人，犹言全人、完人。孔子说："若有臧武仲的智慧，公绰的无欲，卞庄子的勇气，冉求的多才多艺，再加以礼乐的修饰，也可以算是成人了。"孔子又说："如今所谓成人其实未必一定要如此全面全能。能做到见利思义，在危难时刻勇于牺牲敢于担当，即使长久处在艰苦状态下也不忘平生的誓言，这样的人也可以算得上成人。"

本章孔子提及的几个人物，冉求是孔门弟子，以多才多艺著称，比较为世人熟知。公绰即上章孟公绰，盖以不争、不求、无欲而闻名于当世者。臧武仲，《论语》提及二次，另一次则以负面形象出现。子曰："臧武仲以防求为后于鲁，虽曰不要君，吾不信也。"[①] 其虽有知之名，而德有失缺也。

14.13　子问公叔文子于公明贾曰："信乎，夫子不言，不笑，不取乎？"

公明贾对曰："以告者过也。夫子时然后言，人不厌其

_____

① 《论语·宪问篇》。

言；乐然后笑，人不厌其笑；义然后取，人不厌其取。"

子曰："其然？岂其然乎？"

公叔文子乃卫国大夫，有贤名。公明贾或为孔子弟子。孔子问公明贾关于公叔文子的事："听说他老人家不言、不笑，也不获取，这是真的吗？"公明贾回答说："这当是传话的人搞错了。他老人家是在该说的时候才说，所以没有人讨厌他所说；在该乐的时候才笑，所以没有人讨厌他所笑；先义而后取，所以没有人讨厌他的获取。"孔子说："真的如此？难道真的如此？"

时然后言，乐然后笑，义然后取，能做到这三点是难能可贵的，孔子对公叔文子能有这般的修为感到惊讶，也深表赞许。

14.14　子曰："臧武仲以防求为后于鲁，虽曰不要君，吾不信也。"

在前面"子路问成人"章中，孔子曾提及"若臧武仲之知"，时人盖以臧武仲为智者。《左传·襄公二十三年》载，臧武仲凭借其采邑之地防城要求鲁君册立其后代。臧武仲的这种做法，即使他自己辩称没有要挟国君，但孔子不相信。可以看出，孔子对这种以势胁迫君上、谋求私利的做法是十分鄙视的。

14.15　子曰："晋文公谲而不正，齐桓公正而不谲。"

齐桓公为春秋五霸之首，晋文公为春秋五霸之二，这两位都是历史上响当当的大人物。孔子对这两位从个性风格的角度做了点评：晋文公善诡诈而不够正大光明；齐桓公比较正派而不喜诡诈之术。褒贬分明，反映出孔子对历史人物的态度。

14.16　子路曰："桓公杀公子纠，召忽死之，管仲不死。"曰："未仁乎？"子曰："桓公九合诸侯，不以兵车，管仲之力也。如其仁，如其仁。"

14.17　子贡曰："管仲非仁者与？桓公杀公子纠，不能死，又相之。"子曰："管仲相桓公，霸诸侯，一匡天下，民到于今受其赐。微管仲，吾其被发左衽矣。岂若匹夫匹妇之为谅也，自经于沟渎而莫之知也？"

这两章都是关于对管仲的评价的内容。子路和子贡，这两个弟子，虽然分别问孔子，但观点几乎完全一样，都认为管仲德行有失，为臣有不忠之嫌，够不上仁的标准。他们的理由是：在齐桓公还是公子的时候，管仲追随桓公的竞争对手公子纠，在公子纠与公子小白争夺君位时，小白把公子纠杀了，成了赢家，管仲本当追随原主人公子纠而去，可他没有殉难也就罢了，却反倒被公子小白笼络，还成了他的宰相，这在子路和子贡看来明显是有污点的。孔子显然不这么认为，尽管孔子曾认为管仲有"三归"、有"反坫"，过于奢侈，是不知礼、不守礼的人。但孔子对管仲的评价却没有拘泥于这些细枝末节，而是从大的方面对管仲予以了高度的肯定，体现了孔子的历史观是积极而宏大的，对历史人物的评判是以其在大的历史背景下对时代所做出的贡献为基本标准的。所谓"大德不逾闲，小德出入可矣"。

孔子认为，齐桓公在当时的历史条件下，能做到不使用战争手段，整合天下，使老百姓免受战争之苦，中原的主流文化得以保存并继承，这都是管仲的功劳，因此不能以世俗肤浅的眼光来评判他。后世认为孔子呆板教条，但从孔子对管仲的评价看，恰恰说明孔子是最知类通达的，此孔子所以为圣人者也！

子路之论，已是胶柱鼓瑟，其后死于卫难，盖亦遇此不明也，惜乎！

14.18　公叔文子之臣大夫僎与文子同升诸公。子闻之，曰："可以为'文'矣。"

前面说到公叔文子"时然后言，乐然后笑，义然后取"。本章说的是公叔文子不拘一格为国家举荐人才，将自己的家臣大夫僎推举为国家之大臣，与自己同朝平列。孔子听到这件事后，说："这样就可以谥为'文'了。"作为谥号的"文"，是极高的哀荣，非一般人可以享有，比如文王之"文"。为国举才之德甚于自己成才，孔子是以许之。

关于谥"文"，可与《公冶长篇》十五互参。

14.19　子言卫灵公之无道也，康子曰："夫如是，奚而不丧？"孔子曰："仲叔圉治宾客，祝鮀治宗庙，王孙贾治军旅。夫如是，奚其丧？"

孔子谈及卫灵公有失为君之道，康子说："既然如此，卫国为什么没有亡国呢？"孔子说："仲叔圉负责外交，祝鮀负责宗庙祭祀，王孙贾负责治理军队之事。有这样的能臣主事，怎么能亡国呢？"这是很值得琢磨的一次对话。虽国君无道但若臣子贤达，也不至于亡国灭身。君臣都无道，国必亡；君有道，则臣不敢无道；君无道，则臣难以有道，若臣有道，亦可以保国护身也。君臣互补，君贵，臣亦重焉！

14.20　子曰："其言之不怍，则为之也难。"

孔子说："一个人如果大言不惭的话，要落实起来也就难了。"说大话容易，干大事难。孔子一向倡导谨言慎行，反对言过其实，要求先行而后言，或者行而不言，"刚、毅、木、讷，近仁"等，都足以说明孔子是重行轻言的，后人所谓"听其言，观其行"，行才是判断的主要依据。

"怍"，惭愧也，如"仰不愧于天，俯不怍于地"。

14.21　陈成子弑简公。孔子沐浴而朝，告于哀公曰："陈恒弑其君，请讨之。"公曰："告夫三子！"孔子曰："以吾从大夫之后，不敢不告也。君曰'告夫三子'者！"之三子告，不可。孔子曰："以吾从大夫之后，不敢不告也。"

《左传·哀公十四年》载，齐国的权臣陈恒弑杀了齐简公。孔子斋戒沐浴后上朝，向鲁哀公报告说："陈恒弑君，请讨伐他。"哀公说："你去向季孙、仲孙、孟孙三人报告吧！"

孔子从哀公处退出，（好像自言自语）说："因为我曾忝位大夫，这样的大事不敢不报告。国君居然说'告诉那三个人'！"

孔子就去向那三位报告，三位都没有同意。孔子又自语说："因为我曾忝位大夫之职，不敢不报告。"

本章字面的意思不难理解，但对这段话，后世的争议比较多。争议的焦点是，孔子是否太迂腐了，这本是齐国的内政，又与鲁国没有利害关系，以鲁国的国力又不足以干涉齐国，在主客观方面都不具备条件的情况下，孔子仅仅以"从大夫之后，不敢不告"作为理由，多番要求去讨伐，似乎太勉强，也太天真，有损作为一个政治家的形象。但也有人认为，本章的内容恰恰反映了孔子作为一个思想家和政治伦理的践行者，知其不可为而为之的卫道士的勇气。在孔子看来，弑君是最不可饶恕的罪行，是对礼乐制度的最大破坏，要重振礼乐纲常，必须对这样的行为予以讨伐，以儆效尤。

其实本章还有一层潜在的意思，就是孔子虽然对齐国权臣弑君感到义愤填膺，强烈要求讨伐，但反观鲁国其实也是君不君臣不臣的状况，鲁君空有其名，三桓干政已然毫无顾忌，鲁国礼乐之乱，与齐国弑君之乱象，可谓半斤八两。所以，在本章中，明显可以感受到孔夫子对鲁君与三桓的无奈和失望！正如《易经·益卦·文言》所云："积善之家必有余庆，积不善之家必有余殃。臣弑其君、子弑其父，非一朝一夕之故，其所由来者渐矣，由辩之不早辩也。"可以说，孔子在本章中之所为，依然是孔子正名思想的体现。

14.22　子路问事君。子曰："勿欺也，而犯之。"

上章刚说弑君之事，这里接着子路问如何事君。孔子告诉子路："不要欺骗君上，但要敢于进谏。"《大学》云："为人君止于仁，为人臣止于敬。"不欺而谏谓之敬。君臣若能如此，又何来弑君之事？

14.23   子曰："君子上达，小人下达。"

这又是一组君子与小人的对比句。孔子说："君子能有崇高的境界，小人只考虑浅显的实惠的利益。"与"君子喻于义，小人喻于利"意思相近。

14.24   子曰："古之学者为己，今之学者为人。"

孔子说："古人求学是为了自己而学；现在的人求学是为了他人而学。"所谓为自己而学是指为了自身修养的提高和完善而学习，所以学习在古人而言是自身内在的需求；所谓为他人而学，是把学习作为一种外在的手段，用于博取名利的工具。显然，在孔子看来，真正值得提倡的学习态度，应该是为己而学，而不是为人而学。

"为己"在儒家经典的意思中，不是为满足自己的名利物欲，而是提高和完善自己作为一个人的品行修养即"美其身"。谚语"人不为己，天诛地灭"，原意是说一个人如果不能做到不断地完善自身，那么，天地都难以容他。后来这个谚语被误读为人必须为自己谋福利，否则天地也要灭了他，成为图谋私利者的借口，与原意完全背离。

14.25   蘧伯玉使人于孔子。孔子与之坐而问焉，曰："夫子何为？"对曰："夫子欲寡其过而未能也。"使者出。子曰："使乎！使乎！"

卫国大夫蘧伯玉是贤者，孔子周游列国逗留卫国期间，曾在他家居住过，两位先生算是君子之交。"孔子所严事：……于卫，蘧伯玉。"①

蘧伯玉派使者去访问孔子。孔子给他赐座后就问他主人情况，孔子说："你家老先生在忙什么？"对方回答说："他老人家一直在让自己少犯错却总是难以不犯错。"使者出门后。孔子说："好一个使者！好一个使者！"这位使者的回答确实含蓄又富有深意，不亢不卑，又贴切。据载，蘧伯玉以善于自我反思、自我否定著称，如《淮南子·原道训》说："蘧伯玉年五十而知四十九年非。"孔子称赞使者的同时，也体现了对蘧伯玉这种严于律己、勇于反思、自我批判精神的肯定。

"彼哉！彼哉！""使乎！使乎！"这类用词法，当是孔子时代的用语习俗，表达惊叹、强调的语气。

14.26　子曰："不在其位，不谋其政。"曾子曰："君子思不出其位。"

"不在其位，不谋其政"在《泰伯篇》已出现，这里又再度出现，后面接曾子对该句话的理解是："君子思不出其位。"连贯起来说，就是怎样才算"不在其位，不谋其政"呢？那就是，君子所思考的问题不要超越他的岗位。换句话说，认真做好本职工作，才是身居公门的本分。本篇"陈成子弑简公"一章中，孔子就特别强调"以吾从大夫之后，不敢不告"，其意也在说明孔子自己并没有违背"不在其位，不谋其政"的立场。曾子所言"君子思不出其位"，源自《易经·艮卦》之象辞"君子以思不出其位"，该知其所止也。子曰："于止，知其所止。"庄子曰：

① 《史记·仲尼弟子列传》。

"庖人虽不治庖，尸祝不越樽俎而代之矣。"①

朱熹将本章分为"子曰"和"曾子曰"各一章，从前后文连贯看，两者合并为一章，似乎更通顺。

14.27　子曰："君子耻其言而过其行。"

孔子说："君子以言多行少而感到可耻。"类似的话，还有"古者言之不出，耻躬之不逮也"，②"君子欲讷于言而敏于行"。③子贡问君子，孔子曾教导他："先行其言而后从之。"④通观整部《论语》，孔子对于巧言令色、言过其实等不良之态都表现出极大的鄙视和厌恶。

14.28　子曰："君子道者三，我无能焉：仁者不忧，知者不惑，勇者不惧。"子贡曰："夫子自道也。"

"知者不惑，仁者不忧，勇者不惧"，⑤前面已经出现过，孔子把这三点作为君子必备的要素，自谦没有达到这样的标准。子贡说："这正是他老人家的自述呢。"儒家是特别重视"智、仁、勇"的，这三者被认为是"三达德"。《中庸》云："好学近乎知，力行近乎仁，知耻近乎勇。知斯三者，则知所以修身，知所以修身，则知所以治人，知所以治人，则知所以治天下国家矣。"夫子如此自谦，修身永无止境也！

---

① 《庄子·逍遥游》。
② 《论语·里仁篇》。
③ 同上。
④ 《论语·为政篇》。
⑤ 《论语·子罕篇》。

14.29　子贡方人。子曰："赐也贤乎哉？夫我则不暇。"

子贡讥评他人。孔子说："你端木赐自己就什么都好吗？要是我的话，可没有这闲工夫。"子贡性格活泼，聪明有余，而修养不足，所以，有时喜欢讥笑讽刺别人，这在孔子看来不足取，乃君子所不为。

朱熹注云："方，比也。"比方人物而较其短长。

14.30　子曰："不患人之不己知，患其不能也。"

参见"不患人之不己知，患不知人也"。[①]这两章意思相近，因自身之不能，是以不为人知也。《中庸》云："君子居易以俟命，小人行险以徼幸。"君子以修身为本，无所外骛。

14.31　子曰："不逆诈，不亿不信，抑亦先觉者，是贤乎！"

孔子说："不预先假设别人欺骗自己，不盲目猜测别人怀疑自己，但却能早早发现，这可称为贤者吧！"看问题不先入为主，但却能察于秋毫之末，这才是真本事。《易传·系辞下》曰："知几其神乎？君子上交不谄，下交不渎，其知几乎？几者，动之微，吉之先见者也。君子见几而作，不俟终日。"

未至而迎之谓逆，未见而意之谓亿。诈，欺也；不信，疑也。

---

① 《论语·学而篇》。

14.32　微生亩谓孔子曰："丘何为是栖栖者与？无乃为佞乎？"孔子曰："非敢为佞也，疾固也。"

微生亩对孔子说："老哥你为什么如此忙碌不停呢？难道是想到处去展示你的口才能耐吗？"孔子说："我可不敢逞什么口才之能，只是讨厌那些顽固不化的人罢了。"

微生亩何许人已不可考，但其直呼丘名，盖与孔子年龄相仿者也。佞者，以能言善道口才见长者，近似巧言令色，故君子不为。

参见："或曰：'雍也仁而不佞。'子曰：'焉用佞？御人以口给，屡憎于人。不知其仁，焉用佞？'"[①]

14.33　子曰："骥不称其力，称其德也。"

骥是千里马之美称，所谓"老骥伏枥，志在千里"。孔子说："骥马所以被称誉，不是因为它的力气，而是它的品德。"

14.34　或曰："以德报怨，何如？"子曰："何以报德？以直报怨，以德报德。"

《礼记·表记》：子曰："以德报德，则民有所劝；以怨报怨，则民有所惩""以德报怨，则宽身之仁也；以怨报德，则刑戮之民也。"这里提出四种德怨相报的形式。一般而言无外乎这四种，但孔子偏偏提出"以

---

① 《论语·公冶长篇》。

直报怨"，理由很简单，也再合理不过，若提倡"以德报怨"，那么"何以报德"？虽说冤冤相报何时了，以怨报怨，纵然没有什么错，但不值得提倡，不过总不能无视"怨"的存在，若由于对方的错而致使自己受到伤害，难道自己就一定要忍气吞声甚至示人以好才值得称道吗？比如中日之间，由于近代以来，日本对中国进行了长达半个多世纪的野蛮侵略和残酷荼毒，因此我们对日本军国主义时刻保持警惕，要求日本正视历史，以史为鉴，对日本死不认罪妄图重走军国主义道路的种种伎俩表示强烈谴责和抗议，这就是以直报怨，难道日本还能要求中国对他以德报怨吗？但总有那么一些毫无气节甚至对过去遭受日本侵略殖民不以为耻反以为荣的一小撮无耻之徒，偏偏要对日本"以德报怨"，这种毫无血性和原则的所谓德行，只能更加让人耻笑罢了，并不能带来任何益处，相反还包庇纵容了侵略者及其余孽的不思改悔。

以直报怨，正是基于德怨相报的中庸之道，它避免了冤冤相报的恶性循环，也避免了以德报怨这类无原则性的妥协，是原则性与灵活性的统一，是圣人的智慧。

14.35　子曰："莫我知也夫！"子贡曰："何为其莫知子也？"子曰："不怨天，不尤人，下学而上达。知我者其天乎！"

《中庸》曰："君子素其位而行，不愿乎其外，素富贵，行乎富贵；素贫贱，行乎贫贱；素夷狄，行乎夷狄；素患难，行乎患难：君子无入而不自得焉。在上位不陵下，在下位不援上，正己而不求于人，则无怨。上不怨天，下不尤人。故君子居易以俟命，小人行险以徼幸。"圣人是孤独的，难免会发出无人理解自己的慨叹。子贡乘机发问："为什么没有人能理解你呢？"孔子说："不埋怨老天，也不责怪他人，能从浅显处开始学习渐进到天道的高层面。能理解我的大概只有老天吧！"

下学而上达，正是格物致知的功夫。

14.36   公伯寮愬子路于季孙。子服景伯以告，曰："夫子固有惑志于公伯寮，吾力犹能肆诸市朝。"子曰："道之将行也与，命也；道之将废也与，命也。公伯寮其如命何！"

公伯寮向季孙诬告子路。子服景伯将此告知孔子说："季孙他老人家已经受公伯寮蛊惑了，我现在的能力足以让这欺师灭祖的家伙暴尸街头示众。"孔子说："我所倡导的大道如果被推行，那是天命；我倡导的大道被废弃，那也是天命，公伯寮难道能阻挠天命吗？"

公伯寮和子服景伯都是孔门弟子，弟子也有心术不正的，或各为其主的，显然子服景伯看不惯公伯寮这种欺师灭祖的小人行径，所以义愤填膺，欲杀之而后快。孔子对这种以暴制暴的行为不以为然，而且作为一个知天命的圣人，他对自己所倡导的大道是有充分认知和自信的。

14.37   子曰："贤者辟世，其次辟地，其次辟色，其次辟言。"子曰："作者七人矣。"

孔子说："贤者躲避无道之世，次一等的择地而居，再次一等的躲避不好的脸色，再次一等的躲避恶言。"孔子又说："这样做的有七个人。"

所谓"大隐隐于市，小隐隐于野"，孔子说的四个层次，是从全隐到局部之隐，隐的程度递减。这七人是谁，不可知，孔子对他们的避世态度是赞许还是否定，也不明确，盖就事论事而已，没有特别的深意。孔子所代表的儒家是积极入世的，但也强调邦有道和邦无道之分，面对无道之世，避世未尝不是一种选择。用之则行，舍之则藏，国有道，其言足可兴，国无道，其默足可容。孔子的无可无不可，显然不是一味避世者所能比拟。

14.38　子路宿于石门。晨门曰："奚自？"子路曰："自孔氏。"曰："是知其不可而为之者与？"

子路在石门住了一宿，第二天一早进城，守门人问："从哪里来？"子路说："从孔氏那里来。"守门人又问："你所说的孔氏是那位知其不可为而为之的人（指孔子）吗？"

郑玄注云："石门，鲁城外门也。"今曲阜城北三十公里处有石门山，但是否是子路投宿处难考。不过，从晨门之问可以看出，孔子当年提出"知其不可而为之"，在当时是相当有震撼力的，这种大无畏的精神对守门者产生的震撼，从本章中可以隐约感受到。

称"孔氏"而不直称"孔丘"，示其敬也。下章"孔氏"同此意。

14.39　子击磬于卫，有荷蒉而过孔氏之门者，曰："有心哉，击磬乎！"既而曰："鄙哉，硁硁乎！莫己知也，斯己而已矣。深则厉，浅则揭。"子曰："果哉！末之难矣。"

孔子居卫国期间有一天击磬，碰巧有个挑着草筐子路过孔子家门的农夫，听到击磬声就说："真是有心事的人，击磬击成这样子！"过了一会又说道："磐声硁硁然，如此粗鄙！（听这声音似乎在告诉世人），既然没人知道自己，自己就这样罢休了吧！比如河水深就任由它去，裤腿湿就让它湿吧，河水浅还可以挽裤腿过河。"孔子说："好坚决啊！这样的人想驳倒他就难了。"

这个挑草筐子的农夫，显然是个隐士高人，否则不可能仅听孔子击磐之声就有如此这般的理解，可谓知音又知人。《论语》中记载孔子和弟子与此类世外高人的奇遇，有好几处，都是看似讥讽孔子实则为婉转劝谏，这是一种特殊的表现手法，以彰显孔子在当世的孤独和坚守，也表明孔子对隐者之志的包容和默许。孔子与他们不是水火不容的，相反他们在精神深处可能还是互补的。这些也正是儒家与道家所以能和平相处的早期例证。道不同，不相与谋，但可以共处，这是中国的智慧。

"深则厉，浅则揭"，源自《诗经·邶风·匏有苦叶》。《诗经》的词句，言简意赅，寓意深刻，故常被引用，隐者也不例外。

14.40　子张曰："《书》云：'高宗谅阴，三年不言。'何谓也？"子曰："何必高宗，古之人皆然。君薨，百官总己以听于冢宰三年。"

子张说："《尚书》上记载：'高宗居丧，三年不发号施令。'这是什么意思？"孔子说："何止是高宗，古人都是如此。国君死后，全体官员们都自觉听命于宰相三年。"

《书》即《尚书》，"高宗谅阴，三年不言"，出自《尚书·无逸》。高宗，商王武丁；谅阴，又作梁闇，天子居丧之庐。三年不言，不是做三年哑巴，而是不亲理政事，专心守孝。总己，总摄己职，听命于宰相，故译为自觉听命。《孟子》云："三年之丧，自天子达于庶人。"

14.41　子曰："上好礼，则民易使也。"

孔子说："在上位者若能依礼行事，那么就容易让老百姓服从指挥。"对老百姓不能强迫命令。礼者，恭敬也，上好礼，为上不骄者也。对老百姓也要有最起码的恭敬，有爱民之心，方可使民。

14.42　子路问君子。子曰："修己以敬。"曰："如斯而已乎？"曰："修己以安人。"曰："如斯而已乎？"曰："修己以安百姓。修己以安百姓，尧舜其犹病诸！"

子路问怎样才算君子，孔子的回答是："修养自己，认真对待事物。"子路又问："这样就够了吗？"孔子说："修养自己，安乐他人。"子路继续问："这样就够了吗？"孔子说："修养自己，安抚百姓。修养自己，安抚百姓，在这方面，纵使尧舜这样的圣王都有所不足啊！"

《大学》云："自天子以至于庶人，一是皆以修身为本。"《中庸》曰：凡为天下国家有九经，首在修身。君子知所以修身，则知所以治人，知所以治人，则知所以治天下国家矣。敬事、安人、安百姓，大前提都是"修己"。

尧、舜圣德无缺，而所以犹有病者，唯安民之力有所不足也。参见《雍也篇》："子贡曰：'如有博施于民而能济众，何如？可谓仁乎？'子曰：'何事于仁！必也圣乎！尧舜其犹病诸！夫仁者，己欲立而立人，己欲达而达人。能近取譬，可谓仁之方也已。'""博施于民而能济众"

亦即"安百姓"。

弟子善问，夫子善答，问答之间，圣门之教彰然如现。

14.43　原壤夷俟。子曰："幼而不孙弟，长而无述焉，老而不死，是为贼。"以杖叩其胫。

原壤是孔子从小就相识的故友，关于此人的记载，在《礼记·檀弓》中有云："孔子之故人曰原壤，其母死，夫子助之沐椁。原壤登木曰：'久矣，予之不托于音也。'歌曰：'狸首之斑然，执女手之卷然。'夫子为弗闻也者而过之。从者曰：'子未可以已乎？'夫子曰：'丘闻之，亲者毋失其为亲也，故者毋失其为故也。'"

孔子很少骂人，即使偶尔骂人也不吐脏字，本章用语"老而不死，是为贼"可谓已知孔子各类言语中唯一够得上骂人的话语了，足见孔子对这位老友的表现实在忍无可忍、难以包容。从《礼记·檀弓》的记载看，这位原壤老兄玩世不恭，母亲去世不但没有为子失怙的悲戚，反倒有如庄子"鼓盘而歌"的癫疯之举，或在效仿道家隐士的不羁？孔子虽然痛骂他，但还是认这位故友，理由便是"故者毋失其为故也"。

14.44　阙党童子将命。或问之曰："益者与？"子曰："吾见其居于位也，见其与先生并行也。非求益者也，欲速成者也。"

阙党的一个少年来传达消息。有人问孔子："这是个求上进的少年吧？"孔子说："我看见他大模大样地坐着，又看见他与长辈先生们并肩而行。可见，他不是追求进步的少年，而是急于求成的少年。"显然孔子对于这种忽视谦逊礼让的少年持否定的态度。

阙党，也许就是曲阜的阙里吧？孔子当年居处即在阙里，今存有明代阙里牌坊。

卫灵公篇第十五

题解：孔子一生，经历母国的襄、昭、定、哀四位国君（鲁国第 22 代国君至第 25 代国君），至于与其他诸侯国君的交集，虽然《史记·十二诸侯年表》云："孔子明王道，干七十余君，莫能用"，但见诸具体史载较多的只有齐景公、卫灵公等数位而已。盖孔子周游列国，居卫国最为长久，所发生的故事也最多。以"卫灵公"名篇，作为孔子周游列国十四年历程的一个缩影，可知《论语》编辑者的用心所在。

15.1 卫灵公问陈于孔子。孔子对曰："俎豆之事，则尝闻之矣；军旅之事，未之学也。"明日遂行。

陈，即"阵"。卫灵公向孔子请教如何排兵布阵。孔子回答说："关于如何摆放俎豆之类的礼乐之事，我曾有所耳闻；行军打仗军旅之事，没有学过。"第二天，孔子就离开卫国了。

孔子向来倡导礼乐治国，反对穷兵黩武，而春秋时期，战争频仍，主政者偏偏优先考虑战争之事。孔子当然也懂军旅之事，从孔子扈从鲁定公与齐国国君夹谷会盟的事迹看，孔子是深谙军事战略的，孔子提出的"有文事者必有武备"即是一条重要的军事斗争原则。孔子婉拒卫灵公之问，既体现孔子反对好战的思想，同时也表现出孔子对卫灵公本人的不认可。卫灵公手下有贤相能臣，如果他自己励精图治，本可以把卫国建设成一个百姓安居乐业、其他诸侯国不敢小瞧的国家，但他却好色乱德，把国内政治搞得乌烟瘴气，如果不是有几个好臣子，早就可能亡国了。所以，孔子对卫灵公问阵之事很不以为然。当然，道不同不相为谋，孔子离开卫国也就在意料之中了。

卫灵公与孔子这样的问答，在《孟子》中也有类似的场景，从中可以看出孔孟之道一以贯之。如："齐宣王问曰：'齐桓晋文之事可得闻乎？'孟子对曰：'仲尼之徒无道桓文之事者，是以后世无传焉，臣未之闻也。无以，则王乎？'"[①]

15.2　在陈绝粮，从者病，莫能兴。子路愠见曰："君子亦有穷乎？"子曰："君子固穷，小人穷斯滥矣。"

孔子周游列国到达陈国时，粮食断绝了，随从的弟子还有生病的，躺卧不起。子路脸带愠怒之色来见孔子说："君子也会有穷困的时候？"孔子说："君子宁守穷困而不失卫道本心，小人遇到穷困之时就无法无天了。"

人的修养是在困难中磨炼出来的，所谓真金不怕火炼，一个真正舍

---

① 《孟子·梁惠王上》。

身求道的君子，恰恰也是固守正道、不会妥协之人。经不起考验，破罐子破摔的，就是小人。君子出淤泥而不染，小人同流合污，有过之而无不及，这就是君子与小人的天壤区别。子路发问，孔子正好顺势而教，这师徒，一个善问，一个善答，圣门之教学诚如此哉！

因鲁迅《孔乙己》文中曾引用"君子固穷"，"君子固穷"一词由此成为知识分子自嘲贫穷的流行之语，与原词的本义相去远矣！

这前两章原合为一章，杨伯峻等分为两章，今从杨。这样可以突出第一章卫灵公问阵的内容。

15.3　子曰："赐也，女以予为多学而识之者与？"对曰："然，非与？"曰："非也，予一以贯之。"

孔子说："赐啊，你认为我是博学多识之人吗？"子贡回答说："是的，难道不是吗？"孔子说："不是的，我只是一以贯之。"

孔子多次强调"一以贯之"，比如孔子曾对曾参也明确说过"吾道一以贯之"。曾子理解孔子的一贯之道就是忠恕之道。孔子这里对子贡所讲，不是道的问题，而是如何博学多识的问题，孔子认为他自己并不比别人博学多识，而只是懂得一以贯之，所以他能触类旁通，融会贯通。孔子好学又学无常师，可以说是那个时代最有学问的大家，人们遇到疑难古怪的问题，都习惯于向孔子请教，正如现在的人们习惯到百度搜索一样。比如西狩获麟、楛矢贯隼等故事都说明孔子博学多识且善于释疑解惑。但孔子自己却强调的是一以贯之的重要性，用时下的话说，孔子的知识不是碎片化的，而是系统化的，是真学问，而不是一堆杂乱无章的信息垃圾。

15.4　子曰："由！知德者鲜矣。"

孔子说："由！社会上懂'德'的人很少啊。"我们不知孔子对子路说这番话的语境，但可以感知孔子对当时失德社会状况的忧心。

朱熹认为，从本篇的第一章至此，疑为孔子一时之言。此章盖为"愠见"发也。

15.5　子曰："无为而治者其舜也与？夫何为哉？恭己正南面而已矣。"

孔子说："舜帝可以说是无为而治的典范了吧？他是怎么做的呢？他无非就是严格要求自己谦恭地面对天下，南面听治而已。"正如孔子所云："政者，正也"，"为政以德，譬如北辰，居其所而众星拱之。"首先明确提出"无为而治"的其实恰恰是儒家，儒家政治的最高境界与道家并无不同，都是无为而治，但儒家的无为而治是基于最高统治者的道德表率作用，而道家的无为而治是完全任凭自然的无政府而治。

15.6　子张问行。子曰："言忠信，行笃敬，虽蛮貊之邦，行矣。言不忠信，行不笃敬，虽州里，行乎哉？立则见其参于前也，在舆则见其倚于衡也，夫然后行。"子张书诸绅。

子张向孔子请教怎样才能行得通。孔子说："说话要忠信，做事要踏实认真，如此则即使在遥远的蛮貊之国，也行得通。说话不忠信，做事不踏实认真，即使在自己的家乡本土，能行得通吗？站着的时候，就好像'言忠信，行笃敬'这样的箴言立在自己的前面，乘车的时候，也好像这箴言挂在车的横杆上，如此时时提醒要求自己，则处处可行了。"子张就将这句话写在了衣带上。

15.7   子曰："直哉史鱼！邦有道，如矢；邦无道，如矢。君子哉蘧伯玉！邦有道，则仕；邦无道，则可卷而怀之。"

孔子说："多么刚直的史鱼啊！国家政治清明，其直如矢，政治昏暗，也依然其直如矢！好一个君子蘧伯玉啊！国家政治清明，就出来任职；国政昏暗，就把自己的才干收藏起来。"

前面已经说到蘧伯玉与孔子是好友，孔子周游列国在卫国期间曾居住在他家。史鱼与蘧伯玉都是卫国君子，但他们的君上卫灵公却是好色的昏君，史鱼以刚直著称，蘧伯玉以严于律己、勇于自我批评名世。《韩诗外传》卷七载：史鱼曾"尸谏"卫灵公擢用蘧伯玉，斥退当时乱政的佞臣。

15.8   子曰："可与言而不与之言，失人；不可与言而与之言，失言。知者不失人，亦不失言。"

孔子说："可以同对方谈却不谈，则可能错过了人才；不可以同对方谈，却又与他谈，这属于浪费口舌。聪明人不会错过人才，也不浪费口舌。"

15.9　子曰："志士仁人，无求生以害仁，有杀身以成仁。"

"仁"是孔子所创立的儒家学说的核心内容，"仁"的概念在孔子之前虽已出现，但把"仁"提升到绝对的高度则始于孔子。儒家认为，真正的志士视"仁"高于生命，正如所谓信仰高于一切，为信仰而献身一样，"仁"就是儒家的最高信仰，为维护信仰，可以不惜生命。

孟子曰："天下有道，以道殉身，天下无道，以身殉道；未闻以道殉乎人者也。"[1] 杀身成仁即以身殉道。

郭沫若说："在孔子的整个思想体系上我们可以看出，他在主观的努力上是抱定一个仁，而在客观的世运中是认定一个命。在主观的努力与客观的世运相调适的时候，他是主张顺应的。在主观的努力和客观的世运不相调适的时候，他是主张固守自己的。"[2]

15.10　子贡问为仁。子曰："工欲善其事，必先利其器。居是邦也，事其大夫之贤者，友其士之仁者。"

上章说到可以杀身成仁，子贡这里就问该怎样去践行"仁"，言外之意是难道只有杀身才能成仁吗？孔子说："工匠要做好自己的事，先要准备好工具。在某地居住，就要向当地的贤明大夫学习，与当地有仁德的士人交友。"子贡有"好友不如己者"的毛病，孔子顺势教导他择善而从。

---

① 《孟子·尽心上》。
② 郭沫若：《十批评书》，上海：群益出版社，1946年，第83页。

"工欲善其事，必先利其器"已成为富有哲理的常用语，仍为当代人广为使用。

15.11　颜渊问为邦。子曰："行夏之时，乘殷之辂，服周之冕，乐则《韶》《舞》。放郑声，远佞人。郑声淫，佞人殆。"

颜渊请教如何治理国家。孔子从历法、车辆、冠冕、音乐这几个方面给颜渊提出了建议，这几件看起来是琐碎之事，谈不上是什么治国方略，其实孔子所举之事，正代表了天时、地利、人和等要素。中国夏、商、周三代，各有历法，夏代历法称"夏小正"，是比较方便使用且较适宜农耕作息的历法，所以孔子认为治国的话，在历法方面应推行夏历。商朝的车子质朴而实用，周代的帽子美观大方，所以孔子推荐采用商车周帽。至于国乐，当然是《韶》乐、《武》乐，这是圣王明主的乐章。

《礼记·乐记》："郑、卫之音，乱世之音也，比于慢矣。桑间、濮上之音，亡国之音也。""世乱则礼慝而乐淫"，"魏文侯问于子夏曰：'吾端冕而听古乐，则唯恐卧。听郑、卫之音，则不知倦。敢问古乐之如彼，何也？新乐之如此，何也？'"

郑国之声，在当时被认为是靡靡之声，与提倡的中正之声正相反，所以郑声背负乱世亡国的恶名。现代有学者从音乐的角度分析，认为郑声可能就是民间音乐，对那种高大上的所谓正乐，是一种革命性的突破。这种音乐，可能没有多少教化的功能，但却更接地气，娱乐性大于说教性，符合现代大众音乐的理念，更能给人带来音乐的快感，容易被人们接受，魏文侯说了句大实话。

佞人，善言辞而邀宠者，往往被称为奸佞小人。亲贤臣，远小人，是对治国理政者的基本要求。孔子教导颜渊治理国家要从六个方面着手，远离佞人是其中之一。

陈焕章认为："《论语》中的这一篇获得历代所有士人的高度赞扬、推崇，但却未有任何人真正理解该篇之意，此篇的准确含义与《大学》最后一章类似，其主题是治国与平天下，而只有通过两条途径——理财与选贤才能达到治国与平天下的目的。而《论语》中的该篇正好包含了这两条原则。"①

15.12　子曰："人无远虑，必有近忧。"

"人无远虑，必有近忧"至今仍是常用语，本意是说一个人如果不能考虑得远一点，忧心的事马上就会出现，即所谓凡事预则立，不预则废，防患于未然，有备才能无患。但也有一种理解，说是人之所以没有长远的考虑，是因为受困于眼前，无能也无心考虑长远的事，比如马上就断炊了，肚子饿得咕咕叫，还能有心思去考虑如何治国平天下的大事吗？所谓"君子固穷"，孔子所言，当不是对凡民而言，是对君子而言的。孟子曰："独孤臣孽子，其操心也危，其虑患也深，故达。"②

15.13　子曰："已矣乎！吾未见好德如好色者也。"

《论语》常常把语境省略，读《论语》当经史互参，这样才能比较

① 陈焕章著，韩华译：《孔门理财学》，北京：商务印书馆，2017年，第63页。
② 《孟子·尽心上》。

完整地理解。孔子所以发出"吾未见好德如好色者也"的感叹，源于卫灵公因南子而失德乱政的现实。史载，孔子在卫国时，应卫灵公夫人南子之邀，不得已去拜会南子，惹得子路很不高兴。此事刚过去一个来月，灵公与夫人南子同车出行，他们让孔子也坐在车后，由宦官驾车，招摇过市。孔子曰："吾未见好德如好色者也。"于是丑之，去卫，过曹。①

15.14　子曰："臧文仲其窃位者与！知柳下惠之贤而不与立也。"

本章很耐人寻味，孔子批评臧文仲窃位，不是因为他篡权夺位，或者在位胡作非为，而仅仅是因为他明知柳下惠有贤德却没有推荐柳下惠成为大臣共立于朝堂。可见，在高位者，不仅要自己能干，更重要的是为国选贤与能，鲍叔牙之所以能与管仲齐名，正是因为他推举了管仲。

孟子曰："分人以财谓之惠，教人以善谓之忠，为天下得人者谓之仁。是故，以天下与人易，为天下得人难。"②

15.15　子曰："躬自厚而薄责于人，则远怨矣。"

孔子说："对自己要勤于反省，而对他人少点责备，这样就能少招致怨恨了。"严于律己，宽以待人，这是儒家提倡的处世之道。这与乡原

---

① 《史记·孔子世家》。
② 《孟子·滕文公上》。

以求远怨有本质的区别。

《大学》云："自天子以至于庶人，一是皆以修身为本，其本乱而末治者，否矣；其所厚者薄，而其所薄者厚，未之有也。"

15.16　子曰："不曰'如之何，如之何'者，吾末如之何也已矣。"

孔子说："不说'怎么办呢，怎么办呢'的人，我还真不知该怎么办呢！"这话乍听起来有点像绕口令。孔子的意思是，如果一个人遇到问题，自己都一点不去考虑如何解决，那么，别人也无从帮忙。外因是要通过内因起作用的，内因是关键。遇到问题，自己不先动脑筋想办法解决，就想依靠别人，这样的人就是扶不起的阿斗。

15.17　子曰："群居终日，言不及义，好行小慧，难矣哉！"

参见《阳虎篇》："子曰：'饱食终日，无所用心，难矣哉！不有博弈者乎？为之，犹贤乎已。'"这两章都写到"难矣哉"，为什么难呢？一者是"言不及义"，再者是"无所用心"。

《郎潜纪闻》载，顾炎武尝言："北方之人，饱食终日，无所用心。南方之人，群居终日，言不及义，好行小慧。"

形式主义、官僚主义、党八股，可以说就是"群居终日，言不及义"，看来这种现象古已有之，于今为甚。孔子所恶，余亦疾之。

"好行小慧"一般解为"好耍点小聪明"，但也可解读为"施点小恩小惠"，视语境及使用不同而异。

15.18　子曰："君子义以为质，礼以行之，孙以出之，信以成之。君子哉！"

在《雍也篇》里孔子曾说过："质胜文则野，文胜质则史。文质彬彬，然后君子。""君子义以为质"，即"义"是内核，义通过礼来践行，用谦逊之言表达出来，用诚信来完成它。从存心立意到目标实现，都符合君子之道，所以这是当之无愧的君子。"孙"通"逊"，古语常见。

15.19　子曰："君子病无能焉，不病人之不己知也。"

孔子说："君子担忧的是自己没有能耐，而不担忧别人不知道自己。"类似的说法还有："不患人之不己知，患不知人也。"①

所谓"山不在高，有仙则名；水不在深，有龙则灵"，对于人也一样，有真本事，就不怕没人知道，是真金总会发光。

15.20　子曰："君子疾没世而名不称焉。"

儒家是积极入世的人生态度，提倡立言、立德、立功，能做到这样自然就立名了。孔子说："君子就怕到死还没能拥有被人称道的好名声。"这看似与孔子说过的"不患人之不己知，患不知人也""君子病无能焉，不病人之不己知也"有些矛盾，孔子既然不在乎人家知不知道自己，那么，这里为什么又说君子到死也要重视名声呢？其实孔子所谓的好名声，

① 《论语·学而篇》。

不是为求名而求名，而是一种实至名归，换句话说，孔子认为君子如不能扬美名于世，是因为没有实际做到君子的标准，无其实则无其名。

本章紧接前面两章正好有一个内在的逻辑关系，先说君子"义以为质"，再说"君子病无能焉，不病人之不己知也"，最后说"君子疾没世而名不称焉"。可见孔子之求名，求其实至名归而已。这是儒家积极人生的应有之义。

15.21　子曰："君子求诸己，小人求诸人。"

君子重修身，但凡遇到问题首先从自身找原因，不怨天尤人，小人则正好相反，缺乏自我反省的自觉，遇到困难不自寻解决之道却习惯求助他人，出了问题就好责怪他人。《中庸》："子曰：'射有似乎君子，失诸正鹄，反求诸其身。'""反求诸其身"即"求诸己"也。

15.22　子曰："君子矜而不争，群而不党。"

矜，矜持，自守而不趋。群，众也，公也。

君子和而不同，周而不比，中立而不倚，是故君子不争亦不党。子曰："君子无所争。必也射乎！揖让而升，下而饮。其争也君子。"[1]

说到党争，不能不提著名的《元祐党籍碑》，这段历史让所有研究中国历史的人都为之唏嘘。中国历史上的党争可谓多矣，如牛李党争、东林党争之类，影响不可谓不深。但古之党争，以现代的标准看，只是派系之争而已，现代一些国家的党争，乃彼此独立的政党之争，各政党

---

[1] 《论语·八佾篇》。

有自己的组织、纲领、领袖等，这种党争的激烈程度非古时可比。

15.23 子曰："君子不以言举人，不以人废言。"

《易传·系辞上》："言行，君子之枢机，枢机之发，荣辱之主也。"通过言行来观察判断一个人，是最基本的手段。但若仅仅通过一个人的言语来评判这个人，则有失偏颇，听其言还要观其行，毕竟行胜于言。简单地以言举人或以言废人都不可取。孔子自己就说过："始吾于人也，听其言而信其行，今吾于人也，听其言而观其行。于予与改是。"① 孔子从学生宰我的实例中，得到了教训："吾以言取人，失之宰予；以貌取人，失之子羽"，② "不知言，无以知人"，③ 巧言令色，孔子深恶。

"不以人废言"，这需要智慧和包容。人微言轻，但皇帝的新衣的谎言却是被小孩的真话所戳穿。不以人废言，君子之智也。

15.24 子贡问曰："有一言而可以终身行之者乎？"子曰："其恕乎！己所不欲，勿施于人。"

孟子曰："游于圣人之门者难为言。"④ 孔门高徒子贡请教孔子，有没有一句话可以终身践行的？孔子说："那就是恕！自己所不想要的，就不要施加给别人。"孔子曾对曾子说过："吾道一以贯之。"曾子理解孔子之

---

① 《论语·公冶长篇》。
② 《史记·仲尼弟子列传》。
③ 《论语·尧曰篇》。
④ 《孟子·尽心上》。

道即为"忠恕"。①

所谓金玉良言大概莫过于"己所不欲，勿施于人"这一句了，据说这句话已是国际社会公认的处理人际关系乃至国与国关系的"黄金法则"，相当于人类社会的"底线伦理"。

孟子曰："强恕而行，求仁莫近焉。"②

《荀子·法行篇》载：孔子曰："君子有三恕：有君不能事，有臣而求其使，非恕也；有亲不能报，有子而求其孝，非恕也；有兄不能敬，有弟而求其听令，非恕也。士明于此三恕，则可以端身矣。"

15.25　子曰："吾之于人也，谁毁谁誉？如有所誉者，其有所试矣。斯民也，三代之所以直道而行也。"

孔子说："我对于别人，批判了谁，称赞了谁？如果赞誉了谁，那一定是经过验证有事实依据的。这样的人，一定是三代以来遵循直道而行的。"

孔子作《春秋》，评价历史人物，或毁或誉，一字含褒贬，所谓春秋笔法，微言大义。这里孔子明白地告诉大家，他对人物的褒贬，不是从个人的好恶出发，而是以该人物是否遵直道而行为评判之标准。遵道而行，即当受誉；枉道而行，即当被毁。这体现了儒家的历史观和价值观。

三代指夏、商、周三代，从尧、舜到孔子同时代的人物都有涉及。孔子对他弟子的评判也是如此。

---

① 《论语·里仁篇》。
② 《孟子·尽心上》。

15.26　子曰:"吾犹及史之阙文也,有马者借人乘之,今亡矣夫!"

孔子"信而好古",读史书当是孔子的偏好。孔子说:"我还能看到史官文书上的缺文处,也还看到有马的人借给别人骑用。现在此类事都没有了!""阙"通"缺"。

根据钱穆解释,"史之阙文"有两说:"一说:史官记载,有疑则阙。一说:史者掌书之吏,欲字不知,阙知待问,不妄以己意别写一字代之。""有马者借人乘之"亦有两说:"一说,如子路车马与朋友共。一说:马不调良,借人服习之。借,犹藉义。藉人之能以服习己马也。"①

结合上章,可以说"史之阙文"和"有马者借人乘之",其实就是"直道而行"的例证,前后两章是呼应的关系。

15.27　子曰:"巧言乱德。小不忍,则乱大谋。"

孔子多次痛斥"巧言令色",正是因为巧言乱德。如果小处不能忍让,就会坏了大事,干扰了大局。孟子在他那段著名的"天将降大任于斯人"的文中,最后特别强调:"行拂乱其所为,所以动心忍性,增益其所不能。"②锱铢必较、睚眦必报,成不了大事。稍有风吹草动,就迷失方向,放弃既定目标,必然也成就不了大谋略。当下所谓保持"战略定力"也是同一个道理。

---

① 钱穆:《论语新解》,北京:生活·读书·新知三联书店,2002年,第415页。
② 《孟子·告子下》。

15.28　子曰："众恶之，必察焉；众好之，必察焉。"

如何阅人知人，自古以来都是天下第一难事。孔子在这方面深有体会，也有诸多经验教训。孔子这里指出的是，众口一词地说一个人好或坏，都不可以替代自己对这个人的观察和分析。人云亦云，随大流，这是人类的通病，能不犯这种通病的人，才是智者。

关于如何阅人知人，《论语》多处提到，比如，《为政篇》里有："子曰：'视其所以，观其所由，察其所安。人焉廋哉？人焉廋哉？'"《子路篇》里有："子贡问曰：'乡人皆好之，何如？'子曰：'未可也。''乡人皆恶之，何如？'子曰：'未可也；不如乡人之善者好之，其不善者恶之。'"

15.29　子曰："人能弘道，非道弘人。"

孔子一生都在求道弘道。"道"需要人去发现，去遵循，去弘扬，在人与道之间，人是主观能动的，道是客观被动的。所以，弘道是儒家的使命，这个使命是积极自觉的。这点正是儒家与佛家、道家的根本不同之处。

15.30　子曰："过而不改，是谓过矣。"

谚曰："人非圣贤，孰能无过？"即使是圣贤，也难免有过错。知过能改，善莫大焉。过而不改，甚至文过饰非，那才是真正的大过。正如孟子所言："人恒过，然后能改"，[1]"无耻之耻，无耻矣。"[2]

---

① 《孟子·告子下》。
② 《孟子·尽心上》。

15.31　子曰："吾尝终日不食，终夜不寝，以思，无益，不如学也。"

孔子曾说过："学而不思则罔，思而不学则殆。"① 这句话包含了关于学与思的辩证关系。本章孔子提出一个问题，强调的是仅仅指望苦思冥想，哪怕废寝忘食地苦想，也毫无益处，不如先好好学习。这里孔子明确提出了格物致知的道理，显然孔子不赞同不学而求顿悟之类的偏方。不下功夫学习，"不践迹，亦不入于室"。② 孔子说自己不是生而知之的天才，是学而知之的，学习是孔子的最大爱好。

15.32　子曰："君子谋道不谋食。耕也，馁在其中矣；学也，禄在其中矣。君子忧道不忧贫。"

民以食为天，人人都难免为稻粱谋。但孔子认为，君子应该有更高的标准和追求，不能局限在一般老百姓的水平，这个高标准、高追求就是求道弘道。孔子曾说过："朝闻道，夕死可矣"，"人能弘道，非道弘人。"本章的内容，类似孟子所说的"劳心、劳力"之分。由于社会的分工不同，人与人之间差异的客观存在，有才有德者，处于社会精神层面的最顶层，这是人类社会不争的事实。儒家所谓的君子，就是有才有德者，这样的人应该谋道不谋食，忧道不忧贫。至于求食求禄之类，那都是凡夫所为，只要好好耕作，就能有吃的；只要能学习，就能求得俸禄，但仅仅只为这些，并非有道君子所当为。

---

① 《论语·为政篇》。
② 《论语·先进篇》。

15.33　子曰："知及之，仁不能守之，虽得之，必失之。知及之，仁能守之，不庄以莅之，则民不敬。知及之，仁能守之，庄以莅之，动之不以礼，未善也。"

孔子说："虽然才智够了，但仁德不能与之相匹配，即使得到了，也必将失去。才智达到了，仁德也具备了，但不能以庄严的态度对待它，那么，老百姓就不会有敬畏之心。有才智又有仁德，而且也很庄严地对待，但行为却不合乎礼的要求，也算不上真好。"

本章内容初读起来，有点绕口令的感觉。其实孔子这里强调的是智、仁、庄、礼的关系，四者具备，则完美，缺一则"未善"，缺二、缺三当然更等而下之了。中国文化最讲究的是整体思维和平衡协调，儒家文化更是如此。本章内容体现了这一特色。

15.34　子曰："君子不可小知而可大受也，小人不可大受而可小知也。"

孔子说："对于君子，不能用小事情来考验他但可以委以重任；对于小人，不可以委以重任但可以用小事情来考验他。"

《论语》里，君子与小人，往往是作为互为比照的对象同时出现，不仅增强语感，而且突出彼此的本质性的差异。人与人相处的学问，归结起来无非就是知人、识人、用人的问题，知人先要知己，用人先要识人。倡导积极入世的儒家文化在这方面有着特殊的偏好，其典型的例证就是对君子和小人的区别。

对于君子，确实不能以对待小人的标准去衡量，尤其是旷世奇才如伊尹、管仲、韩信之类的人物，如果以"小知"去判定他，那就大错特错了。但人们往往习惯于以小见大，反倒失之偏颇，甚至只见树木不见森林、捡芝麻丢西瓜。一叶障目、以偏概全、求全责备，不识君子，不辨小人。

15.35　子曰："民之于仁也，甚于水火。水火，吾见蹈而死者矣，未见蹈仁而死者也。"

孔子说："老百姓对于仁德的渴望，甚于对水对火的急需。我见过蹈水火而死的人，但没有见过因为践行仁德而死的人。"孔子的意思，当然是告诫统治者，践行仁德其实并不难，更没有生命的危险，只要急百姓之所急。孟子说："民事不可缓也。"[①]

15.36　子曰："当仁，不让于师。"

亚里士多德说："吾爱吾师，吾更爱真理。"坚守正道，不问亲疏贵贱，这也是儒家所倡导的。"不让于师"并非不尊师重教，恰恰体现了尊师重教的本质是对于真理大道的追求。

15.37　子曰："君子贞而不谅。"

"贞"字，在汉字中，当属一个高贵的字眼，比如乾卦就是"元亨利贞"，《文言》曰："贞者，事之干也。"《千字文》曰："女慕贞洁，男效

----

① 《孟子·滕文公上》。

才良。"贞，一般理解为正，或正固，如李世民诗句："庶几保贞固，虚己厉求贤。"①杨伯峻认为，此处不宜将"贞"理解为正，并举《贾子·道术篇》云："言行抱一谓之贞"，指言而有信。故此，杨伯峻翻译为"君子讲大信，却不讲小信"。②《礼记·学记》云："大德不官，大道不器，大信不约，大时不齐。"本章也许可以解读为：君子坚持大原则而不拘泥于细枝末节。

15.38　子曰："事君，敬其事而后其食。"

孔子说："为君主当差，应先忠于职守干好差事然后才考虑俸禄的事。"不先讲条件，不看对自己个人有多少利益，这是先公后私的基本要求。

15.39　子曰："有教无类。"

孔子的教育思想和实践都取得了伟大的成就，所以被后世尊称为"至圣先师"。其中最伟大的地方，当属"有教无类"了。凡是愿意接受教育的人无论贫富贵贱，孔子都可以给予教诲。这是人类教育史上最光辉的思想，它打破了贵族对教育的垄断，打破了固有的官学体制，让更广大的民众有了受教育的机会，这是典型的民本主义思想。孔子提出了这样的口号，也践行了这样的思想，他弟子众多，而以平民子弟为主，即是实证。孔子之后，中国社会在教育普及方面长期走在世界的前列，

---

① （唐）李世民:《春日玄武门宴群臣》。
② 杨伯峻:《论语译注》，北京:中华书局，1980年，第170页。

孔子有大功焉！

15.40　子曰："道不同，不相为谋。"

孔子曾说过"朝闻道，夕死可矣""君子谋道不谋食"诸如此类关于道的话题。毫无疑问，对于孔子而言，道是处于核心地位的大问题，所谓礼、乐、智、仁、勇等等，最终都归入道的范畴。既然道如此重要，若彼此对道的态度不同，就无法共谋大事，这是对道的尊崇，也是对朋友的辨别。君子之所以不同于人者，盖以道论也。

15.41　子曰："辞达而已矣。"

孔子说："言辞能准确表达意思就可以了。"孔子是极端讨厌巧言令色的，佞人、佞友之类，向为孔子所不齿。口吐莲花非孔子所倡导，就如子贡、宰我这样以言语见长的弟子，亦非为孔子所称赞。即如冉雍，不善言辞，反倒孔子认为他"可使南面"。子贡能言善辩，却常被孔子批评。

15.42　师冕见，及阶，子曰："阶也。"及席，子曰："席也。"皆坐，子告之曰："某在斯，某在斯。"师冕出。子张问曰："与师言之道与？"子曰："然；固相师之道也。"

孔子说过："道不远人。人之为道而远人，不可以为道。"① 道在日常

————————

① 《中庸》。

所见的琐事中就能体会。这里孔子以自己接待盲人乐师冕的实际行动来
告诉子张，什么是相师之道，即怎样才算尊师之道。现身说法，具体而
生动，一点也不深奥，却充满了圣人的智慧。或曰，洒扫庭除都是道，
此言不谬！杨时说："圣人之所谓道者，不离乎日用之间也。"①

---

① （宋）朱熹集注，陈戍国标点:《四书集注》，长沙:岳麓书社,2004 年，第 133 页。

季氏篇第十六

题解：季氏乃鲁国世卿，实际掌权者。鲁国乃孔子出生地，孔子生于斯，长于斯，老死于斯，孔子先后经历了季武子、季平子、季桓子、季康子四代季氏，季氏对于孔子一生的影响，几乎是无所不在的。而这种影响基本上都被孔子作为反面参照物进行了印证，在礼崩乐坏的时代，弄权大臣的代表就是这个季氏，弄权家臣的代表就是第十七篇的阳货。所谓乱臣贼子，季氏与阳货正好是一对例证。圣人就是在这种乱臣当道的时代环境中磨砺而成的。

16.1 季氏将伐颛臾。冉有、季路见于孔子曰："季氏将有事于颛臾。"孔子曰："求！无乃尔是过与？夫颛臾，昔者先王以为东蒙主，且在邦域之中矣，是社稷之臣也。何以伐为？"

冉有曰："夫子欲之，吾二臣者皆不欲也。"孔子曰：

"求！周任有言曰：'陈力就列，不能者止。'危而不持，颠而不扶，则将焉用彼相矣？且尔言过矣，虎兕出于柙，龟玉毁于椟中，是谁之过与？"冉有曰："今夫颛臾，固而近于费。今不取，后世必为子孙忧。"

孔子曰："求！君子疾夫舍曰欲之而必为之辞。丘也闻有国有家者，不患寡而患不均，不患贫而患不安。盖均无贫，和无寡，安无倾。夫如是，故远人不服，则修文德以来之。既来之，则安之。今由与求也，相夫子，远人不服，而不能来也；邦分崩离析，而不能守也；而谋动干戈于邦内。吾恐季孙之忧，不在颛臾，而在萧墙之内也。"

本章内容很丰富，讲的是孔子弟子冉有和子路明明支持季氏讨伐颛臾这个小国家，给孔子汇报，却又不直言，还说他们自己原本不想这样干的。孔子当然批评他们，首先批评他们不能力谏阻止，又不退避，还顺从作孽，有悖列朝为臣之道。所谓君无道则谏，谏而不听则退，但这两位弟子都没有做到。接着孔子告诉两位弟子，为什么不能讨伐颛臾。季氏讨伐这样的小国，不仅有悖历史情理，且是贪得无厌的私欲作祟。接着孔子借题发挥，提出了非常著名的治国主张，譬如："不患寡而患不均，不患贫而患不安"，"远人不服，则修文德以来之"，等等，这些已成为经典名句，当然更代表了儒家的政治理念，被后世广为引用。

清人笔记《郎潜纪闻》里有一则《和珅蒙恩眷之缘》记载：闻其（和珅）始特銮仪卫一校尉。一日，警跸出宫，上偶于舆中阅边报，有奏要犯脱逃者，上微怒，诵《论语》"虎兕出于柙"三语。扈从诸校尉及期门羽林之属，咸愕眙互询天语云何。和珅独曰："爷谓典守者不得辞其责耳。"（凡内臣称上皆曰老爷子，或曰佛爷）上为霁颜。问："汝读《论语》乎?"对曰："然。"又问家世、年岁，奏对皆称旨。自是恩礼日隆，迁官多不次。

看来，和珅对本章内容虽是了然于心，但其所行则悖圣人之教远矣，是以终究罹祸。《易传·系辞下》曰："善不积不足以成名，恶不积不足以灭身。"其此之谓乎?

16.2   孔子曰："天下有道，则礼乐征伐自天子出；天下无道，则礼乐征伐自诸侯出。自诸侯出，盖十世希不失矣；自大夫出，五世希不失矣；陪臣执国命，三世希不失矣。天下有道，则政不在大夫。天下有道，则庶人不议。"

《中庸》云："非天子，不议礼，不制度，不考文……虽有其位，苟无其德，不敢作礼乐焉；虽有其德，苟无其位，亦不敢作礼乐焉。"儒家一贯倡导以礼治国，君权是礼法制度中最神圣不可侵犯的，作为君权的象征，礼乐征伐，当然也只能属于最高统治者——天子。天下有道的时候，礼法得以有效遵循，礼乐征伐出自天子；相反，这种礼法被破坏，天下共主的天子权威不再的时候，礼乐征伐就出自下面的诸侯了，再等而下之，就是出自大夫，甚至出自陪臣。天子而下诸侯、大夫、陪臣，各自为政，天下大乱，礼崩乐坏之状每况愈下，而所以能维持其统治的时间也越来越短。诸侯很少能传承十代而不丢失政权的，大夫传承也很少能超过五代，陪臣当权也就传三代而已。天下若还在正道上，那么国家政权不会掌握在大夫手里。天下清明，一般老百姓也不会议论纷纷。

孔子从自己切身所见闻所经历的有关从周天子到诸侯国，再从鲁国的三桓专权到陪臣阳货夺权等这些真实的历史事实中，总结出这一番话，反映了孔子对历史和现实的思考，体现了儒家以礼治国、重振纲纪的理想和抱负。

16.3　孔子曰："禄之去公室五世矣，政逮于大夫四世矣，故夫三桓之子孙微矣。"

本章承上章义，以鲁国真实的历史为案例，印证孔子上章的分析和论断。"三桓"即指鲁桓公的三个儿子，后世对鲁国影响巨大的就是鲁桓公三个儿子的后代，即所谓孟孙、叔孙、季孙是也。称之以"三桓"，示其贬也。

16.4　孔子曰："益者三友，损者三友。友直，友谅，友多闻，益矣。友便辟，友善柔，友便佞，损矣。"

从本章开始，接下来连续五章，都与数字"三"有关。"三"在汉语表述中是常被用到的一个数字，既可以实指，也可以虚指，比如最初的《易经》八卦就由三爻组成。中国人的思维既辩证又统一，习惯分上中下、左中右之类的三个部分，又善于合而为一。儒家的中庸思想就是执两用中、执中守正。

友为五伦之一，《礼记·学记》曰："独学而无友，则孤陋而寡闻。"谚曰："不知其人，先观其友；不知其子，先观其父。"朋友的影响不可谓不大。如何交益友，避免交损友，孔子各教三招：正直的朋友、有包容心善解人意的朋友、见识广博的朋友，这样的朋友就是益友。孤僻又好走极端的人、优柔寡断的人、夸夸其谈的人，这样三种人就是损友。关于如何交友，孔子还说过一段著名的话："与善人居，如入芝兰之室，久而不闻其香，即与之化矣；与不善人居，如入鲍鱼之肆，久而不闻其臭，亦与之化矣。丹之所藏者赤，漆之所藏者黑，是以君子必慎其所与处者焉。"[①] 谚曰："近朱者赤，近墨者黑。"交友不可不慎也！

16.5　孔子曰："益者三乐，损者三乐。乐节礼乐，乐道人之善，乐多贤友，益矣。乐骄乐，乐佚游，乐晏乐，损矣。"

本章与上一章呼应。上一章是从如何交友的角度看损益，即从社交的层面论损益；本章则是从自我修养的角度看损益，即从个体如何修为的层面论损益。《易》所谓"吉凶悔吝"，便是"进退失得"，亦即"损益"之道。世间万物，非益即损，交友如此，自我修身也是如此。

在孔子看来，人之所乐，有三种情况是有益的，就是乐于用礼乐来节制自己，乐于谈论别人的优点和长处，乐于交往贤良之友。有三种情况是有害的，好骄奢淫乐，好耽于游玩，好狂喝滥饮。

16.6　孔子曰："侍于君子有三愆：言未及之而言谓之躁，言及之而不言谓之隐，未见颜色而言谓之瞽。"

孔子说："陪伴君子的时候容易犯三种错误：还没有轮到他说话就哇哇地讲，这是浮躁的表现；轮到他讲的时候，他又闭口不言，这是隐瞒的表现；没有观察君子的脸色神气就张口说起来，这就是眼瞎。"孔子反对巧言令色，提出"不学《诗》，无以言；不学礼，无以立"，特别强调"不知言，

---

① 《孔子家语·六本》。

无以知人"。对如何说话，孔子是特别在意的。这点尤其值得后人深思！

海明威有段名言："我们花了两年学会说话，却要花上六十年来学会闭嘴。大多数时候，我们说得越多，彼此的距离却越远，矛盾也越多。在沟通中，大多数人总是急于表达自己，一吐为快，却一点也不懂对方，两年学说话，一生学闭嘴。懂与不懂，不多说。心乱心静，慢慢说。若真没话就别说。"①

16.7　孔子曰："君子有三戒：少之时，血气未定，戒之在色；及其壮也，血气方刚，戒之在斗；及其老也，血气既衰，戒之在得。"

不同年龄阶段，人的欲望是不一样的，孔子深谙人性，他总结自己一生从十有五志于学，到七十从心所欲不逾矩，可见他克服了人性的许多弱点，才成为圣贤。南怀瑾先生说：英雄与圣贤的区别，只在于，英雄能征服世界却无法征服自己，而圣贤不想征服世界，只征服了自己，却让世界折服。本章是广为流传的名言，因其对人生不同阶段的准确把握而成为修身箴言。

卢梭《爱弥儿》有一段大白话，也反映了类似人性的弱点："十岁受诱于饼干，二十岁受诱于情人，三十岁受诱于快乐，四十岁受诱于野心，五十岁受诱于贪婪。人，到底何年何月才会只追求睿智？"

我们比较孔子和卢梭的这两段话，可以看出某些共通的地方，比如年少时好色，中年时好斗，野心大，上了年纪，贪婪之心渐重，看来不

---

① 《思想精华——历届诺贝尔文学奖得主的内心独白》，2017 年 11 月 24 日，http: //www.sohu.com/a/212197799_740896，2019 年 7 月 4 日。

分东西南北，人同此心，心同此理。这段话对官员的腐败预防，也有一定的启发性。对年轻干部该重点防范什么？对中年干部又该重点注意什么？对年纪较大的干部，又该如何教育防范？针对不同年龄段，采取不同的预防措施，才能防患于未然。

16.8　孔子曰："君子有三畏：畏天命，畏大人，畏圣人之言。小人不知天命而不畏也，狎大人，侮圣人之言。"

孔子说过："知者不惑，仁者不忧，勇者不惧"，勇敢的人是无所畏惧的。这里孔子却着重强调君子要有敬畏之心，尤其对于三个方面：要敬畏天命，敬畏大人，敬畏圣人之言。所谓无知者无畏，小人就是自以为是的无知者，君子所敬畏的，小人反倒不以为然。这也可以看出小人与君子的区别犹如云泥天壤。所谓天命者，朱熹注云："天所赋之正理也。"

16.9　孔子曰："生而知之者上也；学而知之者次也；困而学之，又其次也；困而不学，民斯为下矣。"

《中庸》云："或生而知之，或学而知之，或困而知之，及其知之，一也。"孔子不否认有生而知之的天才，但孔子从来不自诩为生而知之的人，一贯强调自己是学而知之的，其为人也，学而不厌，诲人不倦，不知老之将至。无论是生而知之，还是学而知之，或者是困而学之，虽然从人的聪明程度上来说有所区别，但向学之心都是值得肯定的。最可怕的是困而不学，这样的人是真正无可救药，不思进取，自甘堕落，最为差劲。

16.10　孔子曰："君子有九思：视思明，听思聪，色思温，貌思恭，言思忠，事思敬，疑思问，忿思难，见得思义。"

孔子说："君子有九个方面要考虑到：看要看清楚，听要听明白，神色要温和，容貌要谦恭，言语要忠信，做事要敬业，有疑惑就要询问，生气发火要多想想可能带来的麻烦灾难，看到可获得的东西要多想想是否符合道义。"凡事多考虑考虑，不要浮躁盲目，这是对君子的要求。传说，中国古代有一个家族长盛不衰，得益于当年一位高人的指点，高人教导这个家族的族长一句话："话要慢，心要善。"说话和缓，则可以不急不躁，心若善，则可以无愧天地良心。君子之所以异于小人，盖以其有九思焉。《中庸》云："博学之，审问之，慎思之，明辨之，笃行之。"学、问、思、辨、行，君子九思焉。《老子》云："居善地，心善渊，与善仁，言善信，正善治，事善能，动善时。"老子七善可与孔子九思对参矣！

《荀子·法行篇》载："孔子曰：'君子有三思，而不可不思也。少而不学，长无能也；老而不教，死无思也；有而不施，穷无与也。是故君子少思长则学，老思死则教，有思穷则施也。'"

16.11　孔子曰："见善如不及，见不善如探汤。吾见其人矣，吾闻其语矣。隐居以求其志，行义以达其道。吾闻其语矣，未见其人也。"

孔子说："看见善的就好像还够不着，心中急切，看到不善的就好像触碰到热汤，避之唯恐不及。我见到过这样的人，也听到过这样的话。以隐居来存养自己的志向，以践行正义来实现自己的价值，我听到过这样的话，但没见到过这样的人。"所谓见贤思齐，从善如流，这是一般君子所能为。若能在困难的条件下坚守理想信念，用高尚的行动来践行自己认准的大道，这就特别难能可贵，所以这样的人几乎见不到。

16.12　齐景公有马千驷，死之日，民无德而称焉。伯夷、叔齐饿于首阳之下，民到于今称之。其斯之谓与？

齐景公有好马四千匹，他死的时候，没有什么德行让老百姓称颂他的。伯夷、叔齐宁愿饿死在首阳山而不食周粟，老百姓直到今天还称颂他们的德行。一个巨富而无德可称，一个守节饿死而盛德流芳，真是强烈的对比。伯夷、叔齐的故事，《论语》中数次提到，前文已有言及。儒家文化中有几个道德模范人物，除了尧、舜、禹、汤、文、武、周公，还有就是伯夷、叔齐了。

齐景公是齐国历史上一位重要的国君，姜太公的后代，名杵臼，系齐灵公之子，齐庄公之弟，约生于公元前561年，卒于公元前490年，在位时间长达五十八年之久。他与孔子处于同一时代，故孔子与齐景公有多有交集，记载也较多，比如夹谷会盟就是齐景公自己导演又出丑的历史事件。他生活奢侈，才能平庸，属于志大才疏型的人物。他的大臣中有相国晏婴、司马穰苴以及梁邱据等人，所谓庸君却有名相能臣的幸运之君。史载他"好治宫室，聚狗马，奢侈，厚赋重刑"，他的穷奢极欲，从"有马千驷"可见一斑。这一记载，在1964年进一步得到了印证，在当年的齐国都城临淄附近，考古发掘出齐景公的陪葬殉马坑，已探明至少有六百多匹马。

本章开头没有"子曰"，后世以为可能阙文，且认为本章有错简。程颐认为，第十二篇中的"子张问崇德辨惑"章中的"诚不以富，亦祗以异"，当在本章之首。而朱熹以为这八个字，或当在"其斯之谓与"之前。分析本章内容，这当是孔子所言或颜回所言为贴近。

16.13　陈亢问于伯鱼曰："子亦有异闻乎？"对曰："未也。尝独立，鲤趋而过庭。曰：'学《诗》乎？'对曰：'未也。''不学《诗》，无以言。'鲤退而学《诗》。他日，又独立，鲤趋而过庭。曰：'学礼乎？'对曰：'未也。''不学礼，无以立。'鲤退而学礼。闻斯二者。"陈亢退而喜曰："问一得三，闻《诗》，闻礼，又闻君子之远其子也。"

陈亢即陈子禽，《论语》中，他共出现三次，这是第二次。这次他的问题很有趣，不是问孔子或其他弟子，而是问孔子的儿子孔鲤，说："你从老师那里听到过什么特别的教诲吗？"言外之意就是，孔子对儿子的教育是否有别于对其他弟子的教育？孔鲤倒也诚实，他举了两个日常生活中的例子作为对陈亢的答复："没有听到什么特别的。有一次他老人家独自站在庭院，我经过他身边。他问我：'学习《诗》了吗？'我回答说：'没有'。他说：'不学《诗》，就不懂得如何与人交谈应答。'然后我就好好学《诗》了。又有一次，同样的场景，他又问我：'学习礼了吗？'我说：'没有'。他说：'不学习礼，就难以立足于社会。'然后我就开始学礼。也就听过这两次教诲。"陈亢听孔鲤如此一番话后，很高兴，说："原本是只想问一件事，却意外得到三方面的收获，既听到了关于《诗》和礼的教诲，又知晓了君子对自己儿子的态度。"

本章中"趋而过庭"或谓之"趋庭",很形象生动地勾勒出孔鲤走过父亲身边时那种谦卑而略显惶恐的小步快走的形态。其实,在传统礼仪规范中,卑幼者走过尊长身边,就得小步快走。

这就是著名的"诗礼庭训"。传世的《颜氏家训》《朱子家训》等,无不受此影响。好的家训,就是最好的家教,好的家教才能形成好的家风。一个家族的家风家教与该家族兴亡存续的关系至为密切。对于一个国家、一个民族而言,也都具有非常重要的意义。

美国学者 A.E.Winship 在 1900 年做了一项研究,比较两个家族写成 *The Juke- Edwards : A Story in education and herethy* 一书,中文名《尤克斯和爱德华兹家族:关于教育与继承的研究》。他追踪这两个家族近两百年来的繁衍发展,一个家族从马克·尤克斯开始,马克·尤克斯生于 1700 年;另一个家族从爱德华兹开始,爱德华兹生于 1703 年。两百年后两个家族的统计如下:[①]

(一)爱德华兹家族

人口总数:1394 人,其中有:

• 100 位大学教授

• 14 位大学校长

• 70 位律师

• 30 位法官

• 60 位医生

• 60 位作家

• 300 位牧师、神学家

• 3 位议员

• 1 位副总统

---

① 关于具体统计数目,不同版本介绍稍有不同,但大体一致。

（二）马克·尤克斯家族

人口总数：903 人，其中有：

- 310 位流氓
- 440 位性病患者
- 130 位坐牢 13 年以上
- 7 位杀人犯
- 100 位酒徒
- 60 位小偷
- 190 位妓女
- 20 位商人，其中有 10 位是在监狱中学会经商的

这个闻名世界的研究案例，虽然研究者主要是从宗教信仰的角度进行分析，但同样很典型地反映了家风家教对家族后代的巨大影响。

16.14　邦君之妻，君称之曰夫人，夫人自称曰小童；邦人称之曰君夫人，称诸异邦曰寡小君；异邦人称之亦曰君夫人。

孔子时代，虽说礼坏乐崩，但礼仪的基本形式还是存在的。称呼是礼仪的重要形式，也是日常生活的常识。本章内容没有什么深意，只是关于邦君之妻在不同场合下的称谓而已。也许这是孔子当年教授弟子习礼的案例记载。但从同一个人在不同场合的称谓如此之不同看，可以推知古礼的繁杂，或者可以说是严谨，这就很容易让人联想到，孔子教导儿子孔鲤"不学礼，无以立"的重要性和实践意义。

待人接物，首先要懂得如何称呼对方。学称呼是生活常识，也是礼仪的具体应用，虽属小道，古人却非常看重。比如，古人有名有字，什

么情况下该称呼其名，什么情况下又该称呼其字呢？唐人李翱以《论语》为例，做过一番研究和总结：

> 古之人相接有等，轻重有仪，列于经传，皆可详引。如师之于门人则名之，于朋友则字而不名。称之于师，则虽朋友亦名之。子曰："吾与回言。"又曰："参乎，吾道一以贯之。"又曰："若由也，不得其死然。"是师之名门人验也。
>
> 夫子于郑，兄事子产，于齐，兄事晏婴平仲。《传》曰："子谓子产有君子之道四焉。"又曰："晏平仲善于人交。"子夏曰："言游过矣。"子张曰："子夏云何？"曾子曰："堂堂乎张也。"是朋友字而不名验也。子贡曰："赐也何敢望回？"又曰："师与商也孰贤？"子游曰："有澹台灭明者，行不由径。"是称于师，虽朋友亦名验也。①

又，本章开头没有"子曰"两字，看上去又像是孔子的话。有人怀疑可能是后人见原竹简留有空白处，任意附记而成。但杨伯峻认为这不可能，决非后人掺入。②

---

① （清）曾国藩纂：《经史百家杂钞》卷十五《书牍之属二·李翱 / 答王载言书》，长沙：岳麓书社，2015 年，第 586 页。
② 杨伯峻：《论语译注》，北京：中华书局，1980 年，第 179 页。

阳货篇第十七

题解：《论语》二十篇，以人名为篇名者，除了孔门弟子之外，还有泰伯、卫灵公、季氏、阳货、微子五人。此五人，阳货地位最卑微，只是个家臣，但他却是家臣弄权执国命的乱世枭雄，与孔子交集也最为奇特。在孔子从青年到老年的人生岁月里，阳货总像无法回避的幽灵缠绕着他。编者也许想通过阳货来反观孔子，意在表达在那样一个特殊年代里孔子的坚守和奋斗。

17.1　阳货欲见孔子，孔子不见，归孔子豚。孔子时其亡也，而往拜之。遇诸涂。谓孔子曰："来！予与尔言。"曰："怀其宝而迷其邦，可谓仁乎？"曰："不可。——好从事而亟失时，可谓知乎？"曰："不可。——日月逝矣，岁不我与。"孔子曰："诺；吾将仕矣。"

阳货，也称阳虎。孔子与阳货的关系有点奇特。孔子少年时，曾想参加鲁国当权大夫季氏家的一次活动，结果被季氏管家阳货拒绝入内并奚落了一通。① 孔子周游列国时，经过匡地，被匡地百姓误认为恶人阳虎，被围困了五天五夜，因阳虎曾侵害过匡地老百姓，当地老百姓记仇，不巧孔子也是从鲁国而来，而且孔子长得又与阳虎有几分相似，故遭此无妄之灾。② 后来，阳货背叛季氏，想自己搞个独立王国，邀请孔子参加，被孔子拒绝。

本章所记是阳货想拜见孔子，孔子故意躲避不见，阳货就送给孔子一只烤乳猪。作为礼尚往来，孔子等阳货不在家时，去回礼。结果不巧两人在途中相遇。阳货就对孔子说："你过来，我有话对你说。"阳货接着说："假如一个人怀有大才，却对所在的国家任由其迷茫，这算得上是仁吗？"阳货自问自答："不能算是仁吧？总想有所作为却又不把握时机，能算得上聪明吗？"又自答道："算不上吧！日月流逝，时不我待啊！"孔子说："好吧，我将考虑入仕为官了。"这段对话，前面几个"曰"都是阳货当着孔子的面自问自答，最后一个"曰"，才是孔子曰。从这段对话中看出，阳货认可孔子的才干并希望他能出来做点事业。但是否也在暗示孔子，让孔子跟着他一起造反干一番所谓的大事呢？可以说，这是阳货对孔子的一种试探和拉拢。

历史上的阳货是作为反面人物的代表而流传于民间的，我的老家还有这样的遗风，比如贬损某人或辱骂某人，会说某人"像阳货"。

---

① 《史记·孔子世家》载："孔子要经，季氏飨士，孔子与往。阳虎绌曰：'季氏飨士，非敢飨子也。'孔子由是退。"

② 《史记·孔子世家》载："阳虎尝暴匡人，匡人于是遂止孔子。孔子状类阳虎，拘焉五日。"

关于为什么送烤乳猪作见面礼，据李零教授考证，送烤乳猪是当时的习俗。送礼要有往来，阳货见不到孔子，所以先送礼，等着孔子回礼相见。

17.2　子曰："性相近也，习相远也。"

17.3　子曰："唯上知与下愚不移。"

这两章前后相随，看似有点矛盾，其实是互为补充的。前一章是从大概率说，人与人的先天本性是比较相近的，没有什么天壤之别，但后天所处环境和各自的努力千差万别，所以，各自的相差就比较大了。从这点看，孔子是承认人生而平等且天资相似的，只是后天决定了人的不同。但也有小概率情况，孔子并不否认，确实有极少数天才，"上知"者是也，也有天生的白痴，"下愚"者是也。若生就这样两个极端，也是无法改变的，常人也许经过持之以恒的不懈努力，或者可以接近天才的水准，但想让天生的白痴变成天才，怎么可能呢？孔子不是天才论者，却也承认人类社会有特殊现象存在，但他坚持说自己不是生而知之的天才，是与广大凡夫俗子一样"性相近"的人，只是他敏而好学，用自己一生的努力印证了"习相远"的事实。

"人之初，性本善，性相近，习相远"，是《三字经》的开篇首语，给人的感觉好像是孔子主张"性本善"，但显然，孔子只强调"性相近"，这相近之"性"，到底是善还是恶，或无善无恶，或时善时恶，孔子并没有进一步说明，这是要特别留意的地方。

17.4 子之武城，闻弦歌之声。夫子莞尔而笑，曰："割鸡焉用牛刀？"子游对曰："昔者偃也闻诸夫子曰：'君子学道则爱人，小人学道则易使也。'"子曰："二三子！偃之言是也。前言戏之耳。"

孔子到武城这个地方，听到有弹琴吟唱之声，孔子微微一笑，说："宰鸡哪用得着牛刀呢？"弟子子游就回答说："以前我曾听老师您说过：'君子们学了大道则懂得去爱人，小人学了大道则比较好使唤。'"孔子说："你们几个都听好了，言偃同学的话有道理，刚才我说的是玩笑话。"言偃，字子游，是孔门十哲之一，与子夏并列文学科，是后世儒家中影响较大的一派。言偃在武城当地方官，用礼乐来管理教化当地民众，颇有政绩，孔子觉得这么点小地方言偃居然能如此治理，很有点大材小用，但既然有这么好的效果，那么孔子也肯定这样的做法。朱熹曰："治有大小，而其治之必用礼乐，则其为道一也。"①

17.5 公山弗扰以费畔，召，子欲往。子路不说，曰："末之也，已，何必公山氏之之也？"

子曰："夫召我者，而岂徒哉？如有用我者，吾其为东周乎？"

公山弗扰盘踞费地图谋叛乱，号召孔子入伙，孔子想去。子路不

---

① （宋）朱熹集注，陈戍国标点：《四书集注》，长沙：岳麓书社，2004年，第200页。

高兴，说："无处所投也就罢了，何必投靠公山氏那里去呢？"孔子说："那个召我去的人，难道让我去做摆设吗？假如有人用我，我就可以让文武之道在东方复兴。"本章的要点是孔子为什么会对一个叛乱之臣的召唤感兴趣？子路为什么不高兴且表示明确反对？孔子所谓的"为东周"到底是什么？南怀瑾先生认为孔子是故意这么说，以试探子路的态度，是孔子的一种特殊教育法，类似于正话反说，来教育启发学生。

17.6　子张问仁于孔子。孔子曰："能行五者于天下为仁矣。""请问之。"曰："恭，宽，信，敏，惠。恭则不侮，宽则得众，信则人任焉，敏则有功，惠则足以使人。"

　　子张之问，是《论语》里的一大看点，子张一贯自视甚高，其所问也颇不同于其他同学，比如学干禄、[1]问从政，[2]可说子张是长于发问而急于用世者。孔子对子张之问的回答，也颇不同于对待其他同学，师徒之间很有默契。问仁者多矣，而子张独得"恭、宽、信、敏、惠"五言之妙。通观《论语》，尤其是第二十篇《尧曰篇》中孔子与子张之间关于"五美四恶"之问答，可以推想，孔子对子张可能是有某种特别的培养意识，荀子骂"子张氏之贱儒"，或有失偏颇，但亦可以想象孔子之后、荀子之时，儒家子张一派的影响力比较大。
　　子贡提出"温、良、恭、俭、让"，孔子提出"恭、宽、信、敏、

---

① 《论语·为政篇》。
② 《论语·尧曰篇》。

惠""智、仁、勇"，孟子提出"仁、义、忠、信"，[1] 这种具有鲜明儒家特色的字句组合，逐渐形成了后世所谓的"五常八德"[2] 组合。

"信近于义，言可复也。恭近于礼，远耻辱也。"[3] 本章还可与《尧曰篇》子张问从政章互参。"宽则得众，信则民任焉，敏则有功，公则说。"

17.7　佛肸召，子欲往。子路曰："昔者由也闻诸夫子曰：'亲于其身为不善者，君子不入也。'佛肸以中牟畔，子之往也，如之何？"子曰："然，有是言也。不曰坚乎，磨而不磷；不曰白乎，涅而不缁。吾岂匏瓜也哉？焉能系而不食？"

本章与前面的"公山弗扰以费畔"一章很类似，可以互为参读。佛肸盘踞中牟之地图谋叛乱，想召孔子入伙，孔子也想去。子路说："以前曾听您老人家说过：'主动干坏事的人，君子是不加入他们一伙的。'佛肸以中牟之地叛乱，您老人家却想去那里，这怎么可以呢？"孔子说："是啊，我确实说过这样的话。但你也要知道，真正坚硬的东西，是磨不薄的；真正洁白的东西，是染不黑的。我难道是匏瓜吗？只悬挂着而不食用吗？"孔子似乎很急于用世，不讲原则立场，甚至不分青红皂白，只要给予施展才华的机会就行。如果孔子真是这种人，那就不可能成为圣人了。南怀瑾先生认为，这不是孔子的本意，孔子这是在以一种

---

① 《孟子·告子上》。

② 五常：仁、义、礼、智、信；八德：孝、悌、忠、信、礼、义、廉、耻。

③ 《论语·学而篇》。

正话反说的方式来启发诱导弟子，告诉子路，君子出处要慎始。即使自己意志坚定，也要考虑不受坏的影响。磨而不损染而不黑的，毕竟太少太难！

宋人张敬夫曰："子路昔者之所闻，君子守身之常法。夫子今日之所言，圣人体道之大权也。然夫子于公山、佛肸之召皆欲往者，以天下无不可变之人，无不可为之事也。其卒不往者，知其人之终不可变而事之终不可为耳。一则生物之仁，一则知人之智也。"[1]盖体道之大权，唯圣人能之。与狼共舞，驯狼为犬。这种解读，更是高推圣意。

为什么造反谋叛者都想拉孔子入伙呢？也许孔子对当世的那些统治者多有批评之语或以不合作之形象而闻名于当世，所以，那些图谋造反的人就想当然地觉得孔子是他们的同路人。但孔子显然与他们不同，他们造反为的是一己之利或小集团利益，而孔子是为了救世安民，还社会以礼乐秩序，为天下开太平。圣人体道之大，斗筲之徒焉能知乎？

17.8　子曰："由也！女闻六言六蔽矣乎？"对曰："未也。""居！吾语女。好仁不好学，其蔽也愚；好知不好学，其蔽也荡；好信不好学，其蔽也贼；好直不好学，共蔽也绞；好勇不好学，其蔽也乱；好刚不好学，其蔽也狂。"

孔子说："由啊！你听说过有六种美德又伴着六种弊病吗？"子路回答说："没有。"孔子说："坐下！我告诉你吧。好仁德而不好学习，它的弊病是让人变得愚蠢；好要聪明而不好学习，它的弊病是让人变得放荡轻浮；好信誉而不好学习，它的弊病是反倒伤害自己；喜欢直率而不好

---

① （宋）朱熹集注，陈戍国标点：《四书集注》，长沙：岳麓书社，2004 年，第 202 页。

学习，它的弊病是让人觉得尖刻；好勇敢却不好学习，它的弊病是容易作乱；喜欢刚毅而不好学习，它的弊病是容易狂妄。"可见，避免种种弊病的唯一途径就是好学。本章可以比照《泰伯篇》中的"恭而无礼则劳，慎而无礼则葸，勇而无礼则乱，直而无礼则绞"理解，显然，礼是孔子所强调的必学内容。

《论语》以"学而"开篇，倡导学习贯穿整部《论语》始终。本章再次把"学"提到一个空前的高度。

17.9　子曰："小子何莫学夫《诗》?《诗》，可以兴，可以观，可以群，可以怨。迩之事父，远之事君；多识于鸟兽草木之名。"

孔子关于《诗》的论述很多，《论语》中直接谈及《诗》十四次，本章可说是孔子关于《诗》的最全面最完整的概论。后世研究诗学的人、学写诗的人，无不奉此论为对诗的最高度的概括。孔子认为诗的"兴、观、群、怨"，体现了从自我修身到融入社会、认识社会、服务社会的巧妙统一。自孔子以来，吟诗作赋成为传统中国读书人的最基本素养之一，一直影响至近现代，所以中国被称为"诗的国度"，有人甚至认为诗就犹如中国的宗教一样，中国之所以没有产生西方意义的宗教，正是因为中国人富有诗意的文化特质。林语堂在《中国人》一书中就持此论。林语堂认为："如果说宗教对人类心灵起着一种净化作用，使人对宇宙、对人生产生一种神秘感和美感，对自己的同类或者其他生物表示体贴的怜悯，那么依我之见，诗歌在中国已经代替了宗教的作用。"[1]鲁迅先生曾提出通过读诗"多识于鸟兽草木之名"，有助于增长见识。鲍鹏山先生

---

　　① 林语堂:《中国人》，上海：学林出版社，2007年，第181页。

则于"兴、观、群、怨"中，读出了儒家教育的"大人"之学，鲍氏认为："兴，让你有情怀；观，让你有洞察力；群，让你有领导力；怨，让你有独立批判精神。"[1]

晚清状元张謇在故乡南通建博物苑，并题写过一副对联："设为庠序学校以教，多识鸟兽草木之名。"

17.10　子谓伯鱼曰："女为《周南》《召南》矣乎? 人而不为《周南》《召南》，其犹正墙面而立也与？"

《论语》中涉及孔子儿子孔鲤的地方有三处，其中两处都是谈《诗》的，另一处是说孔鲤死后有棺而无椁。[2]最著名的是那段父子对话，即"不学《诗》，无以言；不学礼，无以立"。[3]本章仍是孔子教育儿子孔鲤要好好读《诗》，可见孔子对诗教的高度重视。《周南》《召南》是《诗经·国风》中的两大部分，《诗经》凡十五国风，《周南》《召南》占其二，位列国风前两位，《周南》共有十一首诗，含《关雎》《葛覃》《卷耳》《麟之趾》等，《召南》凡十四首，有《鹊巢》《采蘋》《驺虞》等。从孔子对儿子的教导中，可以感受到孔子对《周南》《召南》特别重视，也不难理解为什么孔子修订《诗经》把这两部分列在全书之首。《毛诗序》云："《周南》《召南》，正始之道，王化之基。"如果不好好学习这些国风的代表作，不能领会诗的教化意义，就好比面贴着墙壁站立，上下左右什么也看不见，就成了盲目的无知的人。

---

① 　鲍鹏山:《先秦诸子八大家》，上海：上海科学技术文献出版社，2012 年，第 136 页。

② 　《论语·先进篇》。

③ 　《论语·季氏篇》。

17.11   子曰："礼云礼云，玉帛云乎哉？乐云乐云，钟鼓云乎哉？"

孔子说："礼啊礼啊，难道就是指玉帛之类的贵重礼品吗？乐啊乐啊，难道就是鸣钟击鼓之类的乐器演奏吗？"只重形式而忽略其内在精神，舍本逐末，不是真正的礼乐文化，道器之间，道为本，器为末，存其器而失其道，君子弗为，孔子所以忧也。程颐说："礼只是一个'序'，乐只是一个'和'。只此两字，含蓄多少义理。"①

17.12   子曰："色厉而内荏，譬诸小人，其犹穿窬之盗也与？"

孔子说："表面看上去很严厉而内心却十分怯懦，若用某种坏人来形容这类人的话，就好像是挖洞翻墙的小偷吧？"

17.13   子曰："乡原，德之贼也。"

什么是"乡原"？为什么孔子斥之谓"德之贼"？孟子对此有论述："阉然媚于世也者，是乡原也。"② "非之无举也，刺之无刺也。同乎流俗，合乎污世。居之似忠信，行之似廉洁。众皆悦之，自以为是，而不可与入尧舜之道，故曰'德之贼'也。"③

---

① （宋）朱熹集注，陈戍国标点：《四书集注》，长沙：岳麓书社，2004 年，第 203 页。
② 《孟子·尽心下》。
③ 同上。

伪君子比真小人可恶。不讲原则，不问是非，表面上看似忠信廉洁，实际却与社会不良现象同流合污，看似老好人，实际却上不了正道，这就是乡原。乡原，对好的品德是极大的残害。

17.14　子曰："道听而涂说，德之弃也。"

道听途说常常都是捕风捉影、不负责任、缺乏事实根据地传播谣言，这在提倡诚信为本的儒家看来，是严重与道德不相符的，所以，孔子认为，道听途说乃德之所弃。

17.15　子曰："鄙夫可与事君也与哉？其未得之也，患得之。既得之，患失之。苟患失之，无所不至矣。"

孔子说："鄙陋之人，能和他一起事君吗？这种人没有得到财富地位，就老想着如何获得。已经得到了富贵，又担心怕失去。若是这般的患得患失，那么为了富贵没有什么事干不出来的。"宋代大儒胡安国的老师靳裁之曾言："士之品大概有三：志于道德者，功名不足以累其心；志于功名者，富贵不足以累其心；志于富贵而已者，则亦无所不至矣。"由此，胡安国儿子胡寅说："志于富贵，即孔子所谓鄙夫也。"[1]

17.16　子曰："古者民有三疾，今也或是之亡也。古之狂也肆，今之狂也荡；古之矜也廉，今之矜也忿戾；古之愚

---

[1] （宋）朱熹集注，陈戍国标点：《四书集注》，长沙：岳麓书社，2004年，第204页。

也直，今之愚也诈而已矣。"

所谓人心不古，孔子之时已有所叹。盖古初之民，淳朴近乎天然，有愚直之相，而无伪诈之心。所以，孔子说："古时候的人有三个方面看似毛病（实则可贵的品质），现在好像都没有了。古代的狂人肆意直言，现在的所谓狂人却是放荡不羁；古代的矜持之人能够做到节义廉退，现在的所谓矜持却总是对什么都抱着忿戾之状；古代的所谓愚者很直率，而今所谓的愚者却只会使用欺世盗名的手段而已。"

17.17　子曰："巧言令色，鲜矣仁。"

与《学而篇》重复。《论语》中，有数处类似的重复，何以会出现这种重复现象，古今各有多种解释，或以为错简所致，或以为重复乃是编撰行文之所需，为必要之内容，非错漏所致。

17.18　子曰："恶紫之夺朱也，恶郑声之乱雅乐也，恶利口之覆邦家者。"

所谓邪不压正，但如果正义得不到伸张，邪气就必然猖狂。

"朱，正色。紫，间色之好者。恶其邪奸而夺正色也。利口之人多言少实，苟能说媚时君，倾覆国家。""郑声，淫声之哀者。恶其乱雅乐。"[1]据考证，当时的诸侯都好穿紫衣，有僭君之疑，但紫衣已然成为时尚，正如郑声一样流行。在孔子看来，这就是礼崩乐坏最直接的反映，孔子

---

① 程树德撰，程俊英、蒋见元点校：《论语集释》，北京：中华书局，2013 年，第 1579 页。

对这种现象深恶痛绝，也是当然之事。

在《卫灵公篇》"颜渊问为邦"章，孔子就教导颜渊："放郑声，远佞人。郑声淫，佞人殆。"

《大学》云："一言偾事，一人定国。"利口覆邦家，历史上的案例很多。

孟子引用孔子的话，与本章内容可互补。"孔子曰'恶似而非'者：恶莠，恐其乱苗也；恶佞，恐其乱义也；恶利口，恐其乱信也；恶郑声，恐其乱乐也；恶紫，恐其乱朱也；恶乡原，恐其乱德也。"[1]

17.19　子曰："予欲无言。"子贡曰："子如不言，则小子何述焉？"子曰："天何言哉？四时行焉，百物生焉，天何言哉？"

孔子有一天突发感慨地说："我不想说话了。"子贡说："先生若不说话，我们这些后生小子如何去阐述您的思想呢？"孔子说："老天爷说什么了吗？四季运行有序，世间百物该生长就自然生长，老天爷说什么了吗？"如果我们不高推圣意，认为这是孔子教导子贡的一种特殊方式的话，那么，孔子偶尔发一下感慨，也在情理之中。也许孔子感觉，自己苦口婆心，到处去弘道，却没有多少人愿意真心接受，所以就有点不想再说了。可子贡这么一问，就引出了孔子关于天无言的一番话。子贡曾说："夫子之文章，可得而闻也；夫子之言性与天道，不可得而闻也。"[2]子贡有幸，此处得闻夫子言天道。

---

① 《孟子·尽心下》。

② 《论语·公冶长篇》。

17.20 孺悲欲见孔子，孔子辞以疾。将命者出户，取瑟而歌，使之闻之。

孺悲想拜见孔子，孔子以身体欠佳婉拒。通报的人刚出房门，孔子就拿起瑟来弹唱，故意使孺悲知晓。这段话有点难理解，明明孔子以自己生病为借口拒绝接见来访者，却又让来访者听到他在弹瑟唱歌，分明故意让来访者难堪似的。南环瑾先生认为，这当是夫子特殊的教育方法，即所谓"不言之教"。孟子曰："教亦多术矣。予不屑之教诲也者，是亦教诲之而已矣。"[①]

孺悲是鲁国人，根据《礼记·杂记》记载："哀公使孺悲之孔子学士丧礼，士丧礼于是乎书。"

17.21 宰我问："三年之丧，期已久矣。君子三年不为礼，礼必坏；三年不为乐，乐必崩。旧谷既没，新谷既升，钻燧改火，期可已矣。"子曰："食夫稻，衣夫锦，于女安乎？"曰："安。""女安，则为之！夫君子之居丧，食旨不甘，闻乐不乐，居处不安，故不为也。今女安，则为之！"宰我出，子曰："予之不仁也！子生三年，然后免于父母之怀。夫三年之丧，天下之通丧也，予也有三年之爱于其父母乎！"

曾被孔子批评白天睡懒觉的这个"朽木不可雕"的宰我同学，《论语》

---

① 《孟子·告子下》。

中出现共五次，三次都是被孔子批评的，这次被批评为不仁不孝，最为严重。因为他居然明确反对守丧三年的礼制，而孔子认为守丧是孝道的最基本要求，子女在父母怀中要抱三年，作为反哺回报，至少也要居丧守孝三年。这是孔子对于三年居丧礼的最直接解释。关于三年居丧礼，后人有很多论述，有认为这三年礼是孔子首倡，并非当时社会的成礼，当时只是期年礼而已，所以宰我有此之说。《礼记·经解》："《礼》之失，烦。"宰我看来，居丧三年，不仅仅繁杂琐碎，而且已经影响到社会的生产生活了。但孔子提倡孝道应"事死如事生"，对于丧礼，"与其易也，宁戚"，强调的是内心的哀戚与思念，即所谓心安与否，也就是"心丧"①三年。

17.22　子曰："饱食终日，无所用心，难矣哉！不有博弈者乎？为之，犹贤乎已。"

孔子说："整天吃饱饭却无所事事，这样不好啊！不是有博彩下棋之类的游戏吗？只要去做，也比无所事事强啊。"

《郎潜纪闻》载，顾炎武尝曰："北方之人，饱食终日，无所用心。南方之人，群居终日，言不及义，好行小慧。"

所谓"无所用心"，即如《大学》所云："心不在焉，视而不见，听而不闻，食而不知其味。"

朱熹引李氏曰："圣人非教人博弈也，所以甚言无所用心之不可尔。"②

---

① 《史记·孔子世家》载："孔子葬鲁城北泗上，弟子皆服三年。三年心丧毕，相诀而去。"

② （宋）朱熹集注，陈戍国标点：《四书集注》，长沙：岳麓书社，2004年，第206页。

17.23   子路曰："君子尚勇乎？"子曰："君子义以为上，君子有勇而无义为乱，小人有勇而无义为盗。"

子路问孔子："君子崇尚勇敢吗？"孔子说："君子以义为贵，君子只有勇而无义，就可能造反叛乱；小人只有勇而无义，则可能变成强盗匪徒。"子路向以刚勇著称，其所问，盖多问勇、问强之类者。天性使然也！"勇而无礼""勇而无义""好勇不好学"都是"乱"，孔子之教子路可谓至真至切至诚！

17.24   子贡曰："君子亦有恶乎？"子曰："有恶：恶称人之恶者，恶居下流而讪上者，恶勇而无礼者，恶果敢而窒者。"曰："赐也亦有恶乎？""恶徼以为知者，恶不孙以为勇者，恶讦以为直者。"

子贡问："君子也会有憎恶的人吗？"孔子说："有憎恶的人：憎恶好揭人短的人，憎恶居于下位却喜欢诽谤比自己职位高的人，憎恶光有勇气却不守礼的人，憎恶敢于决断却固执不化听不得劝的人。"孔子接着问道："赐啊，你自己是不是也有憎恶的人呢？"子贡说："我憎恶偷窥别人的创见却装作自己很聪明的人，憎恶不知谦逊而自视勇敢的人，憎恶揭人隐私而以为直率的人。"

《论语》中子路、子贡之问常常放在一起，前后相随，孔门中这两位一文一武，受孔子耳提面命最多，孔子待他们俩迥然不同于其他弟子。

"恶居下流"之"流"字，有考据家认为是衍文，唐以前版本没有，晚唐后误衍。"居下"与"讪上"，对应，"流"字多余。

17.25　子曰："唯女子与小人为难养也，近之则不孙，远之则怨。"

孔子说："只有女人和小人最难相处，与他们走得太近，就有点不庄重，疏远他们，就落抱怨。"《论语》凡一万六千言，本章自古以来最受诟病，尤其女性读者对此最有意见，由此也往往认为孔子是典型的大男子主义者。

本章字面的意思大体是这样，但透过字面来分析世故人情，女人也确实有女人的特点，孔子总结的"近之则不孙，远之则怨"可谓入骨三分。把女人与小人并列，并非贬损女人，因为孔子所谓的小人，是相对于有权阶层的所谓"君子"而言的，不是道德层面的标准。本章的难点是"养"字，好像女人和小人是靠别人养活似的，但通观全文，这个"养"不是养活的养，而是长期相处之意。也有认为本章的内容不是对女人和小人的贬损，而是体现一种关爱精神，是标点分歧所致，当如此句读："唯女子与小人为难，养也。"这般句读前后文难连贯，比较勉强，不可取，一笑而已。

17.26　子曰："年四十而见恶焉，其终也已。"

孔子说："到了四十岁的时候还让人讨厌，那么这个人这辈子也就完了。"孔子认为"四十不惑"，到了不惑之年，还没有起码的素质，就可想而知这个人的结局。

微子篇第十八

题解：本篇以微子命名，主要内容是臧否若干具有某些传奇色彩的历史人物，这些人物大多是狂狷之士，一般认为以道家一类人物居多，与孔子原非同道，志趣各异，从孔子对此类人物的态度，反观孔子，所谓有比较才知差别优劣，这大概是编撰本篇内容的用意之所在。李零先生认为，本篇体现了中国的"隐士精神"，是中国文人的"人文幻想"。①

18.1 微子去之，箕子为之奴，比干谏而死。孔子曰："殷有三仁焉。"

王国维说："中国政治与文化之变革，莫剧于殷、周之际"，"殷、周间之大变革，自其表言之，不过一姓一家之兴亡与都邑之移转；自其

---

① 李零：《茫茫禹迹：中国的两次大一统》，北京：生活·读书·新知三联书店，2016 年，第 74 页。

里言之，则旧制度废而新制度兴、旧文化废而新文化兴。又自其表言之，则古圣人之所以取天下及所以守之者，若无以异于后世之帝王；而自其里言之，则其制度文物与其立制之本意，乃出于万世治安之大计，其心术与规摩，迥非后世帝王所能梦见也。"① 在风雨飘摇、国破家亡之际，殷商还能出现这样三位为后世称道的仁者，殊为难得。孔子以为，有这样的仁者出现，是因为殷汤等几位贤能之君积德毓秀。这三位都是殷纣王的至亲贵戚：微子是纣王的亲兄弟，箕子和比干是纣王的叔父。比干因为谏诤而被纣王残暴地剖腹挖心折磨致死，可谓中国死谏第一人。自古谏诤之臣，都难有好下场，比干开其先，屈原随其后，而最悲惨者莫过于被明成祖诛灭十族的方孝孺。所以，历史上，魏征以谏诤名世，有幸遇到宽宏豁达的唐太宗，即使英明大度如李世民者，魏征也因多次触犯龙颜而差点死于非命。比干以骨肉至亲王叔之尊，尚且难免一死，何况其他臣子？ 一个死谏，一个归隐山林，一个装疯卖傻，仁者处乱世，盖莫出乎这三种形态。儒家所谓："国有道，其言足以兴，国无道，其默足以容"，②"邦有道，则仕；邦无道，则可卷而怀之"，③"天下有道，以道殉身，天下无道，以身殉道。"④ 君子之于世，或现或隐，或出或处，惟道是从。

《尚书》的《微子篇》和《洪范篇》，分别记载了微子和箕子的事迹，可以读出这两位仁人的智慧和不平凡。《史记·宋微子世家》对微子、箕子、比干有较详细记载。周克商后，武王封纣子武庚禄父以续殷祀，使管叔、蔡叔傅相之。武王死后，管、蔡因妒忌周公辅成王，诬陷周公篡

---

① 王国维:《殷周制度论》，载《观堂集林（外二种）》，石家庄：河北教育出版社，2001 年，第 231—232 页。

② 《中庸》。

③ 《论语·卫灵公篇》。

④ 《孟子·尽心上》。

权谋位，勾结武庚作乱，欲袭成王、周公。周公平叛后，诛杀武庚和管叔，放逐了蔡叔，改封微子开承继殷祀，封国于宋，微子成为宋国的开国之君。微子死后，传位给弟弟微仲，此后宋国国君都出自微仲这一支。微仲六传而至宋厉公。《史记·孔子世家》载：孔子十七岁时，鲁大夫孟釐子临终之际，曾对儿子孟懿子说："孔丘，圣人之后，灭于宋，其祖弗父何始有宋而嗣让厉公。及正考父佐戴、武、宣公，三命兹益恭，故鼎铭云：'一命而偻，再命而伛，三命而俯，循墙而走，亦莫敢余侮。饘于是，粥于是，以糊余口。'其恭如是。吾闻圣人之后，虽不当世，必有达者。今孔丘年少好礼，其达者欤？吾即没，若必师之。"孔子自称殷人之后，其先人可远推微仲，近推弗父何。微仲四传至宋湣公，湣公长子弗父何，湣公传弟，故有所谓弗父何嗣让之说。从弗父何四传到正考父，正考父生孔父嘉，从弗父何到孔父嘉，历五世，所谓五世亲尽，别为公族，其后代以其先人之字为氏，盖孔氏始于孔父嘉者也。孔父嘉六传而至孔子，此所谓孔子既为殷人，又为孔氏之后之所由来者也。

18.2   柳下惠为士师，三黜。人曰："子未可以去乎？"曰："直道而事人，焉往而不三黜？枉道而事人，何必去父母之邦？"

柳下惠"坐怀不乱"是广为传颂的故事。孟子称柳下惠为"圣之和者"，[①]以宽容敦厚闻世。他曾担任鲁国的法官，三次被罢免。有人对他说："君上如此对待先生，难道不可以离去吗？"柳下惠说："以正直的方法来服务君上，到哪里能不被多次罢免呢？若以歪道服侍君上，那又何必

---

①《孟子·万章下》。

离开自己的祖国？"

18.3　齐景公待孔子曰："若季氏，则吾不能；以季孟之间待之。"曰："吾老矣，不能用也。"孔子行。

齐景公谈到如何对待孔子时说："若要像鲁君对待季氏那样对待孔子，我做不到。但可以次于季氏高于孟氏的待遇对待孔子。"接着又说："我老了，没什么作为了。"孔子得知这一消息后，就离开齐国了。

此事发生在孔子三十五岁左右，孔子到齐国，齐景公向孔子请教政事，孔子告之曰："君君、臣臣、父父、子子"，"政在节财"。齐景公欲以尼溪田封孔子，为齐相晏婴所阻，由是，景公以老为托词不再重视孔子。[①]

18.4　齐人归女乐，季桓子受之，三日不朝，孔子行。

孔子仕鲁三年，而鲁国大治，尤其夹谷会盟，大为鲁国争光。齐国认为，照此下去，鲁国必霸，鲁国强，非齐国之福，故此要离间鲁国君臣，腐化鲁国当政者。腐化的手段，就是送美女财宝。史载："选齐国中女子好者八十人，皆衣文衣而舞康乐，文马三十驷，遗鲁君。陈女乐文马于鲁城南高门外。季桓子微服往观再三，将受，乃语鲁君为周道游，往观终日，怠于政事。"[②] 这就是"女乐文马"故事，显然这糖衣炮弹的威力，轻易就把鲁国国君和当政的季桓子击败了，他们连续三日不听政，郊祭

---

① 《史记·孔子世家》。

② 同上。

时，也不按惯例把祭肉分送给大夫们。孔子由此对鲁君和季氏彻底失望，开始了周游列国。

18.5　楚狂接舆歌而过孔子曰："凤兮凤兮！何德之衰？往者不可谏，来者犹可追。已而，已而！今之从政者殆而！"孔子下，欲与之言。趋而辟之，不得与之言。

孔子周游列国的晚期，大概在孔子六十三岁左右，他来到楚国，但仍没能得到重用，却碰到了一个楚国的狂人名接舆者。他与孔子一行相遇时，故意吟唱道："凤鸟啊，凤鸟！这天下的道德已经衰败到怎样的程度了？过去的已经不可能挽救得了了，未来的还是可以弥补的。罢了，罢了！当今的从政者没指望了！"孔子从车上下来，想与他交谈。这个狂人就快步避开了，孔子没能同他说上话。

李白诗句："我本楚狂人，凤歌笑孔丘。"[1] 鲁迅《狂人日记》等，盖亦由此发端。

孔子见老子后，曾譬喻老子为"龙"，[2] 而孔子又被楚狂譬喻为"凤"，儒、道是中国文化之核心，故中国文化或可喻为"龙凤文化"。

18.6　长沮、桀溺耦而耕，孔子过之，使子路问津焉。长沮曰："夫执舆者为谁？"子路曰："为孔丘。"曰："是鲁

---

① （唐）李白：《庐山谣寄卢侍御虚舟》。
② 《史记·老子韩非列传》载：孔子适周问礼老子，曾言："吾今自见老子，其犹龙邪！"

孔丘与？"曰："是也。"曰："是知津矣。"问于桀溺。桀溺曰："子为谁？"曰："为仲由。"曰："是鲁孔丘之徒与？"对曰："然。"曰："滔滔者天下皆是也，而谁以易之？且而与其从辟人之士也，岂若从辟世之士哉？"耰而不辍。子路行以告。夫子怃然曰："鸟兽不可与同群，吾非斯人之徒与而谁与？天下有道，丘不与易也。"

上一章有个狂人名接舆，本章更冒出两个怪人，一名长沮，一名桀溺，这几个古人的名字稀奇古怪，正如他们的言行举止奇奇怪怪一样。如《庄子》里的人名，怪异非今人可想象，但庄子里面大多是寓言故事，而《论语》中，是否也有寓言故事呢？或者，《庄子》中的寓言正是受《论语》启发而光大之呢？推想这些隐者之名，非其真名，盖以其事而名之，比如，接车者谓之"接舆"，守门者谓之"晨门"之类，此处问津，故有"长沮、桀溺"之名。

长沮和桀溺两位在地里耕作，孔子经过此处，就派子路向他们询问渡口在哪。长沮问："那位驾马车的是谁？"子路说："是孔丘。"长沮说："是鲁国的孔丘吗？"子路说："是啊。"长沮说："那么他应该知道渡口在哪呢！"子路又问桀溺。桀溺反问："你是谁？"子路答道："我是仲由。"桀溺又问："是鲁国孔丘的门徒吗？"子路答道："是的。"桀溺说："今天下如滔天洪水坏成这般样子了，你与谁去改变它呢？你与其跟着孔丘这种只知躲避世人的人，倒不如跟着我们干脆避开这个社会。"说着就继续耕作不辍。子路返回将一番遭遇告诉孔子。孔子颇怀惆怅地说："我们无法与鸟兽同群，我不和天下人同群，又和谁同群呢？天下若走上正道了，我才不想着与谁去改变它呢！"

这里有一个问题，孔子是用鸟兽来蔑称这两位隐者，还是只作为一个比喻说明道不同不相与谋呢？从本篇各章内容看，孔子并没有丝毫贬损此类隐者的意味，只是难以与他们为伍罢了。孔子以积极态度想着改变这个问题社会，而这些隐者们则以躲避为上策，这是儒家与道家的不同。这些隐者当属道家者流。

18.7 子路从而后，遇丈人，以杖荷蓧。子路问曰："子见夫子乎？"丈人曰："四体不勤，五谷不分。孰为夫子？"植其杖而芸。子路拱而立。止子路宿，杀鸡为黍而食之，见其二子焉。明日，子路行以告。子曰："隐者也。"使子路反见之。至，则行矣。子路曰："不仕无义。长幼之节，不可废也；君臣之义，如之何其废之？欲洁其身，而乱大伦。君子之仕也，行其义也。道之不行，已知之矣。"

孔子周游列国时，子路有一次掉队了，遇到一位老者，用拐杖挑着除草的簸箕。子路就向他问道："老人家，你见到我的老师了吗？"老人说："四体不勤快，五谷分不清，谁是你老师呢？"说完就扶着他的拐杖去除草。子路拱手立在一旁。老人留宿子路，宰鸡煮黍招待子路，又让两个孩子出来见子路。第二天，子路赶上孔子后，告诉孔子自己的经历。孔子说："这是隐者啊！"让子路返回来见他，子路回到留宿处，老人一家都走了。子路说："不入仕做官不对。长幼的关系不可以废弃；君臣的大义，又怎么可以废弃呢？只想洁身自好，却乱了大的伦理。君子之所以做官，是为了推行正义。如今正道不行，由此可以推知了。"

这则故事有点传奇色彩，老人一家为什么第二天突然都不见了呢？难道他想以此来表达什么吗？若只是考虑到与孔子之徒非一类人，也没有必要举家而迁吧？

18.8　逸民：伯夷、叔齐、虞仲、夷逸、朱张、柳下惠、少连。子曰："不降其志，不辱其身，伯夷、叔齐与！"谓"柳下惠、少连，降志辱身矣，言中伦，行中虑，其斯而已矣"。谓"虞仲、夷逸，隐居放言，身中清，废中权。我则异于是，无可无不可"。

本章列举七位所谓"逸民"，伯夷、叔齐、柳下惠，这三位大名鼎鼎，其他四位却不可考。孔子将他们分为三种类型：伯夷、叔齐为一类，这一类不降低自己的心志，不辱没自己的身体；柳下惠、少连为一类，这一类既降心志也辱没身体，但其所言合乎伦理，其所行也合乎正常的思维，他们也就如此这般了；虞仲、夷逸为一类，这一类虽隐居却又公开表达自己的意见，保持自身的清纯，即使废而不用也讲策略。孔子说自己不同于这三类情况，没有必须怎样或必须不能怎样。孔子用此七位逸民来比较，表达自己对于人生与社会的态度和思考。

七人被划分为三类，每类二人，还有一名"朱张"者，却遗漏了，估计是编撰者的失误。

18.9 大师挚适齐，亚饭干适楚，三饭缭适蔡，四饭缺适秦，鼓方叔入于河，播鼗武入于汉，少师阳、击磬襄入于海。

李零说："古代，老百姓一天只吃两顿饭，但天子一天吃四顿饭。钟鸣鼎食之家，除了吃饭家伙，还有青铜乐器。""大师挚、亚饭干、三饭缭、四饭缺，四种乐官负责给四顿饭伴奏。"[1]

所谓"礼崩乐坏"，本是鲁国乐师团队，却不得不各自流落四方，此"乐坏"之征也！

18.10 周公谓鲁公曰："君子不施其亲，不使大臣怨乎不以。故旧无大故，则不弃也。无求备于一人！"

周代提倡亲亲和尊贤，故周公对鲁公说："君子不要怠慢他的亲戚，不要让大臣们抱怨不受重用。对老部下如果没有犯什么大错，就不要遗弃他。对人不要求全责备。""施"同"弛"，怠慢。

《中庸》曰："凡为天下国家有九经，曰修身也，尊贤也，亲亲也，敬大臣也，体群臣也，子庶民也，来百工也，柔远人也，怀诸侯也。""仁者，人也，亲亲为大；义者，宜也，尊贤为大。"

鲁公即伯禽，系周公长子。《史记·鲁周公世家》载：武王灭商后，"遍封功臣同姓戚者。封周公旦于少昊之虚曲阜，是为鲁公。周公不就封，

---

① 李零：《说鼎》，2016年12月13日，https://www.guancha.cn/LiLing/2014_01_10_198899.shtml，2019年7月10日。

留佐武王"。所以，长子伯禽成为事实上的首位就国的鲁国国君。本章内容，大概是伯禽赴鲁就国即位之际，父亲对儿子的教诲之语。

《史记·鲁周公世家》又载：周公"相成王，而使其子伯禽代就封于鲁。周公戒伯禽曰：'我文王之子，武王之弟，成王之叔父，我于天下亦不贱矣。然我一沐三捉发，一饭三吐哺，起以待士，犹恐失天下之贤人。子之鲁，慎无以国骄人'"。

18.11　周有八士：伯达、伯适、仲突、仲忽、叔夜、叔夏、季随、季骗。

周代有八位可称为士的人物，他们是：伯达、伯适、仲突、仲忽、叔夜、叔夏、季随、季骗。从伯、仲、叔、季的排行来看，这似乎是由大到小八兄弟，至于这八个人物究竟是何许人，缘何可称为士，不可考。

本篇以"殷有三仁"开篇，而以"周有八士"收尾，盖以历史人物之臧否而为编撰之由也。

子张篇第十九

题解：《论语》多次提及子张，本篇以"子张"名之，更彰显其在孔门中的影响力。一般认为，《论语》一书之编撰，最终是由曾子门徒完成的，而在成书过程中，众弟子及门人亦有贡献，子夏、子张之徒贡献颇著，尤其《论语》最后两篇，或即定于子张门人之手。钱穆认为："《论语》编集孔子言行，至《微子篇》已讫。《子张篇》记门弟子之言，而以子贡之称道孔子四章殿其后，《论语》之书，可谓至此已竟。"[1]朱熹认为："此篇皆记弟子之言，而子夏为多，子贡次之。盖孔门自颜子以下，颖悟莫若子贡；自曾子以下，笃实无若子夏，故特记之详焉。"[2]

19.1　子张曰："士见危致命，见得思义，祭思敬，丧思哀，其可已矣。"

---

①　钱穆：《论语新解》，北京：生活·读书·新知三联书店，2002年，第506页。
②　（宋）朱熹集注，陈戍国标点：《四书集注》，长沙：岳麓书社，2004年，第214页。

子张说："作为一个士，遇到危难不怕牺牲，在利益面前能先考虑是否符合道义，参加祭祀活动能有恭敬之心，遇到丧事能心生哀戚之情，若在这四个方面都能做到，也就差不多了。"

致命即献身，比照"事君，能致其身"，[①]致命与致身，意思相近。

19.2　子张曰："执德不弘，信道不笃，焉能为有？焉能为亡？"

子张说："德行不能坚守，信仰不够坚定，（这种人无足轻重）有他不多，没他不少。"

朱熹注云："有所得而守之太狭，则德孤；有所闻而信之不笃，则道废。"择善固执则德不孤，道亦不废。

19.3　子夏之门人问交于子张。子张曰："子夏云何？"对曰："子夏曰：'可者与之，其不可者拒之。'"子张曰："异乎吾所闻：君子尊贤而容众，嘉善而矜不能。我之大贤与，于人何所不容？我之不贤与，人将拒我，如之何其拒人也？"

老师请进门，修行在各人。同样师承于孔子，但子张与子夏对于交友之道的理解就颇不相同。子夏认为值得交往的人就交往，不值得交往的就不要交往，即有选择性地交友，这其实是一般人的交友原则。子张显然在这方面有自己的感悟和心得，觉得子夏这样的交友原则过于狭隘。子张认

① 《论语·学而篇》。

为真君子无所不能容，唯其能容方显真精神。子张之宏阔，由此可见一斑。子张之论，可谓得夫子真传："三人行，必有我师焉：择其善者而从之，其不善者而改之。"故贤者交友无不善与善之别，修己而已，其身修则善与不善皆为我所用也，亦即子张所谓贤与不贤而已。

19.4　子夏曰："虽小道，必有可观者焉；致远恐泥，是以君子不为也。"

小道是相对于大道言的，指琐屑小事，比如养花、下棋之类。虽然是小道，但行行出状元，所以小道也有可观者。而君子求大道就不能沉湎拘泥于小道，所以君子于小道不为。

19.5　子夏曰："日知其所亡，月无忘其所能，可谓好学也已矣。"

学如逆水行舟，不进则退，学问之道，需要日积月累，要温故知新，所谓"好学者日新而不失"。日知其所亡，所以求新也；月无忘其所能，所以温故也。

19.6　子夏曰："博学而笃志，切问而近思，仁在其中矣。"

博学、笃志、切问、近思，皆是修学的功夫。《中庸》云："力行近乎仁。"而子夏以为"仁"在此四者中，何也？盖自修者，仁之始也，犹孟子所谓："恻隐之心，仁之端也。"

朱熹所作《近思录》取名源于此。

19.7　子夏曰："百工居肆以成其事，君子学以致其道。"

"百工"指手工业者，"肆"指官府造办处。如从后世官窑瓷器制作之精美可以推知"百工居肆以成其事"之意也。《论语》以学为第一，非学不足以致其道，其理自明。子夏善于师事，善喻者也，以"百工居肆以成其事"，喻"君子学以致其道"。朱熹云："二说相须，其义始备。"

19.8　子夏曰："小人之过也必文。"

惮于改过者必文过以饰非，知过不能改又纵而饰之，自欺欺人，真小人也！

19.9　子夏曰："君子有三变：望之俨然，即之也温，听其言也厉。"

本章难在如何理解"三变"。或曰"三"指多，或曰"三"乃实指，姑且以三种变化云。变非君子之变，乃观者之变：远远看着君子，感觉他很威严，走近他身边又感觉很和蔼，听他一说话又觉得很严肃认真。说是君子三变，其实君子还是那个君子，并未改变什么，只是观者自己的感受不断变化而已。

"君子正其衣冠，尊其瞻视，俨然人望而畏之，斯不亦威而不猛乎？"^① 此乃孔子教导子张从政五美之一。

19.10　子夏曰："君子信而后劳其民；未信，则以为厉己也。信而后谏；未信，则以为谤己也。"

《易传·系辞下》："君子安其身而后动，易其心而后语，定其交而后求，君子修此三者，故全也。危以动，则民不与也；惧以语，则民不应也；无交而求，则民不与也。莫之与，则伤之者至矣。"故君子欲劳其民，必先取信于民；若未能先取信老百姓就想征用老百姓的苦力，则老百姓必然以为是害他们。只有先取得信任，然后才能劝导，否则，老百姓会认为受到诽谤而不是善意的劝导。

《子夏易传》向来被认为是伪书，从这段话来看，子夏于《易经》当深有研读，或者，《易传》的相关内容出自子夏之手，亦未可知也。

19.11　子夏曰："大德不逾闲，小德出入可也。"

大德、小德犹如大节、小节，大的方面不能犯原则性错误，小节方面有所不足勉强还可以。这是就一般而言，首先应该考虑立乎其大者。对于严格要求自己的君子，无论大德、小德，都要不逾矩才好。

闲者，阑也，犹如规矩红线，不可随意出入。

19.12　子游曰："子夏之门人小子，当洒扫应对进退，则可矣，抑末也。本之则无，如之何？"子夏闻之，曰："噫！

_____

① 《论语·尧曰篇》。

言游过矣！君子之道，孰先传焉？孰后倦焉？譬诸草木，区以别矣。君子之道，焉可诬也？有始有卒者，其惟圣人乎！"

孔子之后，儒分为八派，或曰不止八派，有子张氏之儒、有子夏氏之儒、有子游氏之儒等。前面已有子张与子夏关于交友之道认识的不同，子张对子夏的交友之道提出了批评，本章子游又提出关于传道授业的方法，与子夏亦有不同。子游认为子夏教弟子都是洒扫、应对、进退此类细枝末节的小道，属于形而下的，没有形而上的道的内容，是舍本逐末，无异于捡了芝麻丢了西瓜，这样怎么可以呢？子夏听到子游这般评论后，就说："言游的话有点过分了！君子的大道，哪些该先传授？哪些该后传授？譬如草木，生性不同，就应该区别对待。君子之道怎么可以歪曲嘲笑呢？有始有终能一以贯之的，大概只有圣人能做到。"

程颐说："君子教人有序，先传以小者近者，而后教以大者远者，非先传以近、小，而后不教以远、大也。"朱熹说："学者当循序而渐进，不可厌末而求本，……非谓末即是本，但学其末而本便在此也。"[1]

先易后难、先近后远、先末后本、先小后大，此传道授业之通理，子夏为之而子游讥之，二子之别由此立判矣！

洒扫、应对、进退，今人或难理解具体所指，其实在三四十年前的中国农村依然是日常生活的一部分。就说洒扫吧，农村居家一般都有庭院，地面都是泥土地面，每天早起，要扫地，扫地之前，要先向地面泼水防止扫时尘土飞扬，这就是洒扫。时代变迁太快，此类原本是小儿科的常识，现在的年轻人已经颇有些费解了。

---

[1]（宋）朱熹集注，陈戍国标点：《四书集注》，长沙：岳麓书社，2004 年，第216—217 页。

"孰先传焉？孰后倦焉？"之"传"与"倦"，都是传授教导之义。"倦"意指"诲人不倦"。

19.13　子夏曰："仕而优则学，学而优则仕。"

"学而优则仕"在"知识越多越反动"的年代是被大批特批的，认为这是封建的遗毒。"仕而优则学"与"学而优则仕"前后是有完整的内在逻辑关系的。"仕而优则学"，强调的是"行有余力，则以学文"；"学而优则仕"，强调的是学以致用，学而时习之。两句的顺序容易被颠倒，但子夏的意思很清楚，学就是为了更好地用。

19.14　子游曰："丧致乎哀而止。"

居丧，礼或有不足，但充分表现悲哀就可以了，故曰"丧至乎哀而止"。子曰："丧，与其易也，宁戚。"其理一也。

19.15　子游曰："吾友张也，为难能也，然而未仁。"

19.16　曾子曰："堂堂乎张也，难与并为仁矣。"

这两章意思差不多，所言指的对象都是子张同学。子游和曾子都认为子张还没有达到仁的境界和标准，但他们都承认子张不简单，子游认为子张已经是难能可贵，曾子认为子张有"堂堂"君子之气概，可见这两位同学对子张的看法是既褒又贬，认为他外有余而内不足。盖子张自视甚高且确有其过人处，正如绝大多数才高而自傲的人一样，但与儒家提倡的谦谦君子型的仁者还是有差距的。愚以为，子张之可贵难得，在孔门中与子贡颇类似，虽曰未仁，其心诚求之，虽不中，不远矣。

荀子认为子张重外在形式不重内在修为，骂他是贱儒。"子曰：'刚、毅、木、讷，近仁。'"由此可见，儒家之仁，宁外不足而内有余，而子张反是，故荀子贱而骂之。

19.17　曾子曰："吾闻诸夫子：人未有自致者也，必也亲丧乎！"

曾子说："我听夫子说过：人在一般情况下是不可能自然又充分地表露其情感的，如果有，则一定是在父母至亲死亡之时。"父母子女的这种亲情，在死生离别之际，是油然而生，毫无保留的。

盖言孝道源自人性之天然，亲丧之时可以得见。

19.18　曾子曰："吾闻诸夫子：孟庄子之孝也，其他可能也；其不改父之臣与父之政，是难能也。"

本章承上章，所言皆孝道之事。

孟庄子之父为鲁大夫孟献子，《大学》有孟献子名言："与其有聚敛之臣，宁有盗臣。"喻指国不以利为利，以义为利。献子有贤德，其子庄子能用其臣守其政，可谓孝。子曰："父在，观其志；父没，观其行；三年无改于父之道，可谓孝矣。"① 故曾子认为孟庄子之孝，非一般可比，不仅仅是尽一般的人子之孝，且能坚守亡父善道，这才更加难能可贵。

① 《论语·学而篇》。

19.19　孟氏使阳肤为士师，问于曾子。曾子曰："上失其道，民散久矣。如得其情，则哀矜而勿喜！"

　　孟氏委任阳肤做法官，阳肤就向曾子请教。曾子说："高层统治者不守正道，老百姓早已离心离德了。如果在审理案子时掌握了犯罪实情，要有怜悯同情之心，不要沾沾自喜。"哀矜而勿喜，儒家忠恕之道也。

　　阳肤，旧注说是曾子弟子。虽曰《论语》为孔子弟子及再传弟子所编撰，但在《论语》中出现的再传弟子名，几乎找不到，这阳肤或许是唯一的一个。或曰陈子禽是子贡的弟子，若是，则仅此两位而已。

19.20　子贡曰："纣之不善，不如是之甚也。是以君子恶居下流，天下之恶皆归焉。"

　　子贡说："纣王的坏处，不至于如传说的那么严重。所以，君子憎恶处于下流，一旦身处下流，那么所有的恶都归于他一身了。"子贡所言是人类历史的一个普遍现象，说一个人坏就坏透了，什么坏事都是他的，说一个人好，就好极了，什么好事都是他的。这种极端主义，是群体无意识的反映，古今中外皆有之。但子贡这里不是批判这种一边倒的现象，而是感叹从中得到的启发：人当常自警醒，切不要使自己置于下流不善之地，一旦置于下流不善之地，则万劫不复矣。

　　有一种名为"塔西佗陷阱"的说法，源于《塔西佗历史》中的一句话："一旦皇帝成了人们憎恨的对象，他做的好事和坏事就同样会引起人们对他的厌恶。"意指，一个人或一个组织，一旦失去了公信力或成了社会公敌之后，无论他说真话也好，说谎言也罢，都不再有人相信。试想一下，对于千夫所指之徒，谁人信？谁又敢信呢？子贡这段话，正是说的这个道理，所以也有学者称呼这种现象为"子贡陷阱"。

19.21　子贡曰："君子之过也，如日月之食焉：过也，人皆见之；更也，人皆仰之。"

子贡的语言天赋随处可见。此处，他用"日月之食"来比喻君子之过，可谓恰当。日食、月食是一种天文现象，古人尤其重视，对这种天文现象进行分析研究，是古人探究宇宙奥秘的重要途径。中国古代天文学相对于西方同期可谓发达，足见我们祖先的智慧。有过而不掩，知过而能改，《中庸》曰："君子之所不可及者，其唯人之所不见乎？"子贡之言，或可曰：君子之所不可及者，其唯人之所见乎！

19.22　卫公孙朝问于子贡曰："仲尼焉学？"子贡曰："文武之道，未坠于地，在人。贤者识其大者，不贤者识其小者，莫不有文武之道焉。夫子焉不学？而亦何常师之有？"

圣人本无常师，而公孙朝偏问，且看子贡如何言："文王、武王创立的大道，并未消亡，是因为有传承的人。贤能之士能把握其中的大原则，非贤能的人只能抓住一些细枝末节。既然有文武之道存在，以夫子之贤能，怎么会不好好把握学习呢？又为什么一定要有个常年跟随的老师呢？"

"贤者识其大者，不贤者识其小者"，为学之道也！

19.23   叔孙武叔语大夫于朝曰:"子贡贤于仲尼。"子服景伯以告子贡。子贡曰:"譬之宫墙,赐之墙也及肩,窥见室家之好。夫子之墙数仞,不得其门而入,不见宗庙之美,百官之富。得其门者或寡矣。夫子之云,不亦宜乎!"

叔孙武叔是鲁国三桓之后,时为鲁国大夫,他在朝堂之上散布:"子贡比仲尼更贤能。"这看似抬高子贡实则贬损孔子。弟子子服景伯将朝堂所闻告之子贡。子贡说:"比如宫墙,我的墙不过肩膀高,从外面一眼可以望穿墙内一切。孔夫子的墙可是有好几仞高,找不到门进去,那就无法看到墙内所藏的丰富与壮美。能进得夫子之门的人还真少呢。叔孙武叔所言,也就不见怪了。"

子贡语言的天赋俯首可见,这里子贡用宫墙的高矮来比拟道行的深浅丰寡可谓形象贴切。

现曲阜孔庙正对着的曲阜明故城正南门,就称"万仞宫墙",其典即源于此。后世为表达敬仰之情,将"数仞"夸张为"万仞",一仞等于古代的八尺。

19.24   叔孙武叔毁仲尼。子贡曰:"无以为也!仲尼不可毁也。他人之贤者,丘陵也,犹可逾也;仲尼,日月也,无得而逾焉。人虽欲自绝,其何伤于日月乎?多见其不知量也。"

看来这叔孙武叔是执意要诋毁孔子,上一章他在朝堂之上放话说

"子贡贤于仲尼",这章,他更是变本加厉地攻击孔子。子贡知道后,就说:"想摧毁孔子的伟大根本做不到!孔子绝不可诋毁。其他人所谓贤德,不过丘陵,是可以逾越的,孔子,他如日月,不可能超越。如叔孙武叔这种人,他要自绝于大道,又怎么能伤害到日月呢?足可见这样的人太不自量力了!"

19.25　陈子禽谓子贡曰:"子为恭也,仲尼岂贤于子乎?"子贡曰:"君子一言以为知,一言以为不知,言不可不慎也。夫子之不可及也,犹天之不可阶而升也。夫子之得邦家者,所谓立之斯立,道之斯行,绥之斯来,动之斯和。其生也荣,其死也哀,如之何其可及也?"

陈子禽算不上是孔门的名弟子,甚至对于他是否属于孔子弟子都有争议,但他却是个不可忽略的人物,至少从《论语》中三次出场的情况看,此君颇有异于他人。本章是他第三次出现在《论语》中,又是与子贡一起出现的。通观他三次所问,都是带着某种或明或暗质疑孔子的态度,这在所有的弟子中,绝无仅有。尤其在本章中,他居然说出了对孔子大不敬的话,在子贡面前,直接对孔子称名道姓,还说孔子不如子贡,是子贡自己太谦虚而已。子贡是何等人,他对孔子的敬仰爱戴又是何等地深厚,所以子贡对陈子禽这番看似溜须拍马实则轻蔑孔子的说法,给予了有力的批评。子贡对陈子禽说:"君子一开口说话就可以知道他是聪明还是愚蠢,所以说话不能不谨慎。我的老师孔子是无法企及的,正如天之高远没有台阶可以登顶。他老人家要是做诸侯或大夫,那么家家户户人人都能够立身行道,百姓安居乐业,言行合乎礼法。他老人家,在世时无上荣光，去世后让人无限哀思，这样的人物，是可以企及的吗？"

本篇最后这几章，记载的都是子贡如何竭力维护孔子形象的内容。一般认为孔子之后，对孔子名望推动最大的，最初当是子贡，在那存亡续绝的关键时刻，子贡挺身而出，维护孔子的声誉，扩大孔子的影响，为其他同学如子张、子夏、曾子他们更好地开辟孔子学说打下了一片天地。司马迁说："子贡结驷连骑，束帛之币以聘享诸侯，所至，国君无不分庭与之抗礼。夫使孔子名布扬于天下者，子贡先后之也。"①

子贡曰："见其礼而知其政，闻其乐而知其德，由百世之后，等百世之王，莫之能违也。自生民以来，未有夫子也。"② 子贡对孔子可谓推崇备至无以复加。孔庙大成殿正门前匾额"生民未有"即源于子贡之语。

---

① 《史记·货殖列传》。
② 《孟子·公孙丑上》。

尧曰篇第二十

题解:《论语》共二十篇,《尧曰》为最后一篇,本篇共三章,篇幅不长,但寓意深刻。整部《论语》以《学而》开篇,以《尧曰》结尾,意在从"内圣"入手,终成"外王"之道,寓"下学而上达"之意。

宋儒杨时曰:"《论语》之书,皆圣人微言,而其徒传守之,以明斯道者也。故于终篇,具载尧、舜咨命之言,汤、武誓师之意,与夫施诸政事者。以明圣学之所传者,一于是而已,所以著明二十篇之大旨也。《孟子》于终篇,亦历叙尧、舜、汤、文、孔子相承之次,皆此意也。"①

传世《论语》原有三种,即齐《论语》、鲁《论语》、古本《论语》。齐《论语》有二十二篇,相比鲁《论语》和古本《论语》多出了《问王》《知道》这两篇,古本《论语》二十一篇,比鲁《论语》多了一篇,其实古本《论语》是把第二十篇的第

---

① (宋)朱熹集注,陈戍国标点:《四书集注》,长沙:岳麓书社,2004年,第222页。

二章"子张问"开始另作为单独一篇，成为第二十一篇，这样，古本《论语》就出现了两个《子张篇》。广泛为后世采用的版本是鲁《论语》二十篇。

20.1　尧曰："咨！尔舜！天之历数在尔躬。允执其中。四海困穷，天禄永终。"舜亦以命禹。曰："予小子履，敢用玄牡，敢昭告于皇皇后帝：有罪不敢赦。帝臣不蔽，简在帝心。朕躬有罪，无以万方；万方有罪，罪在朕躬。"周有大赍，善人是富。"虽有周亲，不如仁人。百姓有过，在予一人。"谨权量，审法度，修废官，四方之政行焉。兴灭国，继绝世，举逸民，天下之民归心焉。所重：民、食、丧、祭。宽则得众，信则民任焉，敏则有功，公则说。

儒家最推崇、最理想的圣王是尧、舜、禹。这三代既是原始社会晚期，也是中国最早的有确凿文字记载的历史。虽然司马迁《史记》将华夏文明的上限定在轩辕黄帝，但三皇五帝毕竟传说的成分太多，而最古老的古代文献《尚书》，正是从尧、舜、禹三位圣王开始的。作为中国最古老的一部书，《尚书》佶屈聱牙很难懂。本章的内容择自《尚书》，读通它、理解它也确实比较费劲。"古今解者终不见皎然明白可通之说，亦不见有公心肯言不可通解者，惟东坡谓此章杂取《禹谟》《汤诰》《泰誓》《武成》之文，颠倒失次，不可复考。此说为近人情。"[1]

---

① 程树德撰，程俊英、蒋见元点校：《论语集释》，北京：中华书局，2013年，第1731页。

　　本章内容说的是尧帝禅位给舜帝时，尧帝给舜帝的政治遗训，以及舜帝禅位给禹帝时，舜帝也如当年尧帝对他的叮咛嘱托一样，对禹帝作了最后交代。紧接着是商朝的开国君主成汤的告示，选自《尚书·商书·汤誓》，接下来是《尚书·周书·泰誓》的一段内容。从尧、舜、禹到商、周，一千多年的历史经验就集中体现在这么几句话中，最后孔子还予以提炼总结。这短短数语堪称最精炼的历史，是《资治通鉴》的先声。古文尚书《大禹谟》中，有"人心惟危，道心惟微，惟精惟一，允执厥中"，被认为是中国儒家文化传统中的"十六字心传"，后世王阳明心学更是将此提炼为"惟精惟一"四字心诀，可见其渊源之久，影响之深。

　　作为严谨的历史文献汇编的《尚书》，其中关于尧、舜、禹的记载不过片言只语，少得可怜。正因为时代久远，残存太少，更显得弥足珍贵。不过，民间关于尧、舜、禹的传说，倒是不少。最有人情味的莫过于尧帝考察舜帝，将两个女儿娥媓、女英许配给舜，后来舜帝南巡病逝于九嶷山下，姐妹俩闻讯悲泣而死，泪滴化为斑竹。毛泽东诗句："九嶷山上白云飞，帝子乘风下翠微。斑竹一支千滴泪，红霞万朵百重衣"，更让这古老的传说增添了浓郁的诗情画意。《笠翁对韵》有对句："诗写丹枫，韩女幽怀流御水；泪弹斑竹，舜妃遗憾积潇江。"

　　从《论语》的篇章结构看，这是最后一篇，恰恰这最后收尾处从篇名到开篇第一章的内容，都好像显得有些突兀，似乎与孔子及弟子们没有什么直接的关联，不同于其他各篇章。所以，探究此篇章的内容和用意，要从更广阔的视野去观察。一言以蔽之，这可以看作孔子的政治抱负和训示，只是借助于尧、舜、禹、汤、文、武、周公的典故而成，同时也可以视作儒家对自身道统的梳理和明确，这一道统观念经孟子广大之，经韩愈承继之，而成为影响中国两千多年的主流意识。也不难看出，儒家的道统，从一开始，就是从法统提炼而来，反过来，儒家的道统，又成为中国社会的法统的核心思想，道统与法统的高度统一，是几千年中国社会的最重要的特征之一，而这种高度统一从本章中可以窥见端倪。其实，关于孔门道统的确立，司马迁在《史记·太史公自序》中，就已经非常明确地挑明了："周室既衰，诸侯恣行。仲尼悼礼废乐崩，追修经术，以达王道，匡乱世反之于正，见其文辞，为天下制仪法，垂六艺之统纪于后世。作《孔子世家第十七》"1921 年 12 月，共产国际的代表马林曾经问孙中山先生："你的革命思想基础是什么？"孙中山先生明确地回答说："中国有一个道统，尧、舜、禹、汤、文、武、周公、孔子相继不绝，我的思想基础，就是这个道统，我的革命，就是继承这个正统思想，来发扬光大。"

　　《论语》的最后一篇与《荀子》的最后一篇很有可比较处，前者称"尧曰"，后者称"尧问"。所以，前者更像是教谕，是圣人训；后者是先圣向后圣征询意见，后圣展露出才智。从道统的角度看，荀子很好地继承了孔子的道统观，同时将孔子的道统观做了若干修正与扩充，用舜对尧的应对和周公等的故事，强调道统的维持来源于对下层人士的尊重和天下才智的汇集，而不是坐朝论道自然而然的事，更不是帝王自己能决定的事，天下还是精英们和思想者的天下！故曰："今之学者，得孙卿之遗言余教，足以为天下法式表仪。"①

　　"谨权量，审法度"这对中华大一统的文明至关重要。秦始皇统一中国后，有一项影响深远的举措是统一文字、统一度量衡。固然始皇帝的这一功业非常伟大，但能在那么短的时间内取得如此巨大的成效，正是有赖于前代圣王们的"谨权量，审法度"。我们看秦始皇统一前六国的文字，尽管各有所不同，但其实相差无几，彼此之间大体都能对应，互相也差不多，能看得懂，这说明一个问题：这些六国文字，其实在早前是有一个统一母体的，而不是各自成体系各有源头的。周天子在周初的一二百年间，对全天下还是有绝对的权威和掌控力的，只是后来诸侯坐大，天下分为几

---

　　① 《荀子·尧问篇》。

大诸侯而已。是否可以推想，周天子强大的时候或者早在殷商之际，在商王朝的版图内，其实已经使用的是统一的文字和度量衡，只是后来，各诸侯国又增添了一些自己的地域特色，但究其根本来源还是中央王朝的统一的文字和度量衡。从统一到分化再到统一，秦始皇的统一文字、度量衡，其实是在原先基础上的再统一而已。很难想象，如果六国文字没有统一的来源，不可能如此相近，秦始皇统一文字也绝不可能如此顺利。试想，假如六国中，既有象形文字，又有楔形文字，还有字母文字，秦始皇有再大的本事也统一不了，就如我们的汉语能与英语统一成一种文字吗？度量衡的统一相对于文字统一要容易一些，比如斤与克、尺与米之类，无非是换算问题，社会约定俗成就可以了，王朝政府若加以明确统一，就更便民了。文字与度量的统一，对于文化的认同是有重大意义的，而这种统一对于中华文明永久延续可谓功莫大焉！①

　　"兴灭国，继绝世，举逸民"，则充分体现了中国古代特别是周代的政治理念。比如武王灭商并没有把商王一系赶尽杀绝，相反还优待商王子和贵族，把原商王朝的京畿之地分封给商纣王之子武庚，即使后来武庚在监管他们的武王兄弟管叔、蔡叔挑唆下造反叛乱，当政的周公在平定叛乱后，也没有对商人后裔采取特别的镇压，只是迁徙他们到便于周人管理控制的洛邑周边，还封商王贵戚微子在宋国，即今河南商丘一带。微子是孔子的远祖，所以，孔子说自己是殷人后裔，是宋国贵族的余脉。在周公的封地鲁国，从二十世纪七十年代鲁国故城考古发掘所透露的信息看，鲁国的原商住民与后来的周人，和谐相处，可以说是周公以礼乐

---

　　①　李零认为，西周封建和秦并天下是中国的两次大一统。（参见李零：《茫茫禹迹：中国的两次大一统》，北京：生活·读书·新知三联书店，2016年，第7页）大一统观念在秦并中国之前早已形成，为儒家政治学说的核心内容之一，秦的统一则更加巩固了这大一统的观念。

治天下的典范。所谓逸民，就是类似伯夷、叔齐那种人物，这类人在当时社会是道德的象征，一个新的政权能否获得"逸民"的认可，往往代表这个政权是否得到整个社会的认可，即政权的正当性。汉高祖刘邦宠爱戚夫人，想换太子，吕后害怕就找张良求助，张良献计，以太子名义请来了终南"四皓"，即当时四个白发苍苍隐居终南山德高望重的"逸民"，刘邦一见此情，就意识到换不得太子了，觉得自己都请不动的四个人物，太子居然都请到了，可见太子羽翼已丰满，换太子的念头只能作罢，这个太子就是后来的汉惠帝。

"予小子"和"予一人"都是天子自谦语。《礼记·曲礼》："天子未除丧，曰'予小子'。""君天下曰'天子'，朝诸侯、分职、授政、任功，曰'予一人'。"

20.2　子张问于孔子曰："何如斯可以从政矣？"子曰："尊五美，屏四恶，斯可以从政矣。"子张曰："何谓五美？"子曰："君子惠而不费，劳而不怨，欲而不贪，泰而不骄，威而不猛。"子张曰："何谓惠而不费？"子曰："因民之所利而利之，斯不亦惠而不费乎？择可劳而劳之，又谁怨？欲仁而得仁，又焉贪？君子无众寡，无小大，无敢慢，斯不亦泰而不骄乎？君子正其衣冠，尊其瞻视，俨然人望而畏之，斯不亦威而不猛乎？"子张曰："何谓四恶？"子曰："不教而杀谓之虐；不戒视成谓之暴；慢令致期谓之贼；犹之与人也，出纳之吝谓之有司。"

《论语》中，弟子们多次向孔子请教从政的问题，子张本人也不止一次地问到这个问题，孔子的回答都不同，这与所问者及当时的语境有关，也反映了从政之复杂与不易。本章的这个问答，是全书关于从政问题带有总结性的回答。"惠而不费，劳而不怨"与孟子说的"以佚道使民，虽劳不怨；以生道杀民，虽死不怨杀者"①意思很相近。自古以来凡事只要真正从为民着想、为民谋利的角度去做，老百姓都会理解和支持的。这五美中的前两美是从政策的角度而言的，后三美是针对从政者自身修养的角度而言的，所以，所谓从政，无非就是采取的政策要顺民心合民意，而执政者自身的修养要严要高，要成为民之表率。其实，但凡为政，古往今来，莫不如此，只是孔子念念不忘为政保民立德立功之事，更加彰显出儒家的积极入世的精神。所谓"四恶"则是从反的方面来论述恶政之害。"不教""不戒"对民之害可谓大矣！教之误，戒之失，害民亦不浅。重教善戒，实为爱民之本。"慢令致期"是人治社会的通病，在中国历史上更是如此，近现代中国历史悲剧大抵都是由此导致。第四恶，是指执政者贪财又吝啬。执政者与民争利，又刻薄待民，以致造成财聚而民散的恶果。是故，《大学》之结尾特别强调："仁者以财发身，不仁者以身发财"，"与其有聚敛之臣，宁有盗臣"，"国不以利为利，以义为利。"《易传·系辞下》说："天地之大德曰生，圣人之大宝曰位。何以守位？曰仁。何以聚人？曰财。理财正辞，禁民为非，曰义。"

关于"四恶"之说，《韩诗外传》卷三有类似者："赐闻之，托法而治谓之暴，不戒致期谓之虐，不教而诛谓之贼，以身胜人谓之责。责者失身，贼者失臣，虐者失政，暴者失民。"孟子曰："不教民而用之，谓之殃民。殃民者，不容于尧舜之世。"②

---

① 《孟子·尽心上》。

② 《孟子·告子下》。

关于本篇这前后两章的关系，涉及《论语》源头的问题，学者有所论及。今采钱穆先生所著言，以为参考："或曰孔子告问政者多矣，未有如此之备者，故记此以继帝王之治，……殆是孔子专以帝王为治之道授之子张一人矣……如此说之，则《尧曰篇》信为出于子张氏之儒之手矣。"[1]

20.3   子曰："不知命，无以为君子也；不知礼，无以立也；不知言，无以知人也。"

自古以来，编书也好，作文也好，开头与结尾最难，难就难在开头的立意和结尾的总括，这一头一尾，就是作者的起笔和落笔，画龙点睛之所在。本章是整部《论语》的最后一章，其蕴含的深意自不待言。世人读《论语》往往只重首章"学而时习之"，对这结尾处却多有疏忽，殊不知，整部《论语》的要义，其实就在本章中。

被誉为当代孔子的陶行知先生有句名言："千教万教教人求真，千学万学学做真人。"《论语》煌煌一万六千言，一言以蔽之，其实就是教人如何"知命、知礼、知言、知人"而已。儒家的完美人生目标是能修炼成一个君子，而要想成为君子，则必须"知命"。"子罕言利与命与仁"，[2]虽然罕言，但最后还是要点透点明的，所以，君子不可不"知命"。懂得安身立命是知命的基本要求，而如何才能做到安身立命呢？那就必须"知礼"。孔子教育儿子"不学礼，无以立"，教育颜回"克己复礼"和"博之以文，约之以礼"，都是为了立身处世。知命，是自知；知礼，是知社会群体；而知言，则是知他人。老子说："知人者智，自知者明。"苏格

---

[1]   钱穆:《论语新解》，北京:生活·读书·新知三联书店，2002 年，第 510 页。

[2]   《论语·子罕篇》。

拉底说："认识你自己。"孔子不仅仅要求自知、知人还要求知社会。一个人，如果这三方面皆知了，那么就可以成为一个君子，一个真正的儒者。董仲舒《举贤良对策》云："孔子曰：'天地之性，人为贵'。明于天性，知自贵于物；知自贵于物，然后知仁谊；知仁谊，然后重礼节；重礼节，然后安处善；安处善，然后乐循理；乐循理，然后谓之君子。故孔子曰'不知命，无以为君子'，此之谓也。"①

什么是"知命、立命"？且看孟子如何说："尽其心者，知其性也。知其性，则知天矣。存其心，养其性，所以事天也。夭寿不二，修身以俟之，所以立命也"，"莫非命也，顺受其正，是故知命者不立乎岩墙之下。尽其道而死者，正命也；桎梏死者，非正命也。"②简单地说，在孟子看来，知天即知命，修身即立命。

"知人"一般都是通过"知言"来实践的。《易传·系辞下》的最后专门针对"知言"而作："将叛者，其辞惭。中心疑者，其辞枝。吉人之辞寡，躁人之辞多。诬善之人，其辞游。失其守者，其辞屈。"《孟子·公孙丑上》："诐辞知其所蔽，淫辞知其所陷，邪辞知其所离，遁辞知其所穷。"子曰："巧言令色，鲜矣仁。"③子曰："法语之言，能无从乎？改之为贵。巽与之言，能无说乎？绎之为贵。说而不绎，从而不改，吾末如之何也已矣。"④子曰："可与言而不与之言，失人；不可与言而与之言，失言。知者不失人，亦不失言。"⑤此皆知言之道也！

梁漱溟《孔子学说之重光》把孔子的学说概括为"自己学"，即"研究他自己，了解他自己，对自己有办法"，梁认为在孔子看来，"我们想

---

① 《汉书》卷五十六《董仲舒传》。
② 《孟子·尽心上》。
③ 《论语·学而篇》。
④ 《论语·子罕篇》。
⑤ 《论语·卫灵公篇》。

认识人类，人是怎么回事，一定要从认识自己入手"。梁先生在该文中提出他最著名的论断："中国文化和印度文化有其共同的特点，就是要人的智慧不单向外用，而回返到自家生命上来，使生命成了智慧的，而非智慧为役于生命。"梁先生的这番高论，亦可视为《论语》最后一章的妙解。

后　记

　　整理完《论语漫读》的文稿，算是了却了一桩心愿，毕竟这是自己多年来品读《论语》的点滴感悟，终于形诸文字且结集成册了。这样的小册子，在瀚如烟海的各类《论语》解读作品中，不过沧海一粟。但我还是有点敝帚自珍，因为这是我在孔子庙门下工作三十年的一份答卷，不敢奢求满分，总还希望及格。古人所谓皓首穷经，而今自己已然两鬓飞霜，却不敢妄称通经达变。若得夫子初许，或可作升堂若由者，来年砥砺，尚有入室之时，岂不欣然而不以此生为虚诞耶！

2019 年 7 月